Vaupel · Wochenplanbuch

Dieter Vaupel

Das Wochenplanbuch für die Sekundarstufe

Schritte zum selbständigen Lernen

3. Auflage

Beltz Verlag · Weinheim und Basel

Dieter Vaupel, Jg. 1950, Dr. rer. pol., ist Lehrer und Politologe. Zur Zeit Rektor an einer Kooperativen Gesamtschule als Leiter des Gymnasial- und Hauptschulzweiges.

3., unveränderte Auflage 1998

Lektorat: Peter E. Kalb

Herstellung: Lore Amann
Satz: Satz- und Reprotechnik GmbH, Hemsbach
Druck: Druckhaus Beltz, Hemsbach
Umschlaggestaltung: Federico Luci, Köln
Umschlagabbildung: ARTBOX, Bremen/Text in Sprechblasen: Westermann Praxis Schule 5–10, Heft 3/92
Printed in Germany

ISBN 3-407-62347-X

Inhaltsverzeichnis

Statt eines Vorwortes

Adler steigen keine Treppen[1]

Vom methodischen Treppensteigen

Der Pädagoge hatte seine Methoden aufs genaueste ausgearbeitet; er hatte – so sagt er – ganz wissenschaftlich die Treppe gebaut, die zu den verschiedenen Etagen des Wissens führt; mit vielen Versuchen hatte er die Höhe der Stufen ermittelt, um sie der normalen Leistungsfähigkeit kindlicher Beine anzupassen; da und dort hatte er einen Treppenabsatz zum Atemholen eingebaut, und an einem bequemen Geländer konnten die Anfänger sich festhalten.

Und wie er fluchte, dieser Pädagoge! Nicht etwa auf die Treppe, die ja offensichtlich mit Klugheit ersonnen und erbaut worden war, sondern auf die Kinder, die kein Gefühl für seine Fürsorge zu haben schienen.

Er fluchte aus folgendem Grund: Solange er dabeistand, um die methodische Nutzung der Treppe zu beobachten, wie Stufe um Stufe emporgeschritten wurde, an den Absätzen ausgeruht und sich an dem Geländer festgehalten wurde, da lief alles ganz normal ab. Aber kaum war er für einen Augenblick nicht da: Sofort herrschte Chaos und Katastrophe! Nur diejenigen, die von der Schule schon genügend autoritär geprägt waren, stiegen methodisch Stufe für Stufe, sich am Geländer festhaltend, auf dem Absatz verschnaufend, weiter die Treppe hoch – wie Schäferhunde, die ihr Leben lang darauf dressiert wurden, passiv ihrem Herrn zu gehorchen, und es aufgegeben haben, ihrem Hunderhythmus zu folgen, der durch Dickichte bricht und Pfade überschreitet.

Die Kinderhorde besann sich auf ihre Instinkte und fand ihre Bedürfnisse wieder: Eines bezwang die Treppe genial auf allen vieren; ein anderes nahm mit Schwung zwei Stufen auf einmal und ließ die Absätze aus; es gab sogar welche, die versuchten, rückwärts die Treppe hinaufzusteigen, und die es darin wirklich zu einer gewissen Meisterschaft brachten. Die meisten aber fanden – und das ist ein nicht zu fassendes Paradoxon –, daß die Treppe ihnen zu wenig Abenteuer und Reize bot. Sie rasten um das Haus, kletterten die Regenrinne hoch, stiegen über die Balustraden und erreichten das Dach in einer Rekordzeit, besser und schneller als über die sogenannte methodische Treppe; einmal oben angelangt, rutschten sie das Treppengeländer runter ..., um den abenteuerlichen Aufstieg noch einmal zu wagen.

Der Pädagoge macht Jagd auf die Personen, die sich weigern, die von ihm für normal gehaltenen Wege zu benutzen. Hat er sich wohl einmal gefragt, ob nicht zufällig seine Wissenschaft von der Treppe eine falsche Wissenschaft sein könnte und ob es nicht schnellere und zuträglichere Wege gäbe, auf denen auch gehüpft und gesprungen werden könnte; ob es nicht, nach dem Bild Victor Hugos, eine Pädagogik für Adler geben könnte, die keine Treppen steigen?

1 Der Text wurde entnommen aus: Freinet, C.: Pädagogische Texte. Reinbek: rororo TB 1980.

1. Wochenplan als Baustein eines offenen, handlungsbezogenen Unterrichts

1.1 Wochenplan – ein Kontrapunkt zum rezeptiven Lernen

»Wochenplanarbeit« ist für Lehrerinnen und Lehrer in der Sekundarstufe ein Reizwort. Bei den einen ruft dieser Begriff nicht viel mehr als ein mitleidiges Lächeln hervor, wird als »Kinderkram« abgetan, der in der Grundschule (vielleicht) noch einen Sinn haben mag, wenngleich auch hier andere Lernformen zur Vorbereitung auf das Angebot der Sekundarstufe wünschenswert wären. »In der Sekundarstufe, da hat man für solche Spielereien doch nun wirklich keine Zeit!«, höre ich in Gedanken. Leistung ist gefordert, der Lehrplan drückt und muß, koste es, was es wolle, abgearbeitet werden.

Andere bekommen »leuchtende Augen«, wenn sie etwas von »Wochenplanarbeit« hören, weil in diesem Begriff der Kristallisationspunkt ihres pädagogischen Konzeptes liegt. Nahezu euphorisch vertreten sie ihren Standpunkt und meinen, mit der Wochenplanarbeit das pädagogische »Ei des Kolumbus« gefunden zu haben. Über die Wochenplanarbeit – so meint man – lassen sich viele pädagogische Probleme lösen, die im schulischen Alltag drücken.

Meine Erfahrungen in zahlreichen Fortbildungsveranstaltungen, die ich zu diesem Thema durchführte, zeigen, daß mit beiden Positionen nicht leicht umzugehen ist, da sie festgefahren sind und den Blickwinkel der Betroffenen einengen. Wenn man sich mit der Wochenplanarbeit in der Sekundarstufe auseinandersetzt, gilt es, sowohl die Möglichkeiten als auch die Grenzen der Wochenplanarbeit aufzuzeigen, um ihr eine realistische Stellung im Alltag an unseren Schulen zuzuweisen. Dazu möchte ich mit meinem Buch beitragen und dies an vielen Beispielen aus der praktischen Unterrichtsarbeit sichtbar machen. Daß ich im Laufe der Jahre ein begeisterter »Wochenplaner« geblieben bin, ändert daran nichts. Begeisterung bedeutet für mich auch zu erkennen, an welcher Stelle im Unterricht der Wochenplan seine Bedeutung hat und wo er fehl am Platze ist. Genausowenig, wie man jeden Unterrichtsgegenstand durch den »Erarbeitungswolf« drehen sollte, wie es Jochen und Monika Grell einmal pointiert formuliert haben[2] (leider wird das noch immer allzu häufig versucht), läßt sich jeder Unterrichtsgegenstand durch den »Wochenplanwolf« drehen.

Trotz dieser Einschränkungen ist es meine Absicht, zu zeigen, daß Wochenplanarbeit eine Unterrichtsform ist, aus der alle Schülerinnen und Schüler der Sekundarstufe Gewinn ziehen können. Wochenplanarbeit, die an reformpädagogische Traditionen anknüpft, kann ein wesentlicher Schritt zu einer inneren Schulreform, zur Öffnung des Unterrichts sein. Ziel dieses Buches ist es, die Diskussion zu versachlichen, Erfahrungen mit der Wochenplanarbeit weiterzugeben – ohne sie als das »Nonplusultra« darzustellen. Kolleginnen und Kollegen soll Hilfestellung bei der Einführung und Umsetzung eines Wochenplanarbeitskonzeptes gegeben werden. Dabei möchte ich gleich zu Beginn auch betonen, daß ich in der Wochenplanarbeit

2 Grell, J. und M.: Unterrichtsrezepte. München, Wien, Baltimore: Urban & Schwarzenberg 1979.

nicht nur Möglichkeiten für die (schon immer reformfreudigeren) Gesamtschulen und Hauptschulen sehe, sonderen für alle Schulformen. Gerade das Gymnasium, an dem viele Reformansätze vorbeigezogen sind, hat hier, auch angesichts einer sich dramatisch verändernden Schülerschaft, einen ganz besonderen Nachholbedarf.

Bei der Einführung von Wochenplanarbeit geht es in erster Linie um eine Befreiung von dem immer noch vorherrschenden Irrglauben, Lernen sei eine zwangsläufige Folge von Belehrungen. Gerhard Sennlaub schreibt in diesem Zusammenhang: »Unter uns wuchert der Irrglaube, wir Lehrer seien die wichtigsten Menschen in der Schule. Der Lehrer als der große Zampano des Bildungsprozesses. Der Schüler lernt, weil der Lehrer lehrt.«[3] Es muß darum gehen, die Schülerinnen und Schüler zu wirklichen Subjekten des Lernens zu machen. Wochenplanarbeit eröffnet Möglichkeiten, eigenständig zu lernen, statt immer wieder belehrt zu werden.

Horst Rumpf spricht zentrale Punkte an, die Grundlage des hier vertretenen pädagogischen Ansatzes sind: »Es geht also um die Befreiung von der Zwangsvorstellung, richtige und normale Schullehre bestehe einzig und allein in einem von der Lehrperson geplanten, gesteuerten, angetriebenen und beurteilten Hürdenlauf über die vorgegebenen Aufgaben und Lehrstoffe – wobei alle Läufer selbstverständlich die gleiche Strecke zurückzulegen haben. Es geht also um die Befreiung von der Angst, ohne diese vorgeplante Dosierung von Aufgaben für die ganze Lerngruppe breche das Chaos aus.«[4]

Wochenplanarbeit bildet einen Kontrapunkt zur weitverbreiteten unterrichtlichen Monostruktur (»fragend-erarbeitender Unterricht«)[5] und zum oft vorherrschenden rezeptiven Lernen. Durch diese Arbeitsform kann eine Qualifikationsstruktur entwickelt werden, die heute mehr denn je gefragt ist. Dies wird von den Schülern/innen und den Eltern besonders geschätzt. Doch dazu später mehr.

Nachdem ich Wochenplan-Erfahrungen zunächst ausschließlich in Hauptschulklassen gesammelt hatte,[6] unternahm ich auch in Gymnasialklassen und in Förderstufenklassen weitere Versuche, mit Wochenplänen zu arbeiten. Die positiven Reaktionen vieler Schülerinnen und Schüler auf diese neue Arbeitsform ermutigten mich. Es wurde mir im Verlaufe der Zeit deutlich, daß es unsinnig ist, Wochenplanarbeit als eine schulstufen- oder schulformbezogene Arbeitsform zu betrachten. Der Wochenplan ist ein äußerst variables »Instrument«, das, in der richtigen Form und Dosierung eingesetzt, in jeder Lerngruppe zu einer Bereicherung führen kann. Es bietet von seinem Ansatz her ideale Voraussetzungen, alle Lernenden aktiv am Unterrichtsgeschehen zu beteiligen.

Bedingung ist dabei: Die Arbeit mit dem Plan darf nicht erstarren. Die Ausgangssituation der Lerngruppe muß immer wieder die Leitlinie für die Aufstellung des Wochenplanes sein. Hatten wir bei der Unterrichtsanalyse und -planung nach dem »Berliner Modell« von Heimann/Otto/Schulz, mit der wir im Referendariat endlos »gequält« wurden, nicht etwas von »anthropogenen« und »soziokulturellen« Voraussetzungen gehört?[7] Nie wird man in zwei

3 Sennlaub, G.: Grundlagen von Freiarbeit und Wochenplan. In: Erziehungswissenschaft – Erziehungspraxis, Heft 3/1985, S. 24 (Agentur Dieck, Heinsberg).

4 Rumpf, H.: Was ist frei an der Freien Arbeit? In: Pädagogik, Heft 6/1991, S. 9.

5 Vgl. Meyer, H.: UnterrichtsMethoden II. Praxisband. Frankfurt/Main: Scriptor 1987, S. 66ff.

6 Siehe dazu: Vaupel, D.: Arbeit mit dem Wochenplan. Ein Schritt zum selbständigen Lernen (nicht nur) in Hauptschulklassen. In: Pädagogik, Heft 12/1992, S. 38–42; Vaupel, D.: Arbeit mit dem Wochenplan. Handlungsorientierter Unterricht in der Sekundarstufe, Heft 5. Wiesbaden: Hessisches Institut für Bildungsplanung und Schulentwicklung 1993.

7 Heimann, P./ Otto., G./ Schulz, W.: Unterricht. Analyse und Planung. Hannover: Schroedel 1965.

Schule 1995

Individualisierung …

… oder gleichschrittiger Unterricht?

Die Karikaturen sind entnommen aus: betrifft:erziehung (Hrsg.): Projektorientierter Unterricht. Lernen gegen die Schule? Weinheim/Basel: Beltz 1978.

Lerngruppen mit demselben Wochenplan arbeiten können, denn Wochenplanarbeit ist eben genau das Gegenteil eines gleichschrittigen Unterrichts. Sie akzentuiert in besonderer Weise die Unterschiedlichkeit, die Vielfalt, die Individualität.

Die Arbeit mit dem Wochenplan bietet Möglichkeiten, eine von Andreas Flitner so formulierte »alte pädagogische Einsicht« umzusetzen: »Der Mensch muß selbsttätig, er muß aktiv sein können beim Lernen. Wo nur Programme und Stoffpläne abgearbeitet werden, geht das Gefühl dafür verloren, daß es sich um mein eigenes Lernen handelt, daß ich selbst die Verantwortung dafür tragen soll.«[8]

Schule soll Kinder und Jugendliche zum Lernen motivieren und sie zur Selbständigkeit führen. Dabei muß es, nicht zuletzt angesichts der rasanten gesellschaftlichen Veränderungen und deren Auswirkungen auf die Heranwachsenden, das Ziel in allen Bereichen der Sekundarstufenschule sein, in erster Linie nicht den – oft vergeblichen – Versuch zu unternehmen, Schülerinnen und Schüler mit Wissen vollzustopfen, sondern zumindest gleichberechtigt neben der Wissensvermittlung »Schlüsselqualifikationen«[9] aufzubauen. Wir Lehrer/innen, die wir durch unsere Ausbildungssituation zum großen Teil in der Tradition des lernzielorientierten Unterrichts stehen, müssen uns davon lösen, daß es in der Schule ausschließlich um eine Vermittlung von Fach- und Sachkompetenz gehe. Gleichberechtigt sollte daneben die Entwicklung von sozialer Kompetenz und Methodenkompetenz bei unseren Schülerinnen und Schülern stehen.[10]

Es ist notwendig, neue Wege im Unterricht zu gehen. Wir müssen den Schülerinnen und Schülern positive Lernerfahrungen ermöglichen und dadurch das Zutrauen zur eigenen Leistungsfähigkeit stärken. Nicht nur lern- und leistungsschwache Kinder und Jugendliche müssen Gelegenheit haben, in der Schule die Erfahrung zu machen: »Ich kann das ja! Ich schaffe das! Das interessiert mich!«, und nicht ständig die eigenen Defizite vor Augen geführt bekommen.

Wochenplanarbeit ist Teil eines offenen, handlungsbezogenen Unterrichts, in dem andere Formen des Lernens und Arbeitens nötig sind. Dieses andere Lernen in Gang zu setzen ist in kleinen Schritten in jeder schulischen Situation möglich. Es wird jedoch erleichtert bzw. gefördert, wenn folgende Rahmenbedingungen umgesetzt werden:

- Feste, überschaubare Bezugsgrößen für die Schülerinnen und Schüler sind zu schaffen (Klassenlehrer- und Klassenraumprinzip, kleine Klassen).
- Individualisierendes Lernen (Wochenplanarbeit) und zunehmend selbstorganisiertes kooperatives Lernen sollten gleichermaßen ermöglicht werden (Gruppenarbeit, Freie Arbeit, Arbeit in Projekten).
- Rahmenbedingungen für ganzheitliche und handlungsbezogene Lernerfahrungen müssen geschaffen werden. Nicht vorwiegend kognitives Lernen soll im Mittelpunkt stehen,

8 A. Flitner bei der Verleihung des »Förderpreises Praktisches Lernen« der Robert-Bosch-Stiftung, Stuttgart, an der Leimbornschule in Kassel.

9 Siehe dazu: Lampe, U.: Ausbildungsziel: Schlüsselqualifikationen. In: Praxis Schule 5–10, Heft 3/1991, S. 12–14.

10 Sehr aufschlußreich war in diesem Zusammenhang für mich ein Referat von H. Hüppauf, Personalchef der Karosseriebaufirma Karman, Bremen, zum Thema »Wie verkauft man Bildung?«. Das Überraschende für mich bei diesem Referat war das Wiedererkennen von pädagogischen Positionen aus der Anfangsphase der Gesamtschulentwicklung. Zahlreiche Veröffentlichungen sind zwischenzeitlich zu dieser Thematik erschienen. Beispielhaft seien hier nur genannt: Pädagogik, Heft 6/1993 (Thema Wirtschaft – Schule – Leistung. Was sollen Schüler können?); Beck, H.: Schlüssenqualifikationen – Bildung im Wandel. Darmstadt 1993; Praxis Schule 5–10, Heft 1/1993 (Thema: Leistung? Leistung! Leistungserziehung heute).

Die Lernpsychologie hat nachgewiesen, daß wir*

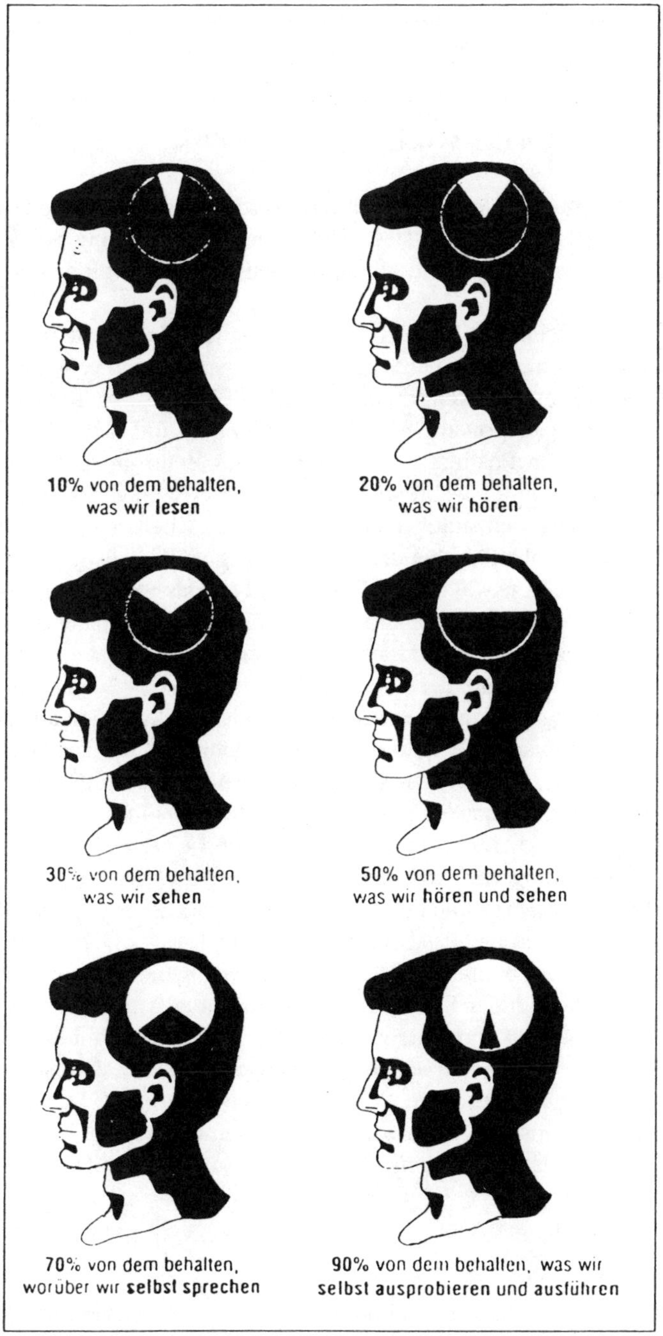

* Ergebnisse einer Untersuchung der »American Audiovisuell Society« (Witzenbacher, K.: Handlungsorientiertes Lernen in der Hauptschule. München 1985, S. 17). Das Schaubild wurde entnommen aus: Fenske, P.: Das kleine Buch vom Lernen. Lichtenau: AOL-Verlag 1993, S. 75.

sondern Lernen mit »Kopf, Herz und Hand« (Projektunterricht, handlungsorientierter Unterricht).
- Die Alltagserfahrungen der Schülerinnen und Schüler sind stärker in den Unterricht einzubeziehen und zum Ausgangspunkt des Lernens zu machen.

1.2 Historische Wurzeln des Wochenplankonzeptes

Die historischen Wurzeln des Wochenplanarbeitskonzeptes sind eingebettet in die Erneuerungsbewegung des Schulsystems mit dem Ziel einer Humanisierung der Schule, die ihren Ursprung in der Reformpädagogik hat. Diese Wurzeln sollen im folgenden kurz dargestellt werden.

Die von *Ellen Key* ausgehende Bewegung »vom Kinde aus« lieferte um die Jahrhundertwende die Grundlage für eine völlig neuartige Erziehungsphilosophie. Wider allen gleichmacherischen Drill in den Schulfabriken fordert Ellen Key Ehrfurcht vor der Hoheit des Kindes.

Die deutschen Reformpädagogen *Georg Kerschensteiner* und *Hugo Gaudig*[11] stellen das Aktivitätsprinzip unter dem Postulat der Freiheit in das Zentrum ihres Ansatzes. In ihrer »Arbeitsschule soll der Schüler während der gesamten Arbeitsvorgänge selbst tätig sein, selbsttätig beim Zielsetzen, selbsttätig beim Ordnen des Arbeitsganges, selbsttätig bei der Fortbewegung zum Ziel, selbsttätig bei der Entscheidung an Kreuzwegen, selbsttätig bei der Kontrolle, bei der Korrektur usw.« (Hugo Gaudig 1911). Das »Selbsttätig-Sein« findet sich heute in allen Ansätzen zur Wochenplanarbeit wieder und ist, wie später noch zu zeigen sein wird, ein wichtiger Aspekt des von mir hier vertretenen Konzeptes.

Untrennbar verbunden ist mit der Wochenplanthematik der Name *Celestin Freinet.*[12] Freinet entwickelte seine grundlegenden pädagogischen Überlegungen aus den elementaren Tätigkeiten, denen die Kinder außerhalb der Schule nachgehen. In der Auseinandersetzung mit Sachen und Situationen entwickeln sie Methoden, machen Erfahrungen und erwerben Können. Freinet leitet daraus seine Methoden ab, selbständiges Lernen aus Interesse auch im Rahmen der Schule zu praktizieren. Die neue Schul- und Unterrichtsorganisation wird bei Freinet durch die Einrichtung von Arbeitsecken unterstützt. Er leitet Kinder an, aus eigener Motivation ihre Arbeitsverfahren und ihre Arbeitshaltung zu entwickeln. Als Konsequenz aus diesem Ansatz entwickelte Freinet das Konzept des »Plan de travail«, einen doppelschrittigen Wochenplan. Diese Konzept beinhaltet zwei aufeinanderfolgende Planungsphasen:
- Am Ende jeder Woche tagt der Klassenrat. Dort wird über Aufgaben und Themen für die kommende Woche beraten. Fragen wie etwa die folgenden können dort aufgeworfen werden:[13] Welche Arbeiten sind noch nicht abgeschlossen? Was soll neu projektiert werden? Welche lehrplanbezogenen Pflichtaufgaben stehen an? Das im Klassenrat beschlossene Wochenarbeitsprogramm wird in der Regel von der Lehrerin oder dem Lehrer in Form eines Protokolls festgehalten. Daraus wird der »plan collective«, ein Klassenarbeitsplan, aufgestellt.
- Unter Berücksichtigung der gemeinsamen Absprachen stellt in der Schule Freinets jeder

11 Siehe dazu: Flitner, W.: Die deutsche Reformpädagogik. Stuttgart: Klett Cotta 2. Aufl. 1982.

12 Ausf. zur Pädagogik Freinets: Baillet, D.: Freinet – praktisch. Beispiele und Berichte aus Grundschule und Sekundarstufe. Weinheim: Beltz 1983.

13 Vgl. Hagstedt, H.: Schüler können machen, was ihre Lehrer wollen. Wochenplanerei: Zur späten Karriere eines betagten didaktischen Themas. In: päd extra, Heft 10/1987, S. 7.

Schüler zu Beginn der Arbeitswoche seinen individuellen Wochenarbeitsplan (»plan individuelle«) auf. Dies geschieht teilweise eigenständig, teilweise nach Rücksprache mit dem Lehrer. In den Plan tragen die einzelnen Schüler/innen ein, was sie im Laufe der Woche be- und erarbeiten wollen, »welche Arbeiten sie sich für welche Tage vornehmen, welche Untersuchungen sie in der Woche durchführen wollen, an welchem Buch sie gerade lesen, welche Übungslücken sie schließen wollen, zu welchem Thema sie einen Vortrag halten wollen usw.«[14] Am Ende der Woche wird von den Schülern/innen eingetragen, was sie tatsächlich erledigt haben.

Maria Montessoris individualistischer Ansatz läßt sich heute an vielen Stellen in der Wochenplandiskussion wiederfinden. Sie schuf mit den von ihr entwickelten Arbeitsmaterialien eine vorbereitete Lernumgebung. Mit diesen Arbeitsmaterialien konnte jeder Schüler/jede Schülerin nach freier Wahl arbeiten. »Diese Arbeitsmittel enthalten in sorgfältiger sachlicher und methodischer Abstufung das Programm der Bildung, das Maria Montessori in ihrer Pädagogik für Kinder entwickelt hat.«[15] Wenn man die Gesetze der natürlichen Entwicklung des Kindes kennt – so Maria Montessori –, muß das dafür geeignete Material gefunden werden. Im Mittelpunkt steht das individuelle, das unverwechselbare Kind, das unabhängig werden und wachsen will. Das Eigentätigsein – ein Element, das auch bei der Arbeitsschulbewegung zu finden ist – ist der Motor dieses Entwicklungsgedankens, der den gesamten kulturellen Bildungshorizont umschließt. »So wenig wir dem Kind sein körperliches Wachsen abnehmen können, so wenig können wir an Stelle des Kindes lernen und selbständig werden ... Wir können dem Kind helfen, indem wir eine kindgerechte Umgebung mit vielfältigen Lernanregungen vorbereiten, in der das Kind selbst aktiv werden kann. Der Erwachsene muß Hindernisse, die für das Kind unüberwindlich sind, aus dem Weg räumen; aber dann soll er sich zurückziehen. 'Hilf mir, es selbst zu tun!' wurde zu einem Leitmotiv der Montessori-Pädagogik: Der Erwachsene soll dem Kind keine Arbeit abnehmen, die es mit geeigneter Hilfe selbst tun könnte.«[16]

Ein weiterer Aspekt der Montessori-Pädagogik verdient Erwähnung: Das Kind soll die Möglichkeit haben, seinem eigenen Zeitmaß zu folgen, denn Wachsen und Lernen sind organische Vorgänge, die Zeit brauchen. Montessori kritisiert die oft vorhandene Ungeduld der Erwachsenen. »Mit ihren Lernmaterialien erreicht Montessori eine Individualisierung des Arbeitens. Das einzelne Kind kann sich so lange mit einer Tätigkeit beschäftigen und eine Übung so oft wiederholen, bis es meint, die Sache verstanden zu haben.«[17]

Ein für die Wochenplanarbeit bedeutsamer Ansatz geht auf *Helen Parkhurst*, eine amerikanische Landlehrerin, zurück. Sie »nahm sich nach einem Besuch bei Maria Montessori vor, ihre sehr unterschiedlich alten Schüler nach individueller Begabung, individueller Neigung und individuellem Rhythmus lernen zu lassen. Sie besorgte Material (Bücher, Naturgegenstände) und schrieb Anweisungen (assignments), wie damit umzugehen sei. Das einzelne Kind konnte sich sein Lernprogramm – in der Regel für eine Woche – zusammenstellen und seine Zeit einteilen. Daraus wurde der seinerzeit berühmte Daltonplan«.[18] Der vereinbarte Arbeits-

14 Hagstedt, 1987, S. 7.

15 Meier, R./ Mayer-Behrens, H.: Freie Arbeit – Wochenplan. In: Die Grundschulzeitschrift. Sonderheft 1989, S. 33.

16 Ortling, P.: Maria Montessori und die nach ihr benannten Schulen. In: Pädagogik, Heft 1/199 2, S. 46.

17 Ortling, 1992, S. 47.

18 Krüger, R.: Projekt Offener Unterricht. Schulleiter-Handbuch, Bd. 60. Braunschweig: Westermann Verlag 1991, S. 44.

plan war praktisch ein Vertrag (»contract«), der zwischen Lehrer/in und dem einzelnen Schüler/der einzelnen Schülerin abgeschlossen wurde. Dadurch lag eine gewisse moralische Erfüllungspflicht – eine Verbindlichkeit – für die Schüler/innen in der Bewältigung des Planes. Sie legten sich durch den Vertragsabschluß fest, diesen auch umzusetzen.

Häufig wird im Zusammenhang mit dem Wochenplankonzept auch der Name *Peter Petersen* erwähnt. Er entwirft unter dem Motiv »Schulleben und Unterricht im Dienst des Gemeinschaftsgedankens – wider den Fetzenstundenplan« 1927 den Jenaplan als schulpädagogisches Reformmodell. Doch der Wochenarbeitsplan, von dem Petersen in seinem »Kleinen Jenaplan« spricht, hat eine andere Richtung. Er ist praktisch der Stundenplanersatz des Lehrers, der den »Fetzenstundenplan« der normalen Schule überwinden will und die Bildungsformen des Gesprächs, der Feier, des Spiels und der Arbeit angemessen zur Wirkung bringen soll.

1.3 Wochenplanerfahrungen in der Primarstufe

Spätestens seit dem Ende der 70er Jahre ist das Thema »Wochenplanarbeit« in der Primarstufe in aller Munde. Überall, wo in Grundschulen über offene Lernformen und innere Differenzierung nachgedacht wird, kommt seit dieser Zeit – so Herbert Hagstedt – »fast zwangsläufig auch die Idee des Wochenplans ins Spiel.«[19] Wochenplanunterricht wird dabei von seinen Befürwortern mit dem Anspruch vertreten, daß er das Vehikel sei, mit dem es möglich ist, wegzukommen von einer »Didaktik der Lernbefehle«[20] hin zu einer »Didaktik der Lerngelegenheiten«[21]. Claus Claussen konstatiert, daß die Wochenplanarbeit in der Grundschule zunehmend »als Gradmesser für Qualität, als Gütezeichen«[22] für den Unterricht angesehen wird.

Ob man Wochenplanarbeit betreibt, war lange Zeit eine Frage des grundsätzlichen pädagogischen Ansatzes. Sie stand für das besondere, ausgeprägte pädagogische Profil einer Schule, war das Synonym für Innovationsbereitschaft, reformpädagogisch orientierte Arbeit oder auch insgesamt für pädagogisches Engagement. Dieser – oft überhöhte – Anspruch, der mit der Wochenplanarbeit verbunden war, hat nicht nur zur Verbreitung des Ansatzes beigetragen, sondern auch Fronten geschaffen. Fronten entstanden zwischen einzelnen Schulen, sogar ganze Kollegien wurden entzweit in »Wochenplanlehrer« und »Nicht-Wochenplanlehrer«.

Dabei sahen die Wochenpläne in der Praxis an den meisten Schulen – von einigen »Modellschulen« abgesehen – eher bescheiden aus. Wochenplanarbeit wurde häufig ausschließlich als ein Bereich verstanden, in den aus dem laufenden Unterricht heraus möglichst viele Übungsaufgaben gepackt werden konnten und reihenweise Arbeitsblätter zu bearbeiten waren. Die Erziehung der Kinder zur Selbständigkeit, die Förderung von Selbsttätigkeit, die Förderung von eigenverantwortlichem Handeln und die Entwicklung von Entscheidungskompetenz traten in der Praxis oft in den Hintergrund.

Nicht nur an der Basis, in den Schulen, machte das Wochenplanthema die Runde. Zusätz-

19 Hagstedt, 1987, S. 4.
20 Hagstedt, 1987, S. 4.
21 Huschke, P.: Wochenplan-Unterricht. Konzept einer Unterrichtsorganisation, die Schülern selbständiges Lernen und Mitgestaltung des Unterrichts ermöglichen soll. Marburger Grundschulprojekt 1976.
22 Claussen, C.: Wochenplanunterricht in der Grundschule. In: Claussen, C. u.a.: Wochenplan und Freie Arbeit. Braunschweig: Westermann 1993 (Praxis Pädagogik), S. 54.

lich gab es auch noch Reformwind von oben. Herbert Hagstedt schreibt: »Das Thema machte zunächst bei Schulämtern und Ministerien Karriere. Flammende Reden auf Grundschultagen für Wochenplan und Freiarbeit bereiteten vor auf neue Lehrplanpassagen. Ganze Buchreihen für Wochenplaner und Freiarbeiter wurden auf den Markt geworfen, um Lehrer und Lehrerinnen anzufeuern«.[23] Ein regelrechtes »Wochenplan-Fieber«[24] brach an den Grundschulen landauf, landab aus, das auch zeitlich versetzt die Lehrmittelindustrie erfaßte. Seit der Mitte der achtziger Jahre wird nahezu jede Materialneuentwicklung für den differenzierten Unterricht mit dem Hinweis auf die Möglichkeiten des Einsatzes im Wochenplanunterricht angepriesen.

Im Zuge der Verbreitung der Wochenplanidee in der Primarstufe hat es eine Reihe problematischer Entwicklungen gegeben, die langfristige Folgen hatten. Die Wochenplaneuphorie, die Emotionalität, mit der das Konzept in der Praxis vertreten wurde, führte lange Zeit dazu, daß es nicht möglich war, auf kritische Distanz zu gehen, nüchtern Vor- und Nachteile abzuwägen und auf diese Weise zu einer Weiterentwicklung des Wochenplankonzeptes beizutragen. Im Gegenteil, Wochenplanarbeit wurde zu oft als »Allheilmittel«, als Instrument zur Lösung vieler schulischer Probleme angesehen. An manchen Schulen glaubte man darüber hinaus, es sei möglich, den bisherigen Unterricht vollständig durch Wochenplanunterricht zu ersetzen. Wochenplanarbeit und Frontalunterricht wurden als miteinander unvereinbare Alternativen der Unterrichtsgestaltung diskutiert, nicht als zwei Möglichkeiten, die sich sinnvoll ergänzen können und aufeinander bezogen sein sollten. Der Versuch, aus der Grundschule in der Praxis eine »Wochenplanschule« zu machen, hat sich als wenig erfolgreich erwiesen und hat darüber hinaus fatale Auswirkungen auf die Weiterverbreitung dieser Lernform in der Sekundarstufe gehabt.

Gleichzeitig gab es jedoch auch zahlreiche Versuche, auf die »Euphoriebremse« zu treten und zu einer realistischen Einschätzung der Wochenplanarbeit zu kommen, die sich allerdings an den Schulen erst sehr langsam durchsetzten. Erfolgreich war die Wochenplanarbeit in der Grundschule überall dort, wo sie auf sinnvolle Weise in ein pädagogisches Gesamtkonzept eingebettet war und wo versucht wurde, sie in Beziehung zum Klassenunterricht und offenen Lernformen – der Freien Arbeit und der Projektarbeit – zu setzen.

Differenzierte Äußerungen zur Rolle der Wochenplanarbeit sind in Veröffentlichungen seit der Mitte der 80er Jahre zahlreich zu finden. So weist Paul Reinsch der Wochenplanarbeit eine klar umgrenzte Rolle in einem Gesamtkonzept zu: »Einzelne Fragestellungen können sicher nur in fachbezogenen Unterrichtsstunden besprochen werden. So beeinflußt die Wochenplanarbeit den gesamten Unterricht, wie auch umgekehrt sich aus dem übrigen Unterricht Aufgaben für den Wochenplan ergeben.«[25] Von einer Reduzierung der Wochenplanarbeit auf den Aspekt der Übung ist in diesen Konzepten nichts mehr zu spüren, wenn bei Gabriele Kirchbaum vom Wochenplan zu lesen ist »als eine[r] Form von Unterricht, in dem die Kinder mitdenken, mitplanen und mithandeln und so zunehmend fähig werden, ihre eigenen Lernprozesse zu steuern.«[26] Kirchbaum gibt eine klare Positionsbestimmung: »Der Wochenplan legt Wahl- und Pflichtaufgaben fest, die die Schüler im Verlaufe einer Woche erledigen. Der Zeitanteil, den die Arbeit nach dem Wochenplan im Rahmen des gesamten Unterrichts

23 Hagstedt, 1987, S. 4.
24 Hagstedt,1987 S. 4.
25 Reinsch, P.: Wochenplan und selbstgesteuertes Lernen. In: Jenaplan-Forschungsstelle. Lehrerkreis. Arbeitskreis Peter Petersen, Heft 2/März 1984 (Agentur Dieck).
26 Kirchbaum, G.: Unterricht nach einem Wochenplan. In: Jenaplan-Forschungsstelle. Lehrerkreis. Arbeitskreis Peter Petersen, Heft 2/ März 1984 (Agentur Dieck).

einnimmt, wird jeweils festgelegt. Der Wochenplan wird mit den Schülern abgesprochen, so daß einerseits zum Tragen kommt, was entsprechend den Lehrplanvorgaben und dem jeweiligen Lernstand der Kinder erforderlich ist, andererseits aber auch die Interessen und Wünsche der Kinder berücksichtigt werden. Je nach dem Stand der einzelnen Klasse bestimmen die Schüler zunehmend die Inhalte, die Methoden der Bearbeitung, die soziale Gruppierung, in der gearbeitet wird, und die Zeitanteile für die Bearbeitung der einzelnen Aufgaben. Dabei werden sie auch selbst zunehmend ihre eigenen Entscheidungen zu verantworten haben. So ergeben sich aus möglichen Fehlplanungen oder Fehleinschätzungen Konsequenzen für die jeweils künftige Arbeitsplanung.«[27] Ähnliche Positionen lassen sich heute in allen aktuellen Wochenplankonzepten wiederfinden.

Erst zu dem Zeitpunkt, als man sich in der Primarstufe von dem Ausschließlichkeitsanspruch der Wochenplanarbeit und einer überzogenen Erwartungshaltung löste, war es möglich, daß diese Idee auch in der Sekundarstufe adaptiert wurde und dort im Verlaufe der letzten Jahre immer mehr Anhänger fand. Richtungweisend war der von Herbert Hagstedt 1987 erschienene Aufsatz »Schüler können machen, was ihre Lehrer wollen«, der eine Phase der kritischen Reflexion der Wochenplanarbeit im Zusammenang mit Ansätzen des offenen Unterrichts und der Schülerorientierung einläutete.

Bei aller kritischen Einschätzung des Prozeses der Etablierung der Wochenplanarbeit an den Grundschulen darf jedoch nicht vergessen werden, was sie letztlich bewirkt hat. Sie hat Möglichkeiten für Kinder geschaffen, aktiv und selbständig handelnd zu lernen, und Raum gegeben für die Mitentscheidung der Lernenden über die Auswahl von Lerninhalten. Die Wochenplanarbeit hat darüber hinaus vor allem das Bewußsein dafür geschärft, daß es ein Trugschluß ist, anzunehmen, alle Kinder einer Lerngruppe könnten zur gleichen Zeit die gleichen Aufgaben bewältigen und die gleichen Lernschritte gehen.

Die Durchsetzung schülerorientierter Lernformen in der Primarstufe auf breiter Ebene hat schließlich auch über sie hinausgehende Auswirkungen gehabt. Der Druck zur Veränderung starrer Strukturen in der Sekundarstufe wird durch eine Schülerschaft, die Qualifikationen mitbringt, die im Sekundarbereich zu wenig nachgefragt werden, größer. Viele Eltern haben die Erfahrung gemacht, welche positiven Auswirkungen der Wochenplanunterricht hat, und sind oft nicht mehr bereit, sich mit einem Frontalunterricht zufriedenzugeben, in dem ihre Kinder, die eigenständig zu arbeiten gelernt haben, zu »Statisten« degradiert werden.

1.4 Ansätze zur Wochenplanarbeit in der Sekundarstufe – ein Überblick

Wenngleich das Thema »Wochenplanarbeit« heute unter allen Pädagogen große Beachtung findet, so sind doch die Ansätze zur Wochenplan*praxis* in der Sekundarstufe bis heute nur verstreut zu finden. Zu sehr war der Begriff im Bewußtsein vieler Sekundarstufenlehrer mit dem Stichwort »grundschultypisch« besetzt. Nur in einigen Modell- und Versuchsschulen ist die Arbeit mit Wochenplänen bisher zu einer festen Größe geworden. Eine steigende Tendenz zur praktischen Umsetzung in den übrigen Sekundarstufenschulen ist erst seit Beginn der 90er Jahre zu verzeichnen. Wochenplanarbeit ist dabei zunächst fast ausschließlich in Hauptschulklassen und in der Förder-/Orientierungsstufe erprobt worden – Felder, die schon traditionell eine »Spielwiese« für reformfreudige Pädagogen gewesen sind.

Mit der Umsetzung auf breiter Basis an den Sekundarstufenschulen gibt es noch Probleme,

27 Kirchbaum.

doch es beginnt sich nun – ausgehend von positiven Erfahrungen in den genannten Bereichen – nach und nach die Erkenntnis durchzusetzen, daß eine Einengung der Wochenplanarbeit auf bestimmte Schulformen oder Schulstufen nicht sinnvoll ist. Selbst das Wochenmagazin »Stern« bricht in seiner Titelgeschichte »Alptraum Schule« in der Ausgabe 35/1993 auf der Suche nach alternativen pädagogischen Möglichkeiten eine Lanze für die Wochenplanarbeit. Der Autor Christoph Fasel verweist auf erfolgreiche Versuche mit offenen Unterrichtssituationen und schreibt dann weiter: »Anstatt den Stoff frontal vom Lehrer vorgekaut zu bekommen, stellen sich bei dieser Unterrichtsform die Schüler individuelle Wochenpläne zusammen. Die Lernziele erarbeiten sie in Gruppen oder einzeln. Vorteil: Die Schüler lernen in ihrem eigenen Tempo, jeder kann seine Begabung ungestört entfalten – und nebenbei Selbständigkeit, Teamdenken und Phantasie entwickeln.«[28]

Das in den letzten Jahren gewachsene Interesse spiegelt sich auch in dem immer breiter werdenden Angebot von Lehrmittelverlagen wider, die nun, ähnlich wie dies zuvor für den Primarstufenbereich festgestellt wurde, zahlreiche Materialien mit dem Hinweis auf Einsatzmöglichkeiten bei der Wochenplanarbeit anpreisen.[29] In der pädagogischen Fachliteratur und in Fachzeitschriften kommt die gestiegene Bedeutung der Wochenplanarbeit im Sekundarbereich bisher nur unzureichend zum Ausdruck. Angesichts der Bedeutung des Themas ist es eher dürftig, was in den letzten Jahren dazu erschienen ist, so daß man sehr schnell einen Überblick gewinnen kann.

Eine erste zusammenhängende Veröffentlichung zu der Thematik fand ich im LehrerJournal 5/86, das als Themenheft »Freie Arbeit« erschien. Darin sind vor allem Beiträge über Freiarbeit in der Hauptschule enthalten,[30] aber auch die Frage nach dem Spielraum für Freiarbeit im Gymnasium wird bereits aufgeworfen.[31] Hinweise darauf, wie man mit Wochenplänen arbeiten kann, werden jedoch nur am Rande gegeben. Die 1989 erschienene »Praxismappe Freiarbeit« von Ulrich Hecker enthält als erste mir bekannte Publikation auch einen zusammenhängenden Praxisbericht über Wochenplanarbeit in der Sekundarstufe, in dem

28 Fasel, Chr.: Schule '93. Mangelhaft! In: Stern, Heft 35/1993, S. 27.

29 Es ist lohnend, sich die Kataloge jener Verlage zu bestellen, die sich besonders diesem Feld gewidmet haben und die zahlreiche Materialien für Wochenplan und Freiarbeit anbieten. Auch wenn man die vorgefertigten Materialien nicht selbst im Unterricht einsetzen will, so lassen sich doch aus den Verlagsangeboten viele Anregungen entnehmen. Interessant sind nicht in erster Linie die Angebote der großen Schulbuchverlage, sondern der kleineren, alternativen Verlage, wie z.B.: Beenen-Lehrmittel, Issumer Weg 19, 46519 Alpen 2 – Rüdiger-Kohl-Verlag, Postfach 1140, 52380 Niederzier – AOL-Verlag, Postfach 8, 77837 Lichtenau – Freiarbeit-Verlag, Waldstr. 17–18, 77839 Lichtenau – Verlag an der Ruhr, Alexanderstr. 54, 59457 Mülheim – Verlag Sigrid Persen, Dorfstr. 14, 21640 Horneburg – Pädagogik-Kooperative, Goebenstr. 8, 28209 Bremen – Pädagogisches Atelier Kaleidoskop, Regentenstraße 53, 51063 Köln. Zahlreiche Materialhinweise sind auch zu finden bei: Sehrbrock, P.: Freiarbeit in der Sekundarstufe. Frankfurt am Main: Cornelsen Verlag Scriptor 1993.

30 Fuxen, M./ Teipel, W.: Freiarbeit in der Hauptschule – auch das noch?! In: LehrerJournal, Heft 5/1986, S. 217–220; Pitzschel; F.: Sie sollen wollen, was sie tun. Freie Arbeit in der Hauptschule. In: LehrerJournal, Heft 5/1986, S. 221–224. Auch an anderer Stelle sind zum gleichen Zeitpunkt Veröffentlichungen über Freie Arbeit in der Hauptschule zu finden: Peisker, M.: Freie Arbeit – gleich morgen fang ich damit an. In: Neue Deutsche Schule, Jg. 1986; Peisker, M.: Auf dem Weg zur Freien Arbeit. Keine Angst vor Stolpersteinen. In: Neue Deutsche Schule, Jg. 1986.

31 Von Lindeiner-Wildau, V./ Menges, U.: Spielraum für Freiarbeit auch im Gymnasium? In: LehrerJournal, Heft 5/1986, S. 225–228; s.a.: Steenberg, U.: Kompromiß oder Wagnis? Freiarbeit von Klasse 5 bis zum Abitur. In: LehrerJournal, Heft 5/1986, S. 229–232.

Hinweise zur Umsetzung eines solchen Konzeptes über die Grundschule hinaus gegeben werden.[32]

Auch die Zeitschrift »Pädagogik«, deren Herausgeber versuchen, (an reformpädagogischen Ansätzen orientierte) Innovationen im Schulalltag voranzutreiben und dadurch oft der Schulrealität einen Schritt voraus sind, hat sich erst spät der Thematik gewidmet. Einem Themenheft über »Freie Arbeit«[33] folgten einige wenige verstreute Beiträge und Hinweise auf die Wochenplanarbeit im Sekundarbereich.[34]

Grundsätzlich und mit vielen Beispielen bestückt, befaßt sich die Zeitschrift »Praxis Schule 5–10« im Dezember 1991 mit der Wochenplanarbeit.[35] Die Wochenplanarbeit wird hier als *ein* Beitrag zu einer innneren Schulreform angesehen, man bürdet ihr keinen nicht bewältigbaren Ballast auf und sieht sie weder als »pädagogisches Allheilmittel« noch als »Weg aus der Schulkrise«.[36] Solche realistischen Einschätzungen haben sicher auch zur weiteren Verbreitung der Idee erheblich beigetragen. Das Heft ist wohl die bisher facettenreichste Darstellung der Wochenplanarbeit in der Sekundarstufe. Es veranschaulicht an Beispielen aus unterschiedlichen Jahrgängen und unterschiedlichen Schulformen, welche Möglichkeiten Wochenplanarbeit für eine Veränderung des Unterrichts, für selbständige Lern- und Arbeitsformen von Schülerinnen und Schülern bietet.

Daß die Wochenplanarbeit im Sekundarbereich mittlerweile »salonfähig« geworden ist, zeigt der breite Raum, der ihr im Rahmen des im gleichen Jahr erschienenen »Schulleiter-Handbuches« gegeben wird. Wochenplanarbeit wird als Baustein eines offenen Unterrichtskonzeptes dargestellt. Als zentrale Ziele sieht der Autor Rudolf Krüger: »Wochenplanunterricht ... will Binnendifferenzierung ermöglichen und den Lernrhytmus beruhigen. Er sorgt dafür, daß in der Klasse zur gleichen Zeit unterschiedliche Dinge getan werden können. Er bietet vor allem dem Schüler die Möglichkeit, sich auf längere Fristen ... einzustellen. Eingeschränkt ist jedoch – gegenüber ausschließlicher Freiarbeit – die Freiheit des Lernenden.«[37]

Drei Publikationen aus den Jahren 1992/93, in denen Wochenplanarbeit an weiterführenden Schulen eine Rolle spielt, sollen hier noch erwähnt werden. Wulf Walrabenstein mißt in seinem Konzept »Offene Schule – Offener Unterricht« der Wochenplanarbeit besondere Bedeutung zu.[38] Ähnliches gilt für Hermann Schulze, der in Wochen- und Arbeitsplänen »Strukturierungsmöglichkeiten für die Öffnung des Lernens« entdeckt.[39] Der von Claus

32 Hecker, U.: Wochenpläne in der Sekundarstufe I. In: Hecker, U. (Hrsg.): Praxismappe Freiarbeit. Band 1. Mülheim: Verlag an der Ruhr 1989, S. 40–47; s.a. Borowsky, F.: Wochenplan: Buchführung in der Freiarbeitsmappe. In: Hecker, U. (Hrsg.): Praxismappe Freiarbeit. Band 2. Mülheim: Verlag an der Ruhr 1990, S. 30–32.

33 Pädagogik, Heft 6/1991. Thema: Freie Arbeit. Erfahrungen in der Sekundarstufe.

34 Vaupel, D.: Arbeit mit dem Wochenplan. In: Pädagogik, Heft 12/1992, S. 38–42; Witte-Löffler, E.-A.: Mit Freinet in der Hauptschule arbeiten. In: Pädagogik, Heft 2/1993, S. 17–22.

35 Praxis Schule 5–10, Heft 6/1991. Thema: Wochenplan und Freiarbeit – (keine) Themen für die Sekundarstufe I?

36 Praxis Schule 5–10, Heft 6/1991, S. 5.

37 Krüger, R.: Projekt Offener Unterricht. Schulleiter-Handbuch, Bd. 60. Braunschweig: Westermann 1991, S. 44.

38 Walrabenstein, W.: Offene Schule – Offener Unterricht. Ratgeber für Eltern und Lehrer. Reinbek: Rowohlt 1992, S. 97ff.

39 Schulze, H.: »... und morgen fangen wir an!« Bausteine für Freiarbeit und offenen Unterricht in der Sekundarstufe. Lichtenau: AOL-Verlag 1993, S. 53.

Claussen herausgegebene Band über »Wochenplan und Freie Arbeit«[40] enthält vor allem Beispiele aus der Grundschularbeit, die z. T. bereits einige Jahre zuvor in pädagogischen Zeitschriften veröffentlicht worden waren. Die Wochenplanarbeit im Sekundarbereich wird von Claussen zwar einbezogen, ist aber im Gegensatz zu den materialreichen Darstellungen der Primarstufenarbeit eher schwach bestückt. Dennoch lassen sich einige Hinweise zur Umsetzung auch für die Sekundarstufe entnehmen.

Obwohl es einen Band, der sich detailliert mit Wochenplänen über die Grundschule hinaus auseinandersetzt, bisher nicht gibt, läßt sich in Diskussionen und Gesprächen mit Lehrerinnen und Lehrern, bei Tagungen, in Fortbildungsveranstaltungen und Seminaren ein stark ansteigendes Interesse an der Thematik konstatieren. Ich führte in den letzten Jahren zahlreiche Fortbildungsveranstaltungen für Sekundarstufenlehrerinnen als »Wochenplan-Workshops« durch. Dabei wurde mir deutlich, daß viele intensiv nach neuen Wegen im Unterricht suchen. Ausgangspunkt ist oft eine unterschwellige Unzufriedenheit mit dem praktizierten Frontalunterricht und die Beobachtung des nachlassenden Interesses der Kinder bzw. Jugendlichen sowie die damit verbundenen Unterrichtsstörungen. Der Wochenplan, mit dem eine ganze Reihe von Kollegen schon erste Erfahrungen gesammelt hat, spielt bei der Suche nach diesen Wegen eine nicht unbedeutende Rolle. Ob ich Workshops in Oldenburg, Kassel oder Jena durchführte: Der Andrang und das Interesse war immer riesengroß. Dies läßt mich hoffen, daß der Wochenplan bald auch in der Sekundarstufe zu einem nicht mehr wegzudenkenden Handlungsmuster, zum festen Bestandteil eines offenen Unterrichtskonzeptes werden wird.

40 Claussen, C. u.a.: Wochenplan und Freiarbeit. Braunschweig: Westermann 1993 (Praxis Pädagogik).

2. Aller Anfang ist schwer: Vom Einstieg in die Wochenplanarbeit

2.1 Was ist ein Wochenplan?

Unter einem Wochenplan verstehe ich die sachliche wie zeitliche Organisation von Arbeitsaufträgen, die den Schülerinnen und Schülern im Regelfall in einer Woche für einen oder mehrere Lernbereiche des Unterrichts aufgegeben werden.[41] Die Wochenplanarbeit ist dabei mehr als ein organisatorischer Rahmen. Sie besteht nach meiner Auffassung nicht ausschließlich »aus einer Zusammenfassung der sonst über die Woche verstreuten Kurzphasen von Still-, Partner- und Gruppenarbeit.«[42] Wochenplanarbeit, in der neben Pflicht- und Wahlaufgaben Freiarbeitsphasen eine Rolle spielen und die eine zunehmende Mitgestaltung durch die Kinder bzw. Jugendlichen intendiert, setzt eine sich ändernde Lehrerrolle voraus. Lehrerinnen und Lehrer werden in der Wochenplanarbeit zu Organisatoren kindlicher bzw. jugendlicher Lernprozesse, zu Ratgebern, zu Beobachtern.[43]

Der Einstieg in die Wochenplanarbeit eröffnet Möglichkeiten für einen Übergang vom gelenkten, lehrerzentrierten Unterricht hin zu einer Unterrichtspraxis, in der den Schülern/innen Raum für selbstbestimmtes und selbstverantwortliches Lernen geschaffen wird. Wie groß der Raum für selbstgesteuertes Lernen ist und welcher zeitliche Umfang dafür zur Verfügung steht, das hängt von vielen Gegebenheiten bzw. Rahmenbedingungen ab: den Unterrichtsfächern des »Wochenplanlehrers«, dem Stundenplan, der Situation der Klasse, dem pädagogischen Klima an der Schule, den räumlichen Gegebenheiten und der Materialausstattung – um nur einige der Einflußfaktoren zu nennen. Darauf wird an anderer Stelle noch näher einzugehen sein.

Anfangen mit der Wochenplanarbeit kann man allerdings in jeder Situation, ob man nun Klassenlehrer mit einem Umfang von zehn oder gar mehr Unterrichtsstunden in »seiner« Klasse ist oder ob man in einer Klasse nur ein einziges Fach unterrichtet. Im ersten Fall wird der Einsatz von Wochenplänen erleichtert. Im zweiten Fall bedarf es viel Einfallsreichtum, variabler Lösungen und auch der Kooperation mit anderen Kolleginnen und Kollegen, um in einem Teil des Unterrichts mit Wochenplänen zu arbeiten. Nie kann der Wochenplan den gesamten Unterricht einer Klasse oder auch nur den Unterricht in einem Fach komplett umfassen.

Die totale »Wochenplanschule«, ohne Anbindung an andere Unterrichtsformen und Methoden, gibt es nicht oder wenn es sie geben sollte, so kann sie nicht funktionieren. Allgemeingütige Regeln darüber, wieviel Zeit die Wochenplanarbeit umfassen sollte, können nicht

41 Vgl. Meyer, R./Mayer-Behrens, H.: Freie Arbeit – Wochenplan. In: Die Grundschulzeitschrift, Sonderheft 1989, S. 34.

42 Huschke, P./ Mangelsdorf M. : Wochenplanunterricht. Weinheim: Beltz Praxis 1988, S. 11.

43 Vgl. Praxis Schule 5–10, Heft 6/1991.

formuliert werden. Dies richtet sich nach den jeweiligen Gegebenheiten, auf die viele Einflußfaktoren einwirken.

Wochenplanarbeit bedeutet für alle Beteiligten, für die Lehrenden und die Lernenden, eine erhebliche Umstellung des bisherigen Unterrichts. Insbesondere dann, wenn in ihm bisher die gängigen Handlungsmuster des fragend-erarbeitenden Unterrichtsgesprächs mit hohen verbalen Anteilen des Lehrers dominierten. Die Rollenverteilung zwischen Lehrern/innen und Schülern/innen verändert sich radikal.

Die Schülerinnen und Schüler haben während der Wochenplanzeiten in einer (in der Regel) strukturierten Lernumgebung die Möglichkeit zu weitgehend selbstgesteuertem Lernen und Arbeiten. Sie können dabei sowohl die Hilfe ihrer Mitschüler/innen als auch der Lehrer/innen in Anspruch nehmen. Die Wochenplanarbeit nimmt die Lernenden in ihrer Individualität ernst. Ihr liegt eine Erziehungsphilosophie zugrunde, die davon ausgeht, daß Kinder und Jugendliche aus eigenem Antrieb lernen und arbeiten wollen und können, auch ohne daß sie vom Lehrenden ständig dazu angetrieben oder auf geschickte Weise dazu verführt (»motiviert«) werden müssen.

Einige mir wesentlich erscheinende Gesichtpunkte für ein Vorverständnis dessen, was die Arbeit mit dem Wochenplan beabsichtigt, möchte ich hier unter zwei Leitfragen kurz vorstellen:

- Welche Möglichkeiten bietet der Wochenplan den Schülerinnen und Schülern?
  - Sie können sich aus einem Übungsangebot Themen auswählen.
  - Sie können die Reihenfolge der zu bearbeitenden Aufgaben selbst bestimmen.
  - Sie können ihr individuelles Arbeitstempo selbst bestimmen.
  - Sie können oft über den Schwierigkeitsgrad der Aufgabe mitentscheiden.
  - Sie können den Rhythmus von konzentrierter Arbeit und kurzen Pausen selbst wählen.
  - Sie können sich innerhalb des Klassenraumes einen Arbeitsplatz suchen.
  - Sie können auf der Suche nach Lösungen Arbeitsformen und Arbeitsmittel selbst wählen.
  - Sie können Hilfen von Mitschüler/innen und Lehrer/innen in Anspruch nehmen.

- Was lernen die Schülerinnen und Schüler bei der Wochenplanarbeit?
  - Sie lernen, ihren Arbeitsplatz zu planen und einzuteilen.
  - Sie lernen, unterschiedliche Aufgabenstellungen zu verstehen.
  - Sie lernen, Aufgaben selbständig zu erledigen und eigene Lösungswege zu finden.
  - Sie lernen, eigenständig ihre Arbeitsergebnisse zu kontrollieren.
  - Sie lernen, die gestellten Aufgaben in einem zur Verfügung stehenden Zeitrahmen zu erfüllen.
  - Sie lernen, mit anderen sachbezogen zusammenzuarbeiten.
  - Sie lernen, sich selbst, ihre Fähigkeiten und Schwächen einzuschätzen.
  - Sie lernen, die Qualität ihrer Arbeit zu verbessern und eigene Qualitätsmaßstäbe zu gewinnen.

Hat man mit der Wochenplanarbeit erst einmal begonnen, so wird man feststellen, daß sich vieles im Laufe der Zeit verändert. Darauf sollte man sich von vornherein einstellen. Zahlreiche Erfahrungsberichte von Lehrern/Lehrerinnen unterstreichen dies immer wieder.

So hat die Lehrerin Beate Huber[44] in Anlehnung an die von Gunter Erlberg[45] aufgestellten Thesen ihre Wochenplanerfahrungen folgendermaßen zusammengefaßt:
Was Wochenplanarbeit bewirkt:

»Es bleibt kaum etwas, wie es war …
Weg von der traditionellen Lehrerrolle !!!!
Das soziale Klima wird besser !!!!
Disziplinprobleme verringern sich !!!!
Differenzierung ist ›programmiert‹ !!!!
Lernen nach individuellen Bedürfnissen !!!!
Selbständiges und ausdauerndes Arbeiten gehört zum Unterrichtsalltag !!!!
aber
Sich zurückhalten ist nicht leicht !!!!«

2.2 Vorüberlegungen: Was will ich erreichen?

»Warum soll die Arbeit nach einem Wochenplan nur etwas für die Grundschule sein?« – so fragte ich mich nach zahlreichen Hospitationen in Grundschulklassen. Gerade in den Sekundarstufenschulen schien mir der Bedarf für eine stärkere Individualisierung des Lernens – weg von einem gleichschrittigen Unterricht, in dem angeblich alle zum gleichen Zeitpunkt das gleiche lernen – besonders groß zu sein.[46]

Unzufriedenheit mit dem praktizierten Frontalunterricht, in dem sich viele Schülerinnen und Schüler mit dem äußeren Anschein von Mitarbeit begnügen, andere mit »produktiven und unproduktiven Nebentätigkeiten«[47] mehr beschäftigt sind als mit dem, was ihnen an Inhalten angeboten wird, hat bei mir dazu geführt, mich zuerst theoretisch und dann praktisch mit der Wochenplanarbeit auseinanderzusetzen.[48] Dabei ging es mir zunächst vor allem darum, zumindest für einen Teil des Unterrichtsvormittages einen Weg zu finden, wie ich möglichst viele, vielleicht sogar alle Schüler/innen aktiv am Unterricht beteiligen konnte.

Wochenplanarbeit sollte zu einem wesentlichen Element meines Unterrichts neben anderen werden. Darbietende Unterrichtsformen – deren Problematik darin besteht, wenn sie zu einer methodischen Monokultur verkümmern – würden weiterhin daneben und auch in Verbindung

44 Huber, B.: Wochenplan in der Sekundarstufe I. FES Pfungstadt 1992 (unveröffentlichtes Manuskript), S. 5.

45 Erlberg, G.: Der große Gewinn: Wochenplanarbeit in der Sekundarstufe I. In: Praxis Schule 5–10, Heft 6/1991, S. 12–15.

46 Siehe dazu ausf.: Praxis Schule 5–10 , Heft 6/Dezember 1991 (Thema: Wochenplan und Freiarbeit – (keine) Themen für die Sekundarstufe I?); Pädagogik, Heft 6/Juni 1991 (Thema: Freie Arbeit. Erfahrungen in der Sekundarstufe).

47 Meyer, S. 66–74.

48 Während ich mit der Wochenplanarbeit noch keine Erfahrungen hatte, hatte ich bereits intensive Erfahrungen mit projekt- und handlungsorientiertem Unterricht, insbesondere in Hauptschulklassen, gesammelt. Siehe dazu: Brietzke, W./Vaupel, D.: Bachpatenschaft und Fahrradwerkstatt. Unterricht in Hauptschulklassen, Bd. 7. Wiesbaden: Hessisches Institut für Bildungsplanung und Schulentwicklung 1990; Vaupel, D.: Schüler als Bachpaten. In: Pädagogik heute, Heft 11/1986, S. 24–29; Vaupel, D.: Be-greifendes Lernen. In: päd extra & demokratische erziehung, Heft 1–2/1990, S. 40–44; Vaupel, D.: Lokale Spurensicherung zur NS-Geschichte. In: Geschichtsdidaktik, Heft 2/1987, S. 186–193.

mit der Wochenplanarbeit Bedeutung haben. Insbesondere auf die Möglichkeit darbietender Unterrichtsformen, um die »kommunikative Verbundenheit« der Lerngruppe herzustellen und damit das »Wir-Gefühl« der Lerngruppe zu aktivieren,[49] wollte ich nicht verzichten.

Die folgenden Erwartungen hatte ich vor allem an die neu beginnende Arbeit mit dem Wochenplan:

- Durch die Gelegenheit zur freien Zeiteinteilung sollten die Schülerinnen und Schüler leichter ihren individuellen Arbeitsrhythmus finden. Sie sollten sich die Zeit zum Lernen nehmen können, die sie zur Bearbeitung der Aufgaben brauchen, und dabei lernen, ihren Arbeitsprozeß selbst zu organisieren.
- Der Wochenplan sollte die Unterrichtsplanung transparent machen. Die Schülerinnen und Schüler sollten sich besser auf die Aufgaben der Woche einstellen können. Die Offenlegung des Plans eröffnet ihnen die Möglichkeit, die Unterrichtsplanung teilweise mitzutragen.
- Durch die Delegierung von Verantwortung sollte das Vertrauensverhältnis zwischen den Schülerinnen und Schülern und mir als Lehrer gestärkt werden. Die Lernenden werden durch die vertragsähnliche Situation herausgefordert, sich die ihnen zugestandenen Freiräume sinnvoll anzueignen.

2.3 Schwierigkeiten beim Einstieg in die Wochenplanarbeit

Meine ersten Erfahrungen mit der Wochenplanarbeit machte ich in einer 7. Hauptschulklasse an einer additiven Gesamtschule. 23 Schülerinnen und Schüler gehörten zunächst zu meiner Klasse. Die Schülerbewegungen innerhalb dieses Klassenverbandes waren im Verlauf der nächsten Schuljahre erheblich: Anwachsen der Klasse, Teilung und schließlich nochmaliges Anwachsen der Klasse führten dazu, daß zu Beginn des 9. Schuljahres nur noch sechs Schüler/innen in der Klasse waren, die schon zu Anfang der Sieben zu »meiner« Klasse gehörten. Gerade angesichts dieser personellen Instabilität erwies sich – retrospektiv betrachtet – die Wochenplanarbeit als eine wichtige Hilfe bei der Integration neuer Schüler/innen in die Klassengemeinschaft und in die inhaltliche Arbeit.

Ich hatte mir vorgenommen, vom ersten Tag der Übernahme der Klasse zu versuchen, »anders« zu arbeiten – nach den eingangs formulierten Prinzipien. Will man mit einer inneren Reform des Unterrichts beginnen, so scheint es mir grundsätzlich wichtig zu sein, gleich in den ersten Wochen nach der Übernahme einer neuen Lerngruppe für die Schüler/innen erkennbare Signale zu setzen. Man sollte nicht erst wieder in den »alten Trott« verfallen, mit dem Hintergedanken »irgendwann fange ich damit an«. »Irgendwann« kann dann auch »nie« sein, und es ist schwer, nachdem sich erst vieles eingespielt hat, die Struktur wieder zu verändern. Wer mit der Wochenplanarbeit beginnen will, sollte sagen: »Morgen fange ich an!«[50] Gerade die Übernahme einer neuen Klasse oder auch der Start in ein neues Schuljahr bietet die Chance einer Zäsur.

Die Wochenplanarbeit (oder auch die Arbeit mit Tagesplänen) sollte in meiner neuen Klasse von der ersten Woche an eine wichtige Rolle spielen. Da ich als Klassenlehrer mit insgesamt

49 Vossmann, N.: Frontalunterricht – vergessene Chance in der Sozialerziehung. In: Biermann, R. u.a. (Hrsg.): Soziale Erziehung. Heinsberg: Agentur Dieck 1986, S. 204.

50 Diesen Appell gibt auch Hermann Schulze schon mit dem Titel seines Buches über Freiarbeit und offenen Unterricht in der Sekundarstufe weiter: Schulze, H.: »... und morgen fangen wir an!« Lichtenau: AOL-Verlag 1993.

Wer mit der Wochenplanarbeit in einer Lerngruppe beginnen will, sollte dies nicht aufschieben, sondern möglichst umgehend damit beginnen. Insbesondere die Übernahme einer neuen Lerngruppe bietet die Chance zu einer Zäsur. Von Beginn an können sich die Schülerinnen und Schüler – und natürlich auch die Lehrerin bzw. der Lehrer – an die neue Arbeitsform gewöhnen.

12 Stunden in »meiner« Klasse unterrichtete (jeweils 4 Stunden Deutsch, Mathematik und Gesellschaftslehre), konnte ich die dazu notwendigen Freiräume im Unterricht schaffen und neue Organisationsformen ausprobieren.

Aber trotz dieser günstigen Rahmenbedingungen muß ich eingestehen: Aller Anfang ist schwer! Schwer deshalb, weil die Arbeit mit dem Wochenplan dem einsozialisierten Bild der Schüler/innen von einer (Sekundarstufen-)Schule zunächst völlig widerspricht. Unterricht läuft an den meisten Schulen in der Regel noch immer monostrukturell nach dem gängigen Handlungsmuster des Unterrichtsgesprächs (»fragend-erarbeitender Unterricht«) ab, mit hohen verbalen Anteilen des Lehrers oder der Lehrerin.[51] Schwer auch deshalb, weil die Schülerinnen und Schüler es meist nicht gelernt haben, selbständig und eigenverantwortlich an einer Aufgabe zu arbeiten. Vor allem eines sollten sie durch die Wochenplanarbeit lernen und damit Schritt für Schritt eine »Schlüsselqualifikation« erwerben: »Selbständigkeit und Verantwortung«[52] für das eigene Lernen zumindest in einem Teil des Unterrichts zu übernehmen.

Auch uns Lehrern/innen fällt es schwer, sich an ein neues Verständnis der Lehrerrolle zu gewöhnen, die Schülerinnen und Schüler nicht ständig zu unterweisen, sondern sie selbständig lernen zu lassen, sich in der dadurch gewonnen Zeit nicht um »die Klasse«, sondern um Schülergruppen oder einzelne Schülerinnen und Schüler und deren individuelle Lernbedürfnisse zu kümmern und sie auf ihren ganz eigenen Lernwegen zu begleiten. Allein die Beherzigung des Ratschlages »Lehrer sei mal still!«[53] scheint anfangs, angesichts der verinnerlichten Lehrerrolle als großen Organisators und allgegenwärtigen Lenkers des Unterrichtsgeschehens, ein kaum zu bewältigendes Unterfangen.

Aufgrund dieser Ausgangslage ist es wichtig, eine klare neue Struktur für den Unterricht zu finden und diese den Schülerinnen und Schülern transparent zu machen. Dies versuchte ich vom ersten Tag an. Wir setzten uns von nun an am Anfang jeder Woche im Morgenkreis zusammen. Ich erläuterte den Schülern/innen die Aufgaben aus dem Wochenplan, und sie konnten Rückfragen stellen, bevor sie daran arbeiteten. Natürlich tauchten gerade bei den ersten Wochenplänen auch im Verlaufe der Arbeit am Plan noch zahlreiche Fragen auf. Ich hatte oft das Gefühl, jeder Schülerin und jedem Schüler noch einmal ganz persönlich die Aufgaben erläutern zu müssen, was für mich zunächst kaum zu bewältigen war. Nachdem die Schüler/innen sich aber auf die neue Arbeitsform eingestellt hatten und es mir gelang, die Aufgaben schülerorientierter zu formulieren, erwies sich dies nicht mehr als ein Problem.

Bis zum Freitag jeder Woche sollten die Wochenplanaufgaben komplett bearbeitet und vorgelegt worden sein. In einer Abschlußbesprechung haben die Schülerinnen und Schüler Gelegenheit, ihre Kritik am vergangenen Wochenplan vorzubringen und Anregungen für den Plan der kommenden Woche zu geben. Während dieser Besprechungen und auch durch meine Beobachtungen während der Wochenplanarbeitsstunden habe ich gelernt, die Wochenpläne besser auf die Bedürfnisse und den Leistungsstand der Schüler/innen abzustimmen.

Es sei angemerkt, daß natürlich auch andere zeitliche Organisationsformen des Wochenplanes möglich sind. So kann er mehrere Wochen, einige wenige Tage oder, bleibt man bei der Organisation in Wochenabschnitten, etwa von Dienstag bis zum darauffolgenden Montag gehen. Er muß nicht zwangsläufig am Montag beginnen und am Freitag enden. Als Lehrer/in muß man also nicht »seinen« Sonntag für die Aufstellung des Wochenplanes »opfern«, wie

51 Meyer, S. 60ff.
52 Lampe, S. 13.
53 Fehrmann, S./Unruh, Th.: Das Lernen (wieder)lernen. In: Pädagogik 9/90, S. 20.

es immer wieder von Lehrern/innen, die mit der Wochenplanarbeit beginnen wollen, befürchtet wird. Die mit der Aufstellung des Wochenplanes verbundene Arbeit kann auch während der Unterrichtswoche erledigt werden.

Insbesondere die ersten von mir erstellten Wochenpläne waren – wie die ersten Beispiele in Kapitel 3 zeigen – zu voll. Sie erschwerten es den Schülern/innen, die Arbeit in der neuen Arbeitsform sinnvoll zu organisieren und zu bewältigen. Hierin liegt sicher ein generelles Problem beim Starten in die Wochenplanarbeit: Man mutet seinen Schülerinnen und Schülern zunächst zuviel zu, weil man die Erfahrung erst machen muß, was sie in der zur Verfügung stehenden Wochenplanzeit leisten können. Nach den ersten Erfahrungen gestaltete ich die Wochenpläne knapper und mit mehr Möglichkeiten zur Differenzierung. Ich erkannte, daß dies sehr wichtig ist, denn die Lernenden müssen die Möglichkeit haben, die Aufgaben zu überschauen, und nicht schon mit dem Gefühl an die Arbeit gehen: »Ich schaffe ja doch nicht alles.«

Der Morgenkreis

Freunde, Nachbarn und Bekannte treffen sich, unterhalten sich über verschiedene Dinge, wechseln spontan das Thema, sind in der Themenwahl nicht zielgerichtet oder planmäßig eingeschränkt. In einer größeren Gruppe haben die Teilnehmer die Freiheit, sich zu entscheiden, ob sie lieber Sprecher oder Zuhörer sein möchten. Dieser Gesprächsform »Unterhaltung« kommt der »Morgenkreis« sehr nahe. Sein Hauptkriterium ist das Interesse der Schülerinnen und Schüler.

Als fest installierte Gesprächsrunde zum Wochenanfang und zum Wochenende oder auch zu Beginn jedes Unterrichtsvormittages zählt der Morgenkreis insbesondere an vielen Grundschulen zu einem gebräuchlichen Handlungsmuster. In der Sekundarstufe fristet er, mit bedingt durch die Dominanz des Fachunterrichtes und die Zerstückelung des Unterrichtsvormittages, bisher noch eher ein Schattendasein.

Viele Schüler/innen »überfallen« die Lehrer/innen vor und während des Unterrichts häufig mit der Schilderung von Erlebnissen vom Vortage, Dingen, die ihnen wichtig sind oder die sie bedrücken o.ä. Was im »normalen« Unterricht zu Störungen führt, hat im Morgenkreis seinen Platz. Im Morgenkreis können sich die Kinder und Jugendlichen im Erzählen und Darstellen üben. Sie haben die Möglichkeit, sich mit ihren Themen, ihren Interessen, ihren Wünschen, ihren Hoffnungen, aber auch mit ihren Ängsten einzubringen. Der Kreis als Sitzordnung bietet sich an, weil so jeder jeden sehen kann und auch der Lehrer/die Lehrerin keine hervorgehobene Position hat.

Es gibt keine feste innere Struktur, d.h. keine allgemeingültigen Regeln, für Morgenkreise. In manchen Klassen übernehmen die Lehrer/innen die Organisation, in anderen Schüler/innen, die wöchentlich wechseln oder aus der Lerngruppe gewählt werden. Wird der Wochenplan im Rahmen des Morgenkreises eingeführt, so wird für diesen Teil des Gesprächskreises der/die Lehrer/in am besten die Leitung übernehmen. Die Regeln passen sich immer den jeweiligen Klassenbedürfnissen an. Sie entspringen aus ihnen, gehen auf sie ein und entsprechen ihnen. Deshalb sind sie notwendigerweise von Klasse zu Klasse verschieden. Die Regeln werden gemeinsam von Lehrer/innen und Schüler/innen erarbeitet. An einigen Schulen haben sich stark verregelte, ritualisierte Mogenkreise entwickelt, mit festgefügten Rollen (z.B. Sekretär und Präsident).

Beispielhaft stelle ich hier einen Katalog von Regeln vor, die sich aus einer spezifischen Klassensituation heraus entwickelt haben:

- *Jeder, der etwas sagen will, muß sich vor dem Morgenkreis beim Präsidenten anmelden.*
- *Es spricht immer nur einer.*
- *Eine Frage wird durch ein vereinbartes Handzeichen signalisiert.*
- *Es dürfen sich nur vier Kinder zu einem Beitrag melden.*
- *Wenn etwas sehr dringend ist, meldet man sich mit beiden Händen.*
- *Man geht langsam und leise zum Morgenkreis.*
- *Alle Regeln gelten natürlich auch für den Lehrer/die Lehrerin.*

Im Morgenkreis erzählen Schülerinnen und Schüler (und auch die Lehrer/innen) Ereignisse aus dem außerschulischen Bereich und lernen sich so besser kennen. Durch die Informationen, die man im Morgenkreis als Lehrer/in erhält, lernt man die Lebens- und Gedankenwelt der Schüler/innen kennen, und man kann diese dadurch in den Unterricht einbeziehen (die Lernenden »abholen«) sowie auf besondere Ereignisse besser reagieren. Es ist schwer einzuschätzen, welche Leistung beim Morgenkreis höher zu bewerten ist, das bereitwillige Zuhören oder das Darstellen eines eigenen Beitrages.Die Schüler/innen sind im Morgenkreis nicht irgend jemand, sondern eine »Persönlichkeit«. Sie haben die Position des Sprechers oder Zuhörers, für die sie sich aktiv entscheiden und die sie nutzen können. Der Morgenkreis ist ein wichtiger Lernort auf dem Weg zur Selbständigkeit. Die Kinder bzw. Jugendlichen können selbst festlegen, ob, was wie und wie lange sie etwas erzählen wollen. Der Morgenkreis ist so eine »Vorschule des disziplinierten öffentlichen Redens und Darstellens«. Die Gesprächsteilnehmer/innen üben das freie Sprechen und lernen, sich (auch mit ihren Emotionen) nach außen mitzuteilen. Sie »er-leben« Gleichberechtigung. Die Gruppe trägt sich selbst, ohne das ständige Zutun und »Ankurbeln« des Gesprächs durch den Lehrer/die Lehrerin. Lehrer/innen und Schüler/innen entwickeln gemeinsam ein Feld, in dem sie sich als Gruppe von Individuen kennen- und verstehen lernen. In diesem Feld sind die Schüler/innen für sich selbst verantwortlich, denn es geht im Morgenkreis um sie, um ihre Interessen, nicht in erster Linie um die des Lehrers.*

Die Aufgabenmenge und auch die Struktur der Pläne darf die Schüler/innen nicht erschrecken, Angstgefühle können so im Zusammenhang mit dem Plan entstehen, und sie geraten in eine Drucksituation, die der Förderung der Selbständigkeit und der Eigenverantwortlichkeit zuwiderläuft. Volle Pläne können die Lernenden mitunter sogar stärker unter Druck setzen, als dies in einem stringent geplanten Frontalunterricht der Fall ist. Die Gefahr, daß der Lehrer oder die Lehrerin durch den Plan seine/ihre Schüler/innen dirigiert und sie dadurch in Abhängigkeitstrukturen bringt, die ein freies Arbeiten unmöglich machen, darf gerade am Anfang der Wochenplanarbeit nicht unterschätzt werden.

In den ersten Wochen nach dem Beginn der Arbeit mit Plänen, in denen dieser Teil des Unterrichts, in bewußtem Kontrast zu den übrigen Unterrichtsstunden in »meinen« Fächern, vornehmlich aus individualisiertem Lernen bestand, setzten sich einige Schüler/innen ganz

* Hagstedt, H.: Wo die Schüler das Wort haben. In: Erziehung und Wissenschaft, Heft 6/1987.

enorm unter Zeitdruck. Darunter litt natürlich die Qualität der Arbeit erheblich. Auch das müssen und können Schüler/innen im Laufe der Zeit bei der Arbeit mit dem Wochenplan lernen: die Qualität ihrer Arbeit zu verbessern und dabei eigene Qualitätsmaßstäbe zu gewinnen. Dazu ist es notwendig, ihnen ausreichend Zeit zu lassen.

Einen anderen Weg zum Einstieg in die Wochenplanarbeit hat Beate Huber gefunden. Sie schreibt:

»Zunächst begann ich in meiner Klasse Wochenplanarbeit auch nur mit ganz kleinen Schritten. Mein erster Wochenplan für den Deutschunterricht sah so aus:

Wochenplan Deutsch

- Rechtschreibkartei (5 Übungskarten)
- Lesen eines Textes aus dem Lesebuch (Fragen zum Text aus dem Anhang des Buches oder den Text schriftlich zusammenfassen)
- Bilderrätsel (3 Übungsblätter)
- Partnerdiktat
- Gedicht nach freier Wahl lernen oder abschreiben und verzieren …

Von diesen 5 Themen mußten in einer vorgegebenen Zeit (2 Wochen bei 2 Wochenstunden) 4 Themen bearbeitet werden. Konnten die geforderten 4 Themen in der angegebenen Zeit von einem Schüler nicht erledigt werden, so konnte er die Übungsblätter auch zu Hause fertigstellen.

Nach der Selbstkontrolle werden die erledigten Arbeiten in einem Schnellhefter gesammelt. Der Lehrer begutachtet die gefertigten Arbeiten und gibt dem jeweiligen Schüler durch Abhaken auf einer Liste bekannt, daß die Arbeit als erledigt angesehen werden kann. Auf dieser Liste trägt jeder Schüler außerdem zu Beginn der Stunde das jeweilige Datum bei dem zu bearbeitenden Thema ein. So hat der Lehrer den Überblick über den benötigten Zeitaufwand und das jeweilige Lerntempo des Schülers. Wichtig bei diesem ersten Wochenplan war mir neben dem Übungseffekt vor allem das Einüben der Fertigkeiten, die das Arbeiten mit dem Wochenplan ermöglichen …

- Jeder arbeitet nach seinem eigenen Tempo.
- Jeder arbeitet individuell nach seinem Leistungsniveau.
- Arbeitsaufträge werden selbständig ausgeführt.
- Jeder teilt sich seine Arbeit selbst ein.
- Die Aufgaben werden selbst kontrolliert.
- Hilfsliteratur (Duden, Lexika usw.) wird benutzt.
- Das Thema wird frei gewählt.
- Die Sozialform (Gruppenarbeit, Partnerarbeit oder Einzelarbeit) wird frei gewählt.
- Die Übungs- und Lösungsblätter müssen gefunden und wieder einsortiert werden.

Nachdem die Unsicherheit mit dieser neuen Unterrichtsform gewichen war, freute sich jeder, auch die Lehrerin, auf die Wochenplanstunden. Ich konnte es zunächst nicht glauben, daß Schule für alle Beteiligten soviel Spaß machen kann. Also setzte ich den Wochenplan auch in anderen Fächern mit anderen Themen ein. So z.B. in Mathematik:

Vielfältige Tätigkeiten gehören zur Arbeit mit dem Wochenplan: Während die einen gemeinsam etwas mit Hilfe des Erdkundebuches zeichnen, schreiben andere Schülerinnen mit Hilfe der Schreibmaschine ein Abschreibediktat.

Die Ergebnisse der eigenen Arbeit anderen Schülerinnen und Schülern zeigen, sie begutachten lassen, mit ihnen gemeinsam besprechen und dadurch neue Ideen bekommen – auch das gehört zu Wochenplanarbeit.

- Arbeitsblätter der 4 Grundrechenarten.
- Übungen mit der Bruchrechnung.
- Sachaufgaben erfassen und in eigenen Worten wiedergeben.
- Vertiefung des U-Stoffes durch Aufgaben aus dem Buch in Partnerarbeit oder in Kleingruppen mit Lehrer lösen.

Inzwischen kombiniere ich beliebige Fächer und setze unterschiedliche Schwerpunkte. Die Zeit, in der ein Wochenplan bearbeitet wird, variiert je nach Themenbereichen. So setze ich für manche »Wochenpläne« einen ganzen Monat fest.«[54]

Als Rahmenbedingungen, die die Wochenplanarbeit gerade zu Beginn erleichtern, müssen in erster Linie genannt werden: ein gutes Sozialklima, eine ruhige Arbeitsatmosphäre und eine breites Angebot an Arbeitsmaterialien. Diese Dinge sind nicht selbstverständlich, oft brauchen sie lange Zeit und viel Geduld, um sich zu entwickeln. Vieles muß konsequent trainiert und richtig dosiert werden, selbständiges Lernen ist in der Regel nicht von alleine da, sondern muß erst im Verlaufe der Zeit mit und durch den Wochenplan gelernt werden. Das kann ein langwieriger Prozeß sein, der viel Mühe und Nerven kostet. Auch die Entwicklung eines Materialangebotes kann sich aus der Wochenplanarbeit heraus ergeben, man kann zunächst auch mit der Wochenplanarbeit beginnen, ohne ein reichhaltiges Materialangebot im Klassenraum zur Verfügung zu haben (mehr dazu in Kapitel 4). In allen drei hier genannten Bereichen kann der Wochenplan als Initialzündung wirken und vielfältige Auswirkungen auf den Unterricht insgesamt auslösen.

2.4 Vom Tagesplan zum Wochenplan und andere Einsteigsmöglichkeiten

Will man mit der Wochenplanarbeit beginnen, so bieten sich weitere Möglichkeiten für den Einstieg an, von denen einige im folgenden vorgestellt werden sollen.

Die überschaubarste Form ist wohl der Einstieg über einen Tagesplan, der sich dann nach und nach zum Wochenplan hin entwickeln kann. Dies hat den Vorteil, daß sich die Schüler/innen zunächst an die neue Arbeitsform gewöhnen können und sie noch nicht mit einem Schlag allein gelassen werden. Die Aufgaben eines Tagesplanes lassen sich für die Lernenden besser als der Zeitraum von einer Woche überblicken. Erfolgserlebnisse bei den ersten Arbeiten am Plan können sich so schneller einstellen. Allerdings ist die Gefahr des Dirigismus über den Tagesplan größer, da die Wahlmöglichkeiten für die Schüler/innen natürlich erheblich eingeschränkt sind. In der Regel wird sich der erste Tagesplan auf eine Bündelung der ansonsten verstreut im Unterricht vorhandenen Stillarbeitsphasen beschränken, was natürlich die Gefahr der Überbetonung des Ausfüllens von Arbeitsbögen beinhaltet, zumal den meisten Schüler/innen das »Konsumieren« bekannter Aufgaben zu Beginn leichter fällt als das selbstverantwortliche Lernen. Daher sollte auch hier von Anfang an daran gedacht werden, offene Aufgabenstellungen zu ermöglichen und die Schüler/innen in die Planung einzubeziehen.

In jeder Klasse gibt es Kinder bzw. Jugendliche, die gerade bei diesen offenen Aufgabenstellungen »aufblühen« und besondere Qualitäten entwickeln, wenn sie sich eigene Lernwege suchen können. Ihre Arbeiten können im Klassenplenum vorgestellt werden und somit Anreiz und Orientierung auch für andere Schüler/innen bieten.

Tagesplanarbeit kann man zunächst mit einer Unterrichtsstunde beginnen und sie dann auf

54 Huber, S. 6ff.

zwei oder drei Stunden oder einen ganzen Vormittag ausweiten. Die Umstellung eines kleinen Bereichs des Unterrichts ermöglicht es den Schülern/innen, langsam selbständig zu werden. Die Lehrer/innen können die Vorteile dieses Lernens nach und nach selbst erfahren und den Lernenden die entsprechende Rückmeldung geben. Mit Tagesplänen läßt sich auch dann arbeiten, wenn man nur ein oder zwei Fächer mit wenigen Stunden in einer Klasse unterrichtet; sie könnten dann sogar zu einer dauerhaften Form werden.

Beispielhaft möchte ich den Tagesplan eines Kollegen (einen seiner ersten) vorstellen. Der Plan umfaßte die Fächer Deutsch und Gesellschaftslehre (Erdkunde), in der Regel wurde zwei bis drei Unterrichtsstunden am Tagesplan gearbeitet. Die erledigten Aufgaben wurden von den Schülern/innen partnerweise kontrolliert. Zu den Erdkundeaufgaben gab es vom Lehrer vorbereitete Lösungsbögen. Folgende Aufgaben waren in dem Plan formuliert:

Tagesplan

Deutsch
– Schreibe eine Geschichte zu den vorliegenden Bildern
Gesellschaftslehre
– Bearbeite den Arbeitsbogen »Windrose«.
– Beschrifte den Arbeitsbogen »Das Gradnetz der Erde«
– Bearbeite zwei Übungsaufgaben zum Gradnetz
Freiwillig
– Erdkundepuzzle

Auf den ersten Blick erscheint dieser Wochenplan fast banal und stark orientiert am traditionellen Unterricht. Das ist sicher auch noch so. Andererseits bietet er aber durch seine Einfachheit einen guten Einstieg in die Arbeit mit einem Plan. Anders als im Klassenunterricht legt dieser Plan die Aufgaben für einen Teil des Unterricht für die Schüler/innen offen. Sie wissen, was auf sie in den nächsten Stunden zukommt. Sie haben das Arbeitsmaterial zur Bearbeitung der Aufgaben zur Verfügung, können auswählen, in welcher Reihenfolge sie die Aufgaben bearbeiten wollen, und sich die Zeit in dem zur Verfügung stehenden Rahmen einteilen. Damit werden sie mit wichtigen Aspekten der Wochenplanarbeit konfrontiert und werden an erste Entscheidungssituationen herangeführt. Allerdings ist es notwendig, bei diesem Plan nicht stehenzubleiben, sondern ihn nach und nach weiterzuentwickeln. Insbesondere die Wahlmöglichkeiten für die Schüler, die in diesem Plan praktisch noch nicht vorhanden sind, müssen ausgeweitet werden, so daß sich ein System von Pflicht- und Wahlaufgaben entwickeln kann. Auch die starke Orientierung an den im Unterricht auszufüllenden Arbeitsbögen sollte Schritt für Schritt zugunsten offener Aufgabenstellungen zurückgenommen werden.

Eine andere Möglichkeit, die Wochenplanarbeit zu beginnen, liegt darin, zunächst zielgerichtet an einer Aufgabe zu arbeiten, die Differenzierung und Individualisierung ermöglicht und für die Schüler/innen Entscheidungsspielräume eröffnet. Dazu ein Beispiel:

Vor einigen Jahren übernahm ich den Deutschunterricht in einer 9. Hauptschulklasse in deren letztem Schulhalbjahr.[55] »Was will ich, was kann ich in einem halben Jahr noch

55 Der folgende Text dieses Teilkapitels erschien leicht verändert bereits in: Vaupel, D.: »... Ein bißchen Hoffnung habe ich ja noch.« HauptschülerInnen heute. In: päd extra, Heft 7–8/1991, S. 48–49.

erreichen?« ging es mir durch den Kopf. Ich versuchte von den Jugendlichen zu erfahren, was sie vom Deutschunterricht des letzten halben Jahres noch erwarten. Zu meiner Überraschung hatten sie recht klare Vorstellungen darüber, woran es ihnen fehlte, welche Defizite angegangen werden müßten. Rechtschreibung und Zeichensetzung, ganz klar, sei bei den meisten von ihnen eine reine Katastrophe! Keine Beschönigung – sie schenkten mir gleich reinen Wein ein. Aufsätze schreiben, Texte formulieren, eigene Geschichten schreiben wollten sie darüber hinaus lernen. Außerdem wünschten sie sich Texte zu lesen, die mit ihrer Situation als Jugendliche zu tun haben. Wichtig sei es ihnen auch, zu lernen, wie man etwas vor anderen mündlich vorträgt, ein Referat hält und wie man es vorbereitet.

Damit war der Plan für den Rest des Schuljahres inhaltlich gefüllt, und ganz nebenbei hatte ich bei diesem Gespräch schon eine ganze Menge über die Schüler/innen und die Einschätzung ihrer eigenen Situation erfahren. Es war notwendig, den Jugendlichen Erfolgserlebnisse zu verschaffen, ihnen Mut zu machen und zur Stärkung ihres Selbstwertgefühls beizutragen.

Zwei der vier Stunden wöchentlich sollten der Rechtschreibung und Zeichensetzung vorbehalten bleiben. Der erste Schritt, um den Schülerinnen und Schülern Erfolgserlebnisse zu ermöglichen, sollte die individualisierte Arbeit mit einer Kartei sein, damit sollte gleichzeitig der Einstieg in die Arbeit mit einem (Wochen-)Plan erreicht werden. Den Versuch wollte ich wagen, die Schüler/innen ihr Arbeitstempo und auch einen Teil der Aufgaben, die von ihnen zu erledigen waren, selbst bestimmen zu lassen.

Ich erklärte die beabsichtigte Vorgehensweise und gab ihnen folgende Hinweise zur Arbeit mit der Kartei schriftlich:

»Deine Aufgabe ist es, vier der unten aufgeführten Karteikarten im Deutschunterricht in den nächsten vier Wochen zu bearbeiten. Dies soll Dir helfen, Deine Rechtschreibleistung und die Zeichensetzung zu verbessern. Gehe folgendermaßen vor:

1. *Lies Dir die gestellten Aufgaben gründlich durch, bevor Du anfängst zu schreiben.*
2. *Bearbeite die Aufgaben sorgfältig, achte auf Übersichtlichkeit und lesbare Schrift.*
3. *Wenn Du alle Aufgaben einer Karte fertig bearbeitet hast, überprüfe sie mit Hilfe der Kontrollkarte.*
4. *Berichtige gründlich alle von Dir festgestellten Fehler.*
5. *Zeige mir die erledigten Aufgaben, und laß Dir die Kontrolle durch meine Unterschrift auf die unten angefügte Liste bestätigen.*
   Das Arbeitstempo und die Reihenfolge, in der Du die Karteikarten bearbeitest, bestimmst Du selbst.«

Zu meiner Überraschung lief die Arbeit völlig problemlos an. »Vielleicht der Reiz des Neuen«, dachte ich zunächst. Aber in den folgenden Wochen stabilisierte sich die Arbeitsweise. Es gab zwar Stunden, in denen einzelne Schüler/innen »rumhingen« und nichts taten, auch für Unruhe, Ablenkung und Störungen sorgten. Das waren aber eher Randerscheinungen. Der Rückstand wurde zum großen Teil durch verstärkten Eifer während der folgenden Stunden schnell aufgeholt. Ich ließ ihnen ganz bewußt viel Ruhe und Zeit bei der Arbeit, stand als Helfer zur Verfügung und setzte sie in keiner Weise unter Druck, während der gesamten Zeit immer konzentriert zu arbeiten. Das selbst zu entscheiden, sollten sie ja bei dieser Arbeitsweise lernen.

»Lernen ist nicht nur stillsitzen, zuhören, leise sein, melden, warten bis man drankommt.

Arbeitsplan

DEUTSCH

Rechtschreibung - Zeichensetzung

Name:

Deine Aufgabe ist es, vier der unten aufgeführten *Karteikarten* im Deutschunterricht in den nächsten vier Wochen zu *bearbeiten*. Dies soll Dir helfen, Deine Rechtschreibleistung und die Zeichensetzung zu verbessern. Gehe folgendermaßen vor:

- 1. Lies Dir die gestellten Aufgaben gründlich durch, bevor Du anfängst zu schreiben.
- 2. Bearbeite die Aufgaben sorgfältig, achte auf Übersichtlichkeit und lesbare Schrift.
- 3. Wenn Du alle Aufgaben einer Karte fertig bearbeitet hast, überprüfe sie mit Hilfe der Kontrollkarte.
- 4. Berichtige gründlich alle von Dir festgestellten Fehler.
- 5. Zeige mir die erledigten Aufgaben und laß Dir die Kontrolle durch meine Unterschrift auf die unten angefügte Liste bestätigen

Das *Arbeitstempo* und die *Reihenfolge*, in der Du die Karteikarten bearbeitest, bestimmst Du selbst.

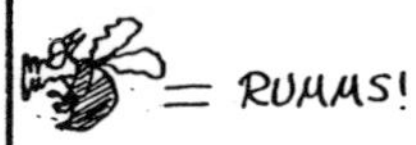

Viel Spaß und viel Erfolg!

9/12	**9/18**	**9/27**
9/13	**9/19**	**9/28**
9/14	**9/23**	**9/29**
9/15	**9/24**	**9/30**
9/16	**9/25**	**9/31**
9/17	**9/26**	**9/32**

Lernen ist unruhig sein, rumlaufen, anfassen, ausprobieren, Gefühle zeigen, vorsagen, Fehler machen, träumen – und auch mal keine Lust zum Lernen haben! Kurz: Lernen ist eine verdammt individuelle Angelegenheit.«[56] – davon ließ ich mich leiten. Jedenfalls waren die verbindlichen Karteikarten von allen Schülern/innen nach vier Wochen bearbeitet, einige hatten mehr als die doppelte Arbeit zusätzlich erledigt und zum Teil ein Zusatzangebot, Geschichten zu einer Bilderkartei zu schreiben, angenommen – und das freiwillig.

Mir fiel besonders auf, daß diese Arbeitsweise den Schüler/innen in den spät am Vormittag liegenden Stunden entgegenkam. Spätestens nach der 4. Vormittagsstunde, so konnte ich aus eigener Erfahrung feststellen und bekam dies auch von Kollegen bestätigt, war ein konzentriertes Arbeiten mit der ganzen Klasse, sprich: im Frontalunterricht, kaum noch möglich. Die Schüler/innen hatten nun durch die Individualisierung des Lernens die Möglichkeit, selbst über ihr Lern- und Arbeitstempo zu entscheiden und Ruhepausen dann einzulegen, wenn sie diese brauchten. Die mit der Klasse praktizierte Arbeit mit der Rechtschreibkartei und die dabei gewonnene Selbständigkeit der Schülerinnen und Schüler hätte nun, wenn die Zeit dafür noch vorhanden gewesen wäre, in die regelmäßige Arbeit mit dem Wochenplan münden können. Jedoch war in diesem Falle die Zeit zu kurz, die gesammelten Erfahrungen halfen mir aber dabei, in anderen Klassen auf diese Weise einen Einstieg in die Wochenplanarbeit zu beginnen.

56 Fehrmann/Unruh, S. 20.

3. Wochenplan: Mehr als ein organisatorischer Rahmen

3.1 Wie sieht ein Wochenplan aus?

Im folgenden beschreibe ich, wie der Wochenplan für meine Schülerinnen und Schüler zunächst aussah und wie der Unterricht organisiert wurde. Auf die Folgen, die sich daraus ergaben, und auf die Weiterentwicklung des Konzeptes werde ich später eingehen. Wichtig ist es mir, dabei schon an dieser Stelle deutlich zu machen, daß in der Arbeit mit dem Wochenplan immer eine Dynamik liegen muß. Die einmal begonnene Wochenplanarbeit und die darin liegenden Möglichkeiten der Schüler/innen zur eigenständigen Arbeit hat Konsequenzen: Als Lehrer/in wird man experimentierfreudiger, läßt sich auf Neues ein; die Schülerinnen und Schüler nehmen immer stärker ihre Chancen zur Mitbestimmung von Unterrichtsinhalten und -methoden wahr. Viele kleine Schritte sind nötig, um bei den Schülern/innen die Selbständigkeit und das notwendige methodische Instrumentarium zu entwickeln, das man braucht, um (auch im Wochenplan) schließlich stärker projektbezogen arbeiten zu können und eine Ausweitung von Phasen Freier Arbeit zu ermöglichen. Doch dazu später mehr.

Zunächst knüpfte ich in einer vereinfachten Struktur an Bekanntes an. Dies wurde, nachdem die Schüler/innen ausreichende Erfahrungen gemacht hatten, Schritt für Schritt weitergeführt. Alles geschah unter dem Gesichtspunkt, den Schülern/innen nicht zuviel zuzumuten, aber dennoch klare Signale zu setzen, daß der Unterricht anders organisiert wird, nach anderen Grundmustern abläuft, als sie es bisher gewohnt waren.

Der Wochenplan, den meine Schülerinnen und Schüler zunächst bekamen, enthielt Aufgaben zu den Fächern Mathematik, Deutsch und Gesellschaftslehre, vorwiegend ein Übungspensum, das selbständig zu bearbeiten war. Da diese Fächer alle in meiner Hand lagen, war für mich zu diesem Zeitpunkt noch keine Notwendigkeit der Kooperation gegeben. Dort, wo Kooperation mit anderen Kollegen/innen sinnvoll und möglich ist, sollte diese Gelegenheit natürlich aufgegriffen werden. Dies nicht nur, um zusätzliche Fächer in die Wochenplanarbeit zu integrieren, sondern auch, um in einen Austausch über die Wochenplanerfahrung mit anderen Kollegen/innen eintreten zu können. Der zeitliche Umfang ist dann natürlich entsprechend auszuweiten.

Bei »meinen« Plänen gliederten sich die Aufgaben in den einzelnen Fächern in Pflicht- und Wahlaufgaben. Wird fächerübergreifend bzw. projektorientiert gearbeitet, so sind im Wochenplan auch fachübergreifende Aufgaben formuliert. Die Pflichtaufgaben sind von allen zu erledigen, von den Wahlaufgaben ist – so vereinbarte ich dies mit meinen Schülern/innen – mindestens eine zu bearbeiten. Andere Aufteilungen sind natürlich denkbar, so hat es sich im Laufe der Zeit als sinnvoll erwiesen, den Bereich der Wahlaufgaben stärker zu gewichten.

Mit den so strukturierten Wochenplänen läßt sich sichern, daß jedes Kind bzw. jeder Jugendliche im Laufe der Zeit ein Fundamentum (Pflichtaufgaben) an Fertigkeiten und Kenntnissen erwirbt und sich außerdem, seinen Neigungen und Fähigkeiten entsprechend,

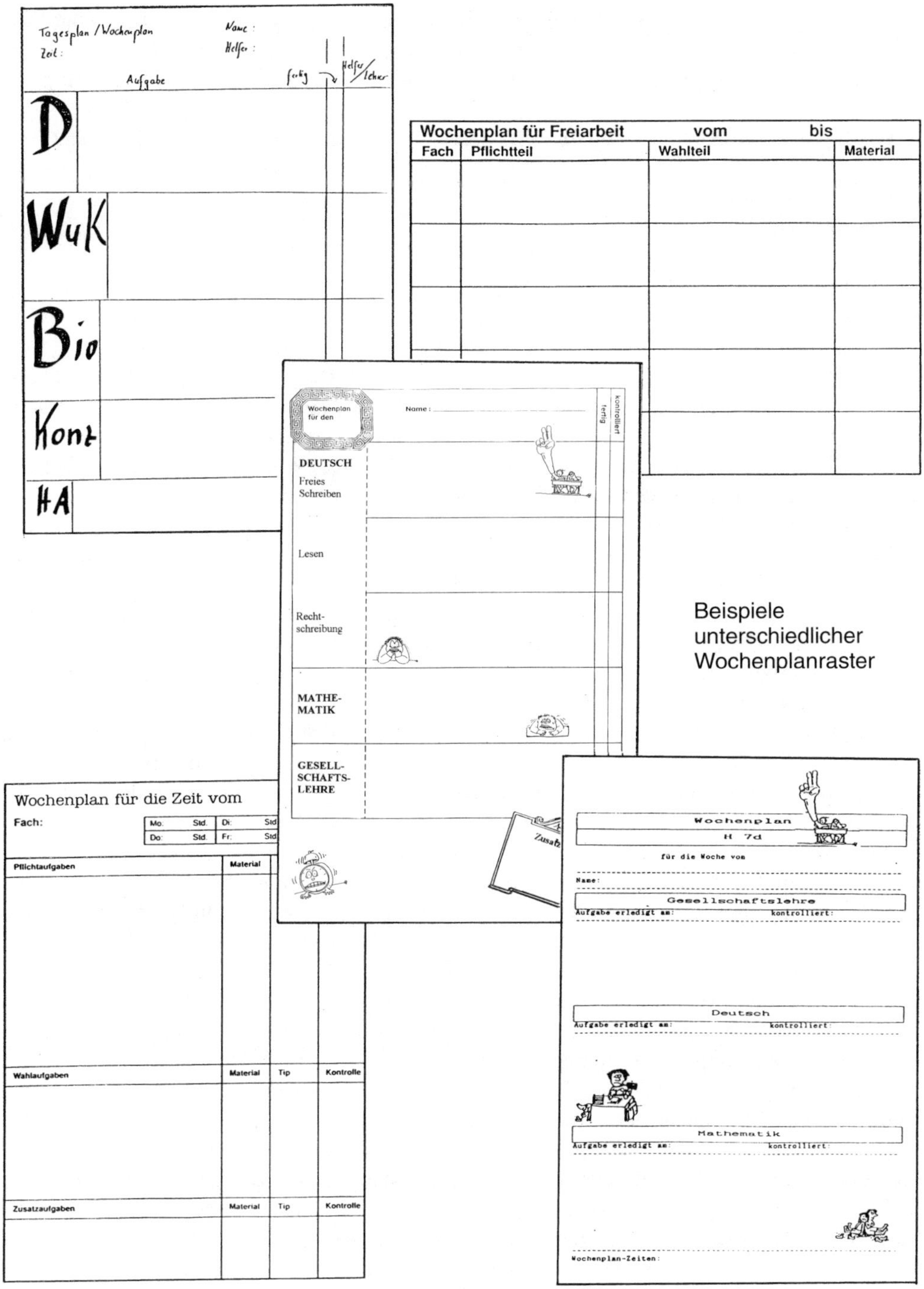

Beispiele unterschiedlicher Wochenplanraster

Die Beispiele 2 und 4 sind entnommen aus Praxis Schule 5–10, Heft 6/1991.

zusätzliche Qualifiaktionen (Wahlaufgaben) erarbeiten kann. Darüber hinaus bietet der Wochenplan Zusatzaufgaben an, die auch eigenständig, nach Absprache mit der Lehrerin oder dem Lehrer, festgelegt werden können. Hier geht die Wochenplanarbeit nahtlos in Phasen Freier Arbeit über.

Für die Schülerinnen und Schüler sollte der Wochenplan die folgenden Fragen beantworten:[57]

- Was muß ich tun?
- Was darf ich tun?
- Was benötige ich zur Lösung der Aufgaben?
- Wie kann ich vorgehen?
- Wann arbeite ich nach dem Plan?

Die Beantwortung dieser Fragen ist entscheidend für das Gelingen des Wochenplans. Schafft man es nicht, diese Fragen für die Schüler/innen klar und in einer ihnen verständlichen Sprache zu beantworten, so wird dies immer wieder zu Problemen und Nachfragen führen. Die beabsichtigte eigenständige Arbeit der Schüler/innen mit dem Wochenplan, ohne den Lehrer/die Lehrerin als ständigen Vermittler, wird so unmöglich gemacht.

Die sich aus der Beantwortung dieser Fragen ergebenden Wochenplanraster können sehr unterschiedlich sein. In der Wochenplanliteratur und den Erfahrungsberichten in pädagogischen Zeitschriften werden vielfältige Möglichkeiten angeboten. Ich habe im Laufe der Zeit die Erfahrung gemacht, daß es wenig sinnvoll ist, vorgefertigte Raster zu übernehmen. Sicher gibt es die eine oder andere Idee, die man für »seinen« Wochenplan von anderen übernehmen kann. Grundsätzlich sollte man aber das für die jeweilige Lerngruppe passende Wochenplanraster selbst oder noch besser: gemeinsam mit den Schülerinnen und Schülern entwickeln.

Allerdings ist es dabei wichtig, daß die äußere Form des Wochenplanes weitgehend konstant bleibt oder sich nur sukzessive verändert, um den Schülern/innen eine schnelle Orientierung zu ermöglichen. Bedenken sollte man: Auch Sekundarstufenschüler/innen mögen keine Wochenpläne, die ausschließlich Text enthalten. Also: mit Symbolen, Bildern, Karikaturen u. ä. arbeiten, auch diese steigern den Wiedererkennungswert – aber den Wochenplan nicht damit überfrachten. Ansprechender als der mit Computer und Formularvorlage erstellte Wochenplan ist insbesondere für Schüler/innen jüngerer Sekundarstufenjahrgänge der handschriftliche Wochenplan. Allerdings sind die Möglichkeiten, die PC-Textprogramme bieten, natürlich immer wieder verlockend, und unter dem Gesichtspunkt der Arbeitsökonomie gesehen, bietet sich der PC-erstellte Wochenplan geradezu an. Gerade, wenn man in mehreren Lerngruppen mit Wochenplänen arbeitet, wird man auf Dauer auf solche Arbeitserleichterungen nicht gern verzichten wollen.

Anmerken möchte ich an dieser Stelle, daß Wochenplanarbeit nicht nur dann möglich ist, wenn man mit mehreren Fächern in einer Klasse unterrichtet. Auch der Unterricht in nur einem Fach ermöglicht es, zumindest ab und zu, mit einem Wochenplan zu arbeiten. Wochenplanarbeit in jeder zweiten oder dritten Woche über die gesamte Stundenzahl des Faches oder in ein bis zwei vorher festgelegten Wochenstunden scheint mir eine sinnvolle organisatorische Möglichkeit für einen fachbezogenen Wochenplanunterricht zu sein.

So habe ich Erfahrungen in Klassen gemacht, in denen ich nur ein Fach, z.B. ein zweistündiges pro Woche, unterrichtete. Die Arbeit mit dem Wochenplan darf natürlich besonders in solchen Situationen nicht überstrapaziert werden, nicht jeder Unterrichtsgegen-

57 Krüger, S. 45.

Wochenplan für den 21.10.-25.10.

Name: ______________________

fertig | kontrolliert

DEUTSCH

Freies Schreiben

- Würfle 5 mal mit Deinem Erzählwürfel. Suche Dir jeweils ein Wort aus und schreibe eine Geschichte, in der alle Reizwörter mindestens einmal vorkommen!

Rechtschreibung Grammatik

- Bearbeite im Sprachbuch auf Seite 35 die Aufgaben 6a und b!
- Schreibe aus dem Text alle Verben, Nomen, Adjektive und Artikel heraus und lege eine Tabelle nach folgendem Vorbild an:

Nomen	Verben	Adjektive	Artikel
Mann	stand	reicher	ein

- Bilde für alle Verben die Grundform (z.B. stand - stehen)!

MATHEMATIK

- Die Gerade g geht durch die Punkte A(2/2) und B(6/3) a) Zeichne b) Konstruiere die Senkrechte und die Parallele zu g durch P(4/7) c) Zeichne 3 weitere Parallelen und gib jeweils zwei Punkte darauf an.
- Zeichne das Dreieck a(1/8), B(5/2) und C(12/3). Miß die Winkel!
- Zeichne die Winkel 30, 40, 65, 90, 110, 175 und 200 Grad!

GESELLSCHAFTSLEHRE

- Lies Dir die Texte auf dem Arbeitsblatt gründlich durch!
- Bearbeite die Fragen zum Verhältnis von Mann und Frau schriftlich!

Mo. 4. Std,
Di. 2. u. 3. Std.
Mi. 3. Std.

Freitag schreiben wir eine Deutscharbeit. Sieh Dir dazu noch einmal alles an, was wir zum Thema "Geschichten erzählen" bearbeitet haben.

Zusatzaufgaben
- Wähle Dir aus dem Ordner "Schreib los" ein Blatt aus!
- Zeichne Winkel, Geraden, Parallelen, Kreise!

Wochenplan

H 7d

für die Woche vom 18.11. - 22.11.91

Name:

Gesellschaftslehre

Aufgabe erledigt am: kontrolliert:

P * Schreibe einen ausführlichen Bericht über unsere erste Erkundung des Goldbaches.
- Benutze dazu alles, was wir bisher dazu aufgeschrieben haben.
- Erkläre genau, was wir gesehen, erlebt und herausgefunden haben, z.B. über den Verlauf des Baches, das Bachbett, die Wassertiefe, die Fließgeschwindigkeit, die Uferzone, die Nutzung der Talauen.
- Zeichne etwas dazu (einen Querschnitt, Bäume am und Lebenwesen im Bach, den Bachverlauf...).
- Gestalte Deine Seiten so, daß wir sie im Klassenraum aushängen können.
- Du kannst an dieser Aufgabe auch zuhause arbeiten. Am Freitag sollst Du die Aufgabe abgeben!

Deutsch

Aufgabe erledigt am: kontrolliert:

P * Bearbeite die die Seite 11 in "Diktat: fehlerfrei" folgendermaßen:
- Lies den Text flüsternd mindestens zweimal durch und präge Dir die schwierigen Wörter ein.
- Schreibe den Text nach den Regeln des Selbstdiktates.

W * Würfle 4 mal mit Deinem Erzählwürfel. Suche Dir jeweils ein Reizwort aus und schreibe damit eine Geschichte.

Mathematik

Aufgabe erledigt am: kontrolliert:

P * Bearbeite im Mathematikbuch folgende Aufgaben: Seite 36, Aufgabe 5-7, und Seite 37, Aufgabe 5.

W * Bearbeite eine Karteikarte aus der Kartei "Grundrechenarten". Schreibe die Nummer der bearbeiteten Karte dazu.

Zur Information:
Alle Wochenplanaufgaben werden in den Mappen bzw. Heften des jeweiligen Faches erledigt. Schreibe darüber "Wochenplanaufgabe" und das Datum. Fertige Wochenplanaufgaben legst Du, gemeinsam mit Deinem Wochenplan, zur Kontrolle in den Ablagekasten auf dem Lehrerpult und gehst anschließend an Deinen Platz zurück, um die nächste Aufgabe zu bearbeiten. Jeder arbeitet ruhig und konzentriert an seinem Arbeitsplatz. Die mit P (Pflichtaufgabe) gekennzeichneten Aufgaben sind von allen zu erledigen. Von den Wahlaufgaben (W) sollst Du mindestens eine erledigen, sofern Dir Zeit dazu bleibt. Wenn Du mit dem Wochenplan vorzeitig fertig bist, ist von Dir eine der Zusatzaufgaben zu bearbeiten. Du kannst mir aber auch eine andere Arbeit vorschlagen, die Du gern erledigen möchtest.

Zusatzaufgaben

- Schreibe die Wortliste in "Diktat fehlerfrei" auf Seite 11 als Selbstdiktat. Du kannst auch mit der Schreibmaschine schreiben!
- Schreibe eine Geschichte zu einem Vorschlag aus der Kartei "Schreib los",
- übe mit mit der Rechenscheibe die Grundrechenarten,
- Lies etwas zum GL-Thema (z.B. aus den neuen Büchern zum Thema Wasser) oder trage etwas in die Mappe ein,
- Suche Dir Mitschüler, mit denen Du das Bachspiel gemeinsam erlernen kannst.

Wochenplan-Zeiten: Mo. 4. Std., Di. 3. Std., Mi. 3. Std., Fr. 4. Std.

Auch Erkundungen außerhalb der Schule (hier eine Bacherkundung) können sinnvoll in die Wochenplanarbeit einbezogen werden.

Erstes Wahrnehmen des Goldbaches

Der Bach wird von der Quelle zur Mündung erwandert

Als Oliver in den Goldbach fiel!

Wir waren gerade ein Stück von einem geteerten Weg entfernt. Wir liefen alle ein bißchen vom Graben entfernt her. Nur Oliver nicht. Er ging einen Schritt vor, um mal hineinzusehen. Da brach die Erde unter ihm weg, und er fiel ins Wasser. Alle lachten laut. Alles war naß. Ein Stiefel, 'ne Socke und die Hose ungefähr bis zum Knie. An einer Holzbrücke wrang er die Socke aus, zog sich den Stiefel an und rannte hinter uns her.
Sascha Dörbaum

Die Erkundung wird im Rahmen der Wochenplanarbeit ausgewertet

Der Goldbach

Wir sind am Dienstag den 5.11.91 zum Goldbach gewandert. Wir haben vieles fest-gestellt. Zum Beispiel; die Wassertiefe betrug im Quellgebiet eine sehr geringe Wassertiefe, zwischen 5 und 20 cm. Die tiefste Stelle war in Maden und betrug 60 cm. Das Bachbett war im Quellgebiet sehr schlammig und in Gudensberg waren es Beton-röhren. Zwischen Gudensberg und Maden Steine, Kies und Sand. Am Ufer im Quellgebiet ist landwirtschaftliche Nutzung bis 1/2 Meter an den Rand des Baches. Es gibt kaum Büsche und Bäume. Zwischen Gudensberg und Maden ist Ufersaum mit Büschen und Bäume.

Wasser

stand bietet sich für die Arbeit an einem Plan an. Er hat einen wichtigen Stellenwert im Unterrichtskonzept, daneben haben aber andere Unterrichtsformen, vor allem in der Kombinationswirkung mit dem stärker selbstgesteuerten Lernen, weiterhin eine wichtige soziale und pädagogische Funktion.

Bei fachbezogenen Wochenplänen sollte man zu einer Rhythmisierung in der Arbeit finden; z.B. kann es eine sinnvolle organisatorische Möglichkeit sein, den Wochenplan jede zweite Woche über die gesamte Wochenstundenzahl des Faches einzusetzen. Eine Kooperation mit anderen Kolleginnen und Kollegen ist anzustreben, so daß gemeinsam Wochenpläne aufgestellt werden können, die mehrere Fächer enthalten. Häufig ergeben sich daraus auch fast von selbst Ansätze für fächerübergreifende Pläne und projektbezogenes Arbeiten. Fehlende Kooperationsmöglichkeiten sollten jedoch kein Argument sein, um nicht mit der Wochenplanarbeit zu beginnen. Dies kann man zunächst auch allein tun, oft sind durch das »Vorbild« andere Kollegen/innen begeistert. Vom Wochenplan begeisterte Schüler/innen haben schon bei manchen Kollegen/innen einen Prozeß des Nachdenkens in Gang gesetzt, der dann in einer Nachfrage nach Kooperation seinen Ausdruck fand. Auch auf diese Weise können Wochenplanlehrer »geboren« werden (nähere Ausführungen zu fachbezogenen Wochenplänen in Kapitel 6).

3.2 Welche Regeln gelten für die Wochenplanarbeit?

Als ich mit der Wochenplanarbeit begann, habe ich mich gefragt: Wird es überhaupt möglich sein, in meiner Klasse mit 23 lebhaften Schülerinnen und Schülern eine ruhige und entspannte Arbeitsatmosphäre herzustellen, in der jeder etwas anderes macht und die anderen trotzdem nicht stört?

Um dies zu erreichen, ist die Vereinbarung von Regeln bei der Wochenplanarbeit von großer Bedeutung. Die Einhaltung der Regeln ist notwendig, um produktiv arbeiten zu können. Einige Regeln müssen vom ersten Tag an vereinbart werden, andere bilden sich erst im Laufe der Zeit heraus. Die meisten Regeln ergeben sich aus der Situation und werden gemeinsam gefunden, sind damit transparent für alle Schüler/innen. Sie sollten im Klassenraum ausgehängt werden, so daß man immer wieder Bezug darauf nehmen kann. Die Umsetzung einiger Regeln muß systematisch eingeübt werden. Neue oder veränderte Regeln (auch solche, die noch nicht eingehalten werden) tauchten in unserem Wochenplan unter der Spalte »Zur Information« als Erinnerung für die Schüler/innen auf. Im Verlaufe des 7. Schuljahres habe ich mit meiner Klasse folgende Regeln gefunden:

Regeln für die Wochenplanarbeit in der Klasse 7d:

Während der Wochenplanzeiten soll man lernen, selbständig zu arbeiten. Damit das klappt und nicht alles drunter und drüber geht, haben wir folgende Regeln vereinbart, die von allen eingehalten werden müssen:

1. *Alle Wochenplanarbeiten werden in den Mappen bzw. Heften des jeweiligen Faches erledigt. Darüber schreibst Du »Wochenplanaufgabe« und das jeweilige Datum.*
2. *Eine Arbeit muß erst beendet sein, wenn Du eine neue beginnst.*
3. *Fertige Wochenplanarbeiten legst Du, gemeinsam mit Deinem Wochenplan, zur Kontrolle in den Ablagekasten auf dem Lehrerpult und gehst anschließend auf Deinen Platz zurück, um die nächste Aufgabe zu bearbeiten.*

Die Vereinbarung von Regeln ist für die Wochenplanarbeit eine unabdingbare Voraussetzung, um eine Arbeitsatmosphäre zu schaffen, in der es den Schülerinnen und Schülern möglich ist, ungestört von den anderen, konzentriert an einer Aufgabe zu arbeiten.

4. *Die mit P (Pflichtaufgaben) gekennzeichneten Aufgaben sind von allen zu erledigen. Von den Wahlaufgaben (W) des Wochenplanes hast Du mindestens eine zu erledigen.*
5. *Wenn Du mit Pflicht- und Wahlaufgaben fertig bist, kannst Du Dir eine Zusatzaufgabe aus dem Angebot aussuchen. Du kannst dem Lehrer aber auch eine andere Aufgabe vorschlagen, die Du gern erledigen möchtest.*
6. *Arbeite ruhig und konzentriert an Deinem Arbeitsplatz. Störe die anderen nicht bei der Arbeit.*
7. *Rufe nicht durch die Klasse. Wenn Du etwas mit Mitschülern oder dem Lehrer zu besprechen hast, tu dies im Flüsterton.*
8. *Führe alle Arbeiten sorgfältig und ordentlich aus, auch wenn Du dann mehr Zeit dafür brauchst.*
9. *Verlasse Deinen Platz nur, wenn Du einen Grund hast.*
10. *Arbeite selbständig, frage nur in dringenden Fällen Deine Mitschüler oder den Lehrer um Hilfe.*

Die Regeln müssen im Unterrichtsalltag Bedeutung haben, d.h., einmal formuliert, ist es notwendig, immer wieder Bezug auf sie zu nehmen und sie auch gemeinsam mit den Schülern/innen auf ihren Sinn hin zu befragen. Nur wenn man es schafft, daß die Schüler/innen die Regeln wirklich zu ihren Regeln machen, werden sie auch bereit sein, sie zu befolgen. Die oben formulierten Regeln galten weitgehend unverändert bis zum Anfang der 9. Klasse. Mehrfach war über den Sinn einzelner Regeln diskutiert worden.

Nun war ich der Meinung, daß man mit den Schülern/innen in eine grundsätzliche Diskussion über die Regeln eintreten könnte und sollte. Ich stellte Ihnen – im Rahmen einer Wochenplanaufgabe – die folgenden Fragen:

1. Welche Regeln hältst Du für besonders wichtig?
2. Welche Regeln hältst Du für weniger wichtig?
3. Mit der Einhaltung welcher Regeln hattest Du besondere Schwierigkeiten? Woran lag das?
4. Meinst Du, Du kannst in Zukunft die Regeln einhalten? Was wird Dir schwerfallen?
5. Welche Regeln sollten gestrichen werden? Welche sollten wir ergänzen oder anders formulieren?

Erstaunlich war die hohe Zustimmung, die die Regeln durch nahezu alle Schüler/innen erfuhren. Man merkte, daß sie in der regelmäßigen Arbeit mit dem Wochenplan mit Inhalt gefüllt worden waren und nicht als »Leerformeln« dastanden. Als unwichtig wurde lediglich Regel 2 angesehen. Die Schüler/innen waren der Meinung, es sei wichtig, daß am Ende alle Aufgaben komplett erledigt worden sind, wie dies der einzelne organisiert, sei seine Sache. Manchmal habe man von einer Aufgabe einfach »die Nase voll« und müsse zwischendurch erst einmal etwas anderes tun, bevor man diese Aufgabe fortsetzt. Also wurde diese Regel verändert.

Für besonders wichtig hielt die Mehrzahl der Schüler/innen die Regeln 6 und 7 (konzentriert arbeiten, andere nicht stören, nicht durch die Klasse rufen), gleichzeitig bereitet die Einhaltung dieser Regeln den Schülern/innen nach eigener Einschätzung jedoch die meisten Schwierigkeiten. Viele schätzten auch für die Zukunft ein, daß sie damit noch weiterhin Probleme haben werden.

Die Diskussion mündete in eine erneute Aufstellung eines Regelkataloges. Die Formulierungen wünschten sich die Schüler/innen, abweichend von den Anfangsregeln, die noch stärker durch den Lehrer gesteuert wurden, in »Wir-Form«. Inhaltlich verändert wurde die Regel 2: »Wir müssen die Wochenplanarbeiten immer alle komplett erledigen.« Bei Regel 3 hatte sich im Laufe der Zeit ein anderer Verfahrensmodus herausgebildet, so daß die Regel folgendermaßen verändert wurde: »Fertige Wochenplanarbeiten zeigen wir dem Lehrer und lassen sie abzeichnen.« Auch die Regel 9 wurde neu formuliert. Nicht das Verlassen des Platzes schien den Schülern/innen das Problem zu sein, das sei normal während des Wochenplanes, wurde von ihnen argumentiert, sondern das Stören und Ablenken anderer Schüler. Also formulierten wir: »Wenn wir unseren Platz verlassen, stören wir andere nicht bei der Arbeit.«

In der Folgezeit zeigte es sich, daß diese Diskussion ihre Auswirkungen hatte. Die Akzeptanz der Regeln war größer geworden, und man machte sich bei Regelverstößen gegenseitig darauf aufmerksam. Nahezu alle Schüler/innen hatten erkannt, daß es ihre Regeln sind, die ihre Arbeitsbedingungen regeln, und ihnen damit das Lernen und Arbeiten in der Schule erleichtert wird. Gleichwohl hatten – dies will ich hier nicht verschweigen – immer noch einzelne Schüler/innen Probleme mit der Regeleinhaltung. Gerade in schwierigen Lerngruppen dauert es lange und braucht es viel Geduld, bis von den Schüler/innen gewonnene Erkenntnisse auch in aktives Handeln umgesetzt werden.

3.3 Welche (Schlüssel-)Qualifikationen können bei der Wochenplanarbeit erworben werden?

Neben dem Aufbau von Fach- und Sachkompetenz geht es heute in der Schule immer mehr auch um die Entwicklung von Methoden- und Sozialkompetenz. Wir sind dabei in einer völlig neuartigen Situation: In der Arbeitswelt werden von den Schulabgängern heute Qualifikationen erwartet und gewünscht, die von Schulreformern seit Jahrzehnten vergeblich propagiert worden sind. Der Begriff »Schlüsselqualifikationen«[58] umschreibt die Anforderungen, die verstärkt an die schulische Bildung gestellt werden. Die Vermittlung fachlicher Kenntnisse hat natürlich nach wie vor einen besonderen Stellenwert. Dabei können aber Methoden und Sozialformen angewendet werden, die gleichzeitig Schlüsselqualifiaktionen bei den Schülerinnen und Schülern aufbauen helfen. Das Wochenplankonzept trägt dem Rechnung: Die inhaltliche Ebene des Unterrichts hat weiterhin zentrale Bedeutung, gleichzeitig werden jedoch darüber hinausgehende Qualifikationen bei den Lernenden aufgebaut.

Die Fähigkeit und Bereitschaft zum lebenslangen Lernen ist Voraussetzung für ein Bestehen in der Arbeitswelt und für die aktive Teilhabe am gesellschaftlichen Leben. Welche Einzelqualifikationen in einer modernen Berufs- und Arbeitswelt unverzichtbar sind, wird beispielhaft aus Stellenanzeigen deutlich. Dort werden Anforderungen wie die folgenden formuliert: »Neben der qualifizierten Ausbildung erwarten wir ein hohes Maß an Selbständigkeit, analytischem Denkvermögen und Eigeninitiative sowie die Bereitschaft zur Teamarbeit.«[59] Es besteht hier eine interessante Parallelität in den Anforderungen, die von seiten der Wirtschaft heute an Bildung und Ausbildung gestellt werden, und pädagogischen Konzepten, die ihren Ursprung in reformpädagogischen Ansätzen haben. Selbständigkeit, Kooperation, Eigenverantwortlichkeit und praxisorientiertes Lernen sind auch pädagogische Zielsetzungen, die gerade im Zusammenhang mit der Gesamtschulentwicklung seit den 70er Jahren von

58 Siehe dazu Beck, H.: Schlanke Produktion, Schlüsselqualifikationen und schulische Bildung. In: Pädagogik, Heft 6/1993, S. 14–16; Lampe, S. 12–14.

59 Zit. n. Beck, 1993, S. 15.

reformfreudigen Pädagogen immer wieder betont wurden. Neu ist, daß solche Forderungen heute auch zunehmend von seiten der Industrie aufgestellt werden. Die darin für die Durchsetzung entsprechender Konzepte und Lehrmethoden liegenden Chancen (»innere Schulreform«) sollten von pädagogischer Seite nicht verschlafen werden.

Beim Lernen mit dem Wochenplan können Schüler/innen Schritt für Schritt zahlreiche Schlüsselqualifikationen erwerben. So fördert die Wochenplanarbeit die »Fähigkeiten und Bereitschaften, Probleme und Aufgabenstellungen selbständig, zielorientiert und sachgerecht sowie fachlich richtig bzw. angemessen und methodengeleitet zu bearbeiten und das Ergebnis zu beurteilen«,[60] ebenso wie die »Fähigkeit und Bereitschaft ... soziale Beziehungen und Interessen zu verstehen und sich mit anderen rational und verantwortungsbewußt auseinanderzusetzen bzw. zu verständigen.«[61]

Die Schüler/innen können darüber hinaus die Fähigkeit zur eigenständigen »Organisation und Durchführung einer Arbeitsaufgabe«[62] nach und nach durch die zielgerichtete Arbeit an einem Plan erwerben. Schon am ersten Tag der Wochenplanarbeit müssen sie den gesamten Plan überschauen und sich genau überlegen, wie sie die Aufgaben aufteilen, wann sie welche Aufgaben erledigen und welche Zeit sie ungefähr dafür brauchen werden. Hier lernen sie bei jedem Wochenplan neu dazu, immer wieder müssen sie sich mit der Organisation und Bewältigung neuer Aufgaben auseinandersetzen. Auch mit Fragen wie etwa den folgenden müssen sie sich befassen und dazu klare Entscheidungen treffen:[63].

- Womit fange ich an?
- Was bearbeite ich in der Schule, was zu Hause, was an anderen Lernorten?
- Welche Interessenschwerpunkte will ich setzen?
- Arbeite ich allein oder mit Partnern?
- Bewältige ich auftauchende Schwierigkeiten selbständig, oder lasse ich mir helfen?
- Arbeite ich im Klassenzimmer, in der Bibliothek, in der Druckerei, im PC-Raum ... oder auch zu Hause?

Über inhaltsbezogene Lernziele hinaus lernen sie im Laufe der Zeit »Genauigkeit«, »Zielstrebigkeit«, »Organisationsfähigkeit« und »systematisches Vorgehen«. Hilbert Meyer formuliert: »Schüler müssen lernen, im Unterricht methodisch bewußt, zielstrebig und ökonomisch zu handeln.«[64] Auf dem Weg dorthin ist der Wochenplan eine wichtige Hilfe. Der Lehrer/ die Lehrerin hat dabei eine begleitende Aufgabe, die er/sie bei einzelnen zunächst sehr intensiv wahrnehmen muß; Zielsetzung ist es, sich immer mehr überflüssig zu machen. Der Lehrer/ die Lehrerin fungiert als Berater, der die Schüler/innen anleitet, selbst methodisch zu denken und zu handeln.

Wenn man sich den auf der vorigen Seite vorgestellten Katalog von Schlüsselqualifikationen, die in der Schule vermittelt werden können bzw. sollen,[65] einmal genauer ansieht und dies mit den eingangs formulierten Gesichtspunkten, was die Schüler/innen bei der Wochenplanarbeit lernen sollen, vergleicht, so wird man in vielen Teilbereichen ein hohen Grad an

60 Beck, 1993, S. 15.
61 Beck, 1993, S. 15f.
62 Lampe, S. 13.
63 Vgl. Wilkesmann, E.: Keine neue Masche und kein Allheilmittel ... Wochenplanarbeit – ein Lieblings-»Fach« meiner Schülerinnen und Schüler. In: Praxis Schule 5–10, Heft 3/1993, S. 13.
64 Meyer, S. 153.
65 Zusammengestellt nach: Praxis Schule 5–10, Heft 3/91, S. 13 und Informationszeitung Berufsberatung 3/93, S. 4.

Schlüsselqualifikationen

Was sollen Schülerinnen und Schüler lernen?

LERN- UND ARBEITSTECHNIKEN

- Beherrschung verschiedener Methoden
- Fähigkeit zu abstrahieren
- Transferfähigkeit

FLEXIBILITÄT UND KREATIVITÄT

- Ideen entwickeln und umsetzen
- Fähigkeit zur Mitgestaltung (Arbeitsplanung, -organisation)
- Sich auf neue Situationen einstellen
- Selbständiges Einarbeiten in neue Aufgabenbereiche

PROBLEMLÖSUNGS- UND ENTSCHEIDUNGS-KOMPETENZ

- Probleme erkennen
- Verfahren zur Problemlösung und -strukturierung anwenden
- Logisches Denken in Systemen
- Kenntnis von Konsequenzen bei Eingriffen in das System

KOMMUNIKATION UND KOOPERATION

- Bereitschaft und Fähigkeit zur Teamarbeit
- Sich besprechen und andere informieren
- Einfühlungsvermögen entwickeln
- Mit Kritik umgehen können

ORGANISATION UND DURCHFÜHRUNG EINER ARBEITSAUFGABE

- Planen und organisieren
- Genauigkeit
- Zielstrebigkeit
- Organisationsfähigkeit
- Koordinationsfähigkeit
- Systematisches Vorgehen

SELBSTÄNDIGKEIT UND EIGENINITIATIVE

- Eigeninitiative entwickeln
- Verantwortung übernehmen
- Zuverlässigkeit
- Umsichtiges Handeln
- Selbstkritik
- Ergebnisse beurteilen
- Entscheidungen treffen

Übereinstimmung feststellen. Auch in diesem Punkt ist der Wochenplan eine wichtige Hilfe für die Lehrer/innen und die Schüler/innen: Er öffnet einem die Augen dafür, daß es im Unterricht um mehr als ausschließlich um fachbezogene Lernziele geht.

Die Methodenkompetenz eines Schülers/einer Schülerin setzt sich aus einer Fülle von Einzelqualifikationen zusammen. Hilbert Meyer hat versucht, die Einzelqualifikationen – allerdings ohne Anspruch auf Vollständigkeit – aufzulisten.[66] Diese Zusammenstellung ist für die hier bearbeitet Thematik insofern von Bedeutung, als sie hilft, einen Überblick darüber zu bekommen, welche Funktion Wochenplanarbeit bei der Entwicklung dieser Qualifikationen haben kann. Im folgenden führe ich daher in Anlehnung an Meyer solche Einzelqualifikationen auf, die für die Arbeit mit dem Wochenplan bedeutsam sind:

– *Arbeiten nach Arbeitsanweisungen*: Lesen, Unterstreichen, Heraussuchen, Schreiben; Umgang mit Arbeitsblättern, mit Karteien, mit (Schul-)Büchern.
– *Nachschlagen*: Inhaltsverzeichnisse benutzen, mit dem Atlasregister umgehen, Karten lesen; Logarithmentafeln, Wörterbücher und Lexika benutzen; Fachbücher zielgerichtet anwenden; mit der Grammatik umgehen; Telefonbuch, Adreßbuch, Fahrplan u.ä. benutzen.
– *Niederschriften Verfassen*: Abschreibtechniken erlernen,[67] Überschriften finden, Lückentexte ausfüllen, Geschichten schreiben/zu Ende schreiben, Beobachtungen (z.B. bei Erkundungen, bei Experimenten) niederschreiben.
– *Zeichnen*: Umgehen mit den zum Zeichnen nötigen Arbeitsmitteln (Wasserfarben, Buntstiften, Bleistiften, Filzstiften, Zirkel, Lineal ...); aus Texten zeichnerische Darstellungen entwickeln.
– *Techniken der Information und Dokumentation*: Befragungen und Interviews durchführen; Skizzen, Zeichnungen, Collagen, Schaubilder, Tabellen, Wandzeitungen anfertigen.
– *Selbständig Aufgaben erledigen*: Aufgaben sinnerfassend lesen und bearbeiten können; Überblick über die Aufgaben eines umfangreichern Planes gewinnen und ihn schrittweise bearbeiten können; eigene Lernspiele und Rätsel erfinden; Klassenämter übernehmen und kontinuierlich führen.
– *Texte selbständig besorgen, studieren und aufarbeiten*; die Ergebnisse anderen mitteilen können.
– *Selbständig üben*: Ausdauer im Üben entwickeln, selbst Übungsaufgaben ausdenken und ausführen; lernen, Übungserfolg zu beurteilen; Lösungen von Übungsaufgaben selbständig überprüfen können.
– *Räumliches und zeitliches Vorstellungsvermögen entfalten*: Skizzen maßstabsgerecht zeichnen; Modelle planen und herstellen; mit Maßstäben umgehen.
– *Arbeitsschritte selbständig planen und realisieren*: Arbeitsergebnisse mit anderen Schülern/innen und mit dem Lehrer/der Lehrerin absprechen; den Zeitbedarf für einzelne Arbeitsschritte/Aufgaben/Tätigkeiten abschätzen; mit Arbeitsmaterialien sparsam und achtsam umgehen.
– *Arbeitsergebnisse* sachlich korrekt, methodisch geschickt und optisch ansprechend im Klassenplenum oder in anderen Zusammenhängen *veröffentlichen*.
– *Verantwortungsgefühl* für die eigene Arbeit, für die Arbeit der Gruppe oder der Klasse *entwickeln*; lernen, die Arbeitsergebnisse auch nach außen zu vertreten.

66 Meyer, S. 154f.
67 Die Bedeutung dieser fundamentalen Arbeitstechnik wird oft unterschätzt und als selbstverständlich vorausgesetzt, ohne sie schrittweise entwickelt zu haben. Wichtige Hinweise gibt: Süselbeck, G.: Abschreiben – eine elementare Arbeitstechnik. In: Praxis Schule 5–10, Heft 6/1993, S. 10–15.

Individualisierung und Kooperation sind Bestandteile jeder Wochenarbeit. Manche Arbeitsaufgaben machen es nötig, sie individuell zu planen, zu organisieren und sie dann zielstrebig anzugehen.

Bei anderen kann die partnerschaftliche Bearbeitung wichtiger sein als die Entwicklung von eigenständigen Lösungen.

Kooperation und Kommunikation sind wichtige Schlüsselqualifikationen, die die Schüler/innen bei der Wochenplanarbeit erwerben können. Bei vielen Aufgaben ist es sinnvoll, gemeinsame Lösungen zu finden.

Andere Aufgabenstellungen erfordern es, sich zu beraten, um zu weiterführenden Ergebnissen zu kommen.

- *Arbeitsergebnisse kontrollieren*: mit Kontrollkarten, Lückentexten, schriftlichen Arbeitsanweisungen umgehen; eigene Arbeiten selbst oder mit dem Partner kontrollieren.
- *Mündliche und schriftliche Zusammenfassungen geben*: Texte sinnerfassend wiedergeben; Gespräche und Diskussionen inhaltlich zusammenfassen; wiedergeben, was beim Erkundungsgang beobachtet wurde; wiederholen, was ein Interviewter gesagt hat; zusammenfassen, was als Ergebnis bei einer Gruppenarbeit herausgekommen ist.
- *Wissenschaftspropädeutische Kompetenzen entwickeln*: Erkenntnismethoden kennen- und bewerten lernen; lernen, wissenschaftliche Erkenntnisse in Frage zu stellen; falsche Ehrfurcht von Buch- und Expertenwissen abbauen; lernen, Experten zu befragen; Wechselbezug von Disziplinarität und Interdisziplinarität erkennen und in den Unterrichtsfächern beispielhaft nachweisen; gesellschaftliche Hintergründe und erkenntnisleitende Interessen erkennen lernen.
- *Soziale Kompetenzen entwickeln:* sich in eine Gruppe einordnen; zuhören; andere befehlen lassen und selbst befehlen; eine Meinung haben und gegenüber anderen vertreten; die Meinung anderer anhören, sie gelten lassen.
- *Neugier, Interesse, Offenheit, Spontaneität und Kreativität entwickeln* bzw. die vorhandene bewahren und entfalten lernen.
- *Ausdauer und Geduld entwickeln*: nicht gleich klein beigeben; sich mit Schwierigkeiten auseinandersetzen, sie zu überwinden lernen; Tagträume und Phantasien in die Tat umsetzen; sachbezogene Energie bzw. Fleiß entwickeln.

3.4 Wie gehen die Schülerinnen und Schüler mit dem Wochenplan um?

Vielen Schülerinnen und Schüler bereitet zu Anfang der Umgang mit dem Wochenplan noch große Probleme, vor allem dann, wenn sie längere Phasen eigenständiger Arbeit bisher nicht gewohnt waren. Dies ist an anderer Stelle von mir schon dargestellt worden.

Als ich erstmals mit der Wochenplanarbeit begann (in einer 7. Hauptschulklasse), hatten viele meiner Schülerinnen und Schüler Schwierigkeiten mit dem eigenständigen Aufgabenverständnis. Dies hing zum einen sicher damit zusammen, daß die Aufgaben von mir nicht konkret genug formuliert waren, zum anderen waren sie es ja nicht gewöhnt, selbständig an eine Aufgabe heranzugehen. Die Lehrer/innen traten normalerweise immer als Vermittler auf und erklärten die Aufgaben. Ich lernte im Laufe der Zeit, die Aufgaben so zu fomulieren, daß sie ohne diese Vermittlerrolle verstanden werden konnten. Die Schüler/innen lernten, sich zunächst eigenständig in die Aufgaben hineinzudenken, falls Verständnisschwierigkeiten auftauchten, ihre Mitschüler/innen (Helfersystem) einzuschalten und sich nur in »Notfällen« an den Lehrer zu wenden.

Nachdem ich gelernt hatte, die Aufgaben im Horizont meiner Schüler/innen zu formulieren, legten sich die anfänglichen Probleme. Dies muß man als Lehrer erst lernen, will man die Lernenden und sich selbst während der Wochenplanstunden nicht überfordern. Hilfreich waren dabei auch die Besprechungen im Wochenanfangs- und Wochenabschlußkreis sowie die vielen Gesprächssituationen, die sich mit einzelnen Schülern/innen oder Gruppen während der Wochenplanarbeit ergaben. Gute Aufgaben sollten so formuliert sein, daß sie von den Schülern/innen ohne Lehrerhilfe zu verstehen und zu bearbeiten sind, nachdem sie sich in das neue Lernsystem eingearbeitet haben.

Am ersten Tag der Woche gehen die Schüler/innen oft sehr unterschiedlich an den Wochenplan heran. Meist warten sie sehr gespannt darauf, was der Wochenplan enthält. Oft gibt es gerade zu Beginn eine ganze Reihe von Schülern/innen, die sich begeistert an eine Aufgabe begeben, die ihnen besonders viel Spaß verspricht. Die ungeliebten Aufgaben heben sie sich bis zum Schluß auf. Andere gehen umgekehrt vor und halten die »schönste« Aufgabe bis zum Schluß – als Belohnung – zurück. Bei den meisten Schülerinnen und Schülern hat sich eine ganz persönliche, immer wiederkehrende Struktur – ein Ritual – in der Art und der Reihenfolge der Bearbeitung der Wochenplanaufgaben herausgebildet.

Haben die Schüler/innen ihre Pflichtaufgaben erfüllt, so folgt zunächst erst einmal das große Durchatmen. Man ist eigentlich fertig mit dem Wochenplan und kann sich nun anderen Dingen zuwenden. Die Phase, in der einzelne bereits mit dem (Pflicht-)Wochenplan fertig sind, andere noch mit den Aufgaben beschäftigt sind, ist die schwierigste. Notwendig ist es, gerade für diese Phasen im Klassenraum anregendes Zusatzmaterial zur Verfügung zu haben. So können den Schülern/innen neue Lernanreize geboten werden. Dadurch kann sich ein nahtloser Übergang vom Wochenplan in Freiarbeitsphasen ergeben.

Einige finden sehr schnell neue Aufgaben – manchmal solche, auf die sie sich besonders gefreut haben –, an denen sie nun weiterarbeiten können. Bei anderen beginnen die Probleme, weil sie der Meinung sind, nun eigentlich nichts mehr tun zu müssen. Bei diesen Schülern/innen ist der Lehrer/die Lehrerin als Berater und Helfer jetzt besonders gefragt, damit kein Störungspotential in der Lerngruppe entsteht. Sensibilität ist hier wichtig, gerade diese Schüler/innen müssen die Erfahrung machen, daß Freies Arbeiten keine Bestrafung bedeutet. Die »Verpflichtung« dieser Schüler/innen zur Weiterarbeit – vielleicht dann auch noch zu ungeliebten Arbeiten, die als »Strafarbeit« begriffen werden könnten – wäre das Verkehrteste. Absprachen mit den Schülern/innen, das Ermitteln ihrer Interessen und besonderen Vorlieben sollten im Vordergrund stehen, um mit ihnen Aufgaben zu vereinbaren, an denen sie Spaß haben.

Daß solche Erfahrungen von Lerngruppe zu Lerngruppe unterschiedlich sind, zeigen meine Beobachtungen, die ich in einer 9. Gymnasialklasse machte. Diese Lerngruppe war offene Arbeitsformen bereits über längere Zeit gewöhnt, hatte aber bisher keine Erfahrungen mit der Wochenplanarbeit. Ich konnte an bekannte Strukturen anknüpfen und diese für die eigenständige Wochenplanarbeit nutzbar machen. Die Schülerinnen und Schüler hatten im offenen Unterricht (z.B. in Projekten oder in Formen Freier Arbeit) gerade jene Schlüsselqualifikationen erwerben können, die sie bei der Wochenplanarbeit brauchten.

Ich versuchte in dieser Klasse von Beginn an, den Anteil individueller Arbeiten zugunsten von kooperativen Aufgabenstellungen einzuschränken. Die Schülerinnen und Schüler bekamen häufig die Möglichkeit, auch die Sozialform selbst zu wählen. Gruppen- und Partnerarbeit wurde von den meisten bevorzugt, Einzelarbeit blieb die Ausnahme. Bereits mit dem ersten Wochenplan arbeiteten die Schüler/innen sehr motiviert. Sie lösten nicht nur die Pflichtaufgaben, sondern darüber hinaus sind von allen – ohne daß dies erwartet wurde – mehrere Wahlaufgaben bearbeitet worden. Einige bearbeiteten sogar neben dem Pflichtpensum die kompletten Wahlaufgaben, eine Tendenz, die sich nicht als »Eintagsfliege« erweisen sollte.

Auch hier war es wichtig, den Bereich der Wahlaufgaben attraktiv zu gestalten. Ich versuchte grundsätzlich, solche Aufgaben zu formulieren, die den Bedürfnissen der Jugendlichen in besonderer Weise entgegenkamen: etwas zeichnen (Schaubilder, Karten), spielerische Lösungen finden, Kreuzworträtsel zum Thema bearbeiten, etwas inszenieren, Aufnahmen mit der Videokamera machen, Informationen und Material sammeln, Interviews führen u.a.m.. Allerdings muß man aufpassen, daß dies nicht dazu führt, in den Pflichtbereich die »trockenen«, oft textbezogenen Aufgaben zu packen und in die »Kür« die »Bonbons« des Schulalltages. Auch der Pflichtbereicht sollte attraktive Aufgabenstellungen enthalten, die den Schülern/innen vielfältige Handlungsmöglichkeiten eröffnen.

Meine Rolle während der Wochenplanwochen war die eines zurückhaltenden Beraters und Organisators. Die meisten Schülerinnen und Schüler arbeiteten, ohne mich zu beachten, oft über den Pausengong hinaus. Die Arbeitsaufträge waren nach den schon beschriebenen anfänglichen Schwierigkeiten so formuliert, daß sie ohne Nachfragen von allen verstanden werden konnten. Es machte den Jugendlichen offensichtlich Spaß, sich eigenständig mit der Thematik auseinanderzusetzen. Dies kam auch in den Ergebnissen einer Schülerbefragung zum Ausdruck, auf die ich im letzten Kapitel noch eingehen werde.

3.5 Wochenplan und innere Differenzierung

Wenn man davon ausgeht, daß es homogene Lerngruppen nicht gibt, sondern Homogenität immer nur in bezug auf ein einzelnes Kriterium – wenn überhaupt – möglich ist, erhebt sich daraus die Forderung, im Unterricht vielfältige Formen innerer Differenzierung zu betreiben. Die Heterogenität wird dann zum Ausgangspunkt des Unterrichts, mit dem Ziel, die Schülerinnen und Schüler optimal in allen Persönlichkeitsdimensionen zu fördern: Es geht nicht nur um Förderung im kognitiven Bereich, sondern auch im emotionalen und im praktisch-handlungsbezogenen sowie um die Entfaltung inividueller Identität und sozialer Kompetenzen.

Die Heterogenität von Lerngruppen in der heutigen Schule – und dies beziehe ich ausdrücklich nicht nur auf integrierte Schulsysteme – läßt sich durch folgende Merkmale umschreiben: Schüler/innen lernen mit unterschiedlichem Lerntempo und unterschiedlichem Abstraktionsvermögen. Darüber hinaus gibt es Unterschiede im Stand ihrer Kenntnisse, Fähigkeiten und Fertigkeiten. Sie kommen aus unterschiedlichen sozialen Umfeldern, werden unterschiedlich gefördert und bringen unterschiedliche Lerninteressen mit. Eine Schlußfolgerung aus dieser kurzen Zustandsbeschreibung muß sein, daß der Frontalunterricht als alleinige Unterrichtsform einer solch differenzierten Schülerschaft nicht gerecht werden kann.[68]

Doch das Differenzierungsproblem ist an unseren Schulen bisher weitgehend ungelöst geblieben. Formen äußerer Differenzierung bringen nicht den gewünschten Erfolg und führen in vielen Fällen zur Stigmatisierung einzelner Gruppen und zur sozialen Aussonderung. Die Ungelöstheit des Problems wird nicht nur deutlich an fehlenden Förderungsmöglichkeiten für besonders befähigte, leistungsstarke Kinder und Jugendliche, sondern vor allem an den sogenannten schulschwachen, lern- und leistungsgestörten und verhaltensschwierigen Schülerinnen und Schülern. Gerade die letztgenannte Gruppe erfährt die Schule dadurch als eine ständig überfordernde und bedrohende Institution.

Bei der Lösung dieser sicher in der heutigen Schule elementaren Probleme kann Wochenplanarbeit eine wichtige Hilfestellung bieten. Durch die Arbeit mit dem Wochenplan ergeben sich vielfältige Möglichkeiten zur Differenzierung innerhalb einer Lerngruppe. Mehr noch: Wochenplanarbeit ist *das* Handlungsmuster der inneren Differenzierung und der Entfaltung von Individualität. Der alte Gesamtschulgrundsatz, »innere Differenzierung«[69] zu betreiben, wird bei der Wochenplanarbeit konsequent umgesetzt. Wochenplanarbeit (in Verbindung mit

68 Vgl. dazu: Gesamtschule Ahlen: Wochenplan und Freiarbeit in der Sekundarstufe I. Das WuF-Band als fachunabhängige Differenzierungs- und Fördermöglichkeit. In: Deutsche Lehrerzeitung 11/1994, S. 4.

69 Vgl. dazu: Klafki, W./Rang, A./ Röhr, H.: Integrierte Gesamtschule und Comprehensiv School. Georg Westermann: Braunschweig 1972, S. 140ff.

Freiarbeit) ist eine Konzeption, die Binnendifferenzierung in ihrer gesamten Vielfalt umfassen kann und damit auch dem Anspruch, schülerorientiert zu arbeiten, in besonderer Weise gerecht wird.

Durch die Wochenplanarbeit werden Freiräume geschaffen, die individuelle Ausgangslage des Kindes bzw. des Jugendlichen weitestgehend zu berücksichtigen. So kann jeder sein Arbeitstempo weitgehend selbst bestimmen. Der Plan sorgt dafür, daß in der Klasse zur gleichen Zeit unterschiedliche Dinge getan werden können. Die Schülerinnen und Schüler haben die Möglichkeit zu entscheiden, wann sie welche Aufgaben bearbeiten und wieviel Zeit sie sich dafür lassen. Bei der Wochenplanarbeit müssen »schnellere« Schüler/innen nie auf »langsamere« warten, da jeder seinem eigenen Tempo und Lernrhytmus nachgehen kann. Dafür sorgt eine ausgewogenes System von Pflicht- und Wahlaufgaben sowie die Möglichkeit zur Arbeit an Zusatzaufgaben oder freien Tätigkeiten. So kann jedes Kind angemessen gefördert werden, ohne daß es durch die Orientierung (im Frontalunterricht) an einem mittleren Level ständig unter- oder überfordert wird. Der Rhytmus von konzentrierter Anspannung und Entspannung wird von den Kindern bzw. Jugendlichen selbst bestimmt.

Das Konzept der Gesamtschule Ahlen betont im binnendifferenzierten Wochenplanunterricht besonders das Helfersystem und das sozialintegrative Lernen: »Im binnendifferenzierten Unterricht herrscht sachbezogene Kommunikation. Die Schülerinnen und Schüler lernen zu kooperieren und sich in ihrer Unterschiedlichkeit anzuerkennen. Ihre sachbezogene Motivation wächst infolge geringeren Leistungsdrucks durch Lernkontrolle. Sie erwerben in Kleingruppenarbeit Gruppenfähigkeit, Selbständigkeit und Verantwortungsbewußtsein. Starke Schülerinnen und Schüler können durch das Helfersystem zusätzliche Fähigkeiten und Fertigkeiten einüben und werden nicht gebremst. Durch Selbstkontrolle und gegenseitiges Helfen lernen Schülerinnen und Schüler, sich und die anderen realistisch einzuschätzen. Auftretende Konflikte werden bewußt und aktiv, z.B. in Klassenratsitzungen, aufgearbeitet. Wichtigstes Kriterium für Binnendifferenzierung ist, daß sie in einer konstanten Lerngruppe stattfindet und im Gegensatz zu jeder äußeren Differenzierung sozialintegratives Lernen fördert. Hieraus ergibt sich die These vom Wochenplan als Medium sozialintegrativen Lernens. Soziale und kommunikative Kompetenzen der Schülerinnen und Schüler sind Voraussetzung für alle Formen der inneren Differenzierung. Sie werden in der Wochenplanarbeit gefördert, aber auch benötigt. Je höher die Heterogenität der Gruppe, um so mehr wächst das Anspruchsniveau bezüglich Sach- und Problemlösungen.«[70]

In dieses Helfersystem kann sich während der Wochenplanstunden auch der Lehrer integrieren. Durch die Möglichkeit zur genauen Beobachtung und durch die regelmäßige Kontrolle der Wochenplanarbeit behält die Lehrerin oder der Lehrer immer einen Überblick über die Lernfortschritte der einzelnen Schüler/innen und kann die Aufgaben für den folgenden Wochenplan festlegen. Dadurch, daß der Lehrer nicht ständig durch frontale Aktivitäten gebunden ist, kann er sich viel intensiver der individuellen Betreuung der Schülerinnen und Schüler widmen und Hilfestellungen gezielt bei denjenigen einsetzen, die Hilfe beanspruchen. So ist nicht nur eine bessere Förderung lernschwacher Schüler/innen gewährleistet, auch die schnelleren, die leistungsstarken, die begabten Schüler/innen werden aus ihrer ständigen Unterforderung herausgeholt. Sie können einerseits ihrer besonderen Qualifikationen als Helfer nachweisen, andererseits kann ermöglicht werden, ihre Fähigkeiten weiter auszubauen, ohne daß dies zu einer Isolierung innerhalb der Lerngruppe führt.

Differenzierungsmöglichkeiten liegen besonders im Bereich der »Wahlaufgaben« und

70 Gesamtschule Ahlen, S. 4

»Zusatzaufgaben«, »denn hier werden Aufgaben eingesetzt, die sich einerseits nach Quantität, andererseits nach Qualität (also Schwierigkeitsgrad) unterscheiden.«[71] Die Schüler/innen entscheiden, welche und wie viele dieser Aufgaben sie bearbeiten. Wichtig ist, daß sie lernen, sich die Arbeit so einzuteilen, daß sie mit dem selbstgewählten Aufgabensoll am Ende der Woche fertig sind. »Durch diese umfangreiche innere Differenzierung, die die unterschiedlichen Arbeitstempi und Lernausgangslagen der Schüler/innen berücksichtigt, ist gewährleistet, daß alle Schüler/innen am Ende der Woche ein vollständiges Ergebnis vorweisen können.«[72]

Da der Lehrer durch seine Beobachtungen während der Wochenplanarbeiten eine genaue Kenntnis über den Leistungsstand der Schüler/innen hat, wird es ermöglicht, an den Stellen, wo es sinnvoll ist, gezielt Hilfen einzusetzen und zu fördern: Wochenpläne können individuell verändert werden, Teile des Wochenplanes können reduziert oder auch erweitert werden, um einzelne Aspekte besonders zu trainieren. Eine Annäherung an die individuellen Lernprozesse wird auf diese Weise durch die Arbeit mit Plänen ermöglicht.[73] Auch das Eingehen auf sprachliche Probleme, etwa von Ausländer- oder Aussiedlerkinder in der Lerngruppe, wird durch eine individuelle Umstrukturierung der Wochenpläne ermöglicht. Für meinen Unterricht muß ich sogar feststellen, daß ohne die Arbeit mit Wochenplänen die Integration und Förderung der zahlreichen Aussiedlerkinder, die im Laufe der Jahre in meine Klassen kamen (z. T. völlig ohne Deutschkenntnisse), ein kaum zu bewältigendes Problem gewesen wäre.

Wolfgang Krummrich hat für seine Wochenpläne ein etwas anderes Differenzierungssystem gefunden, das m.E. auch einige interessante Perspektiven eröffnet. Er unterscheidet nicht in Pflicht-, Wahl- und Zusatzaufgaben, sondern bietet den Schülern ein Grundprogramm, ein Erweiterungsprogramm und ein Wunschprogramm mit einer etwas anderen inhaltlichen Akzentuierung an. Er beschreibt seine Differnzierungsformen folgendermaßen: »Aufgabenstellungen, auf die der nächste Unterrichtsstoff aufbaut, die für das Verständnis eines Themas unverzichtbar und für die nächste Lernkontrolle wichtig sind, ohne deren Bearbeitung ein Unterrichtsprojekt zu keinem befriedigenden Ergebnis kommen würde, gehören dem Grundprogramm an. Aufgaben, die das Grundprogramm erweitern – entweder im Sinne einer zusätzlichen Übung oder von anspruchsvolleren Anforderungen, die bei Unterrichtsprojekten das Ergebnis auf wünschenswerte Weise abrunden –, werden dem Erweiterungsprogramm zugeordnet. Aufgaben, die zusätzlich motivieren, dem Thema neue, interessante Aspekte hinzufügen, bei Unterrichtsprojekten besondere Highlights setzen, werden dem Wunschprogramm zugeordnet.«[74]

3.6 Kontrolle, Korrektur und Bewertung der Arbeit mit dem Wochenplan

Entscheidend ist bei der Wochenplanarbeit, daß man als Lehrender den Arbeitsprozeß der Schülerinnen und Schüler möglichst genau beobachtet und erlebt. Nicht die Teil- oder Endergebnisse, sondern vor allem der Prozeß der Erarbeitung selbst gibt Aufschluß über die Arbeitsweise der Schüler/innen. Allein aus den Ergebnissen läßt sich nicht ausreichend

71 Erlberg, S. 13.
72 Erlberg, S. 13.
73 Siehe dazu: Claussen, S. 66ff.
74 Krummrich, W.: Mit kleinen Schritten voran. Lernplanarbeit in der Sekundarstufe. In: Schule. Zwischen Routine und Reform. Friedrich Jahresheft XII, 1994, S. 42f.

erschließen, wie man dazu gekommen ist. Hier bietet die Wochenplanarbeit besondere Möglichkeiten der individuellen Förderung.

Dennoch kommt auch der Kontrolle der Wochenplanergebnisse Bedeutung zu. Daß die Aufgaben auf Vollständigkeit und ordnungsgemäßte Ausführung hin überprüft werden müssen, ist von vornherein klar. Selbst die motiviertesten Schüler/innen brauchen Rückmeldung durch die Lehrerin oder den Lehrer. Stichprobenartig läßt sich prüfen, ob alle Aufgabenstellungen problemlos bearbeitet werden konnten oder ob es Aufgaben gibt, die noch einmal an anderer Stelle intensiv bearbeitet werden müssen.

Kontrolle, Korrektur und Bewertung kann auf ganz unterschiedliche Weise geschehen. In erster Linie ist hier die Selbstkontrolle zu nennen. Jedes Kind, jeder Jugendliche muß und soll lernen, seine Arbeit selbst zu kontrollieren. Zu einigen Aufgaben gibt es Kontrollblätter, so daß die Schüler/innen eigenständig überprüfen können, ob sie richtig gearbeitet haben. Natürlich ist zunächst die Versuchung groß, die Aufgaben einfach vom Kontrollblatt zu übernehmen. Dies ist zu Anfang auch in den von mir unterrichteten Klassen von einigen Schülern/innen versucht worden, stellte sich aber nach einigen Wochen nicht mehr als ein ernsthaftes Problem dar.

Die Kontrolle der Lehrerin oder des Lehrers kann sich – so wie dies auch in anderen Unterrichtsformen praktiziert wird – nicht immer auf die vollständige inhaltliche Überprüfung jeder einzelnen Schülerarbeit beziehen. Es gibt Wochenplanlehrer, die die angefertigten Arbeiten aller Schüler/innen regelmäßig am Ende der Woche mit nach Hause nehmen, um jede erledigte Aufgabe zu überprüfen. Ich meine jedoch, es ist eine totale Überforderung, wenn man versucht, alle Arbeiten von 25 oder mehr Schülerinnen und Schülern Woche für Woche im Detail zu überprüfen. In der Regel wird man sich damit begnügen müssen, die Erledigung der Aufgaben zu kontrollieren. Die neue Lehrerrolle innerhalb der Wochenplanzeiten ermöglicht es jedoch, mehr Zeit für die Beratung und Hilfestellung bei der Erledigung der Aufgaben und damit auch für die Überprüfung dort einzusetzen, wo es nötig erscheint.

Darüber hinaus sind die Wochenplanstunden und die in dieser Zeit zu erledigenden Aufgaben immer eingebunden in den gesamten Unterricht. Ich habe in »meiner« Klasse, in der ich Klassenlehrer bin, acht Stunden zur Verfügung, in denen nicht mit dem Wochenplan gearbeitet wird. Wochenplanaufgaben können hier vorbereitet werden, Ergebnisse können einbezogen, vorgetragen, miteinander verglichen, weiterbearbeitet und korrigiert werden. Solche Möglichkeiten, wenngleich zeitlich eingeschränkter, hat man auch dort, wo man nur in einem Fach mit dem Wochenplan arbeitet.

Nach einer Eingewöhnungszeit waren in den Klassen, in denen ich mit Wochenplänen gearbeitet habe, die meisten Schüler/innen in der Lage, weitgehend selbständig zu arbeiten. Viele Gespräche mit anderen Kollegen/innen bestätigten mir, daß man nach dieser ersten, stressigen und aufreibenden Phase als Lehrer/in weniger in Anspruch genommen wird. Ich konnte in allen Lerngruppen beobachten, daß die Schüler/innen es immer besser lernten, Arbeitsanweisungen zu verstehen, und daß sie sich gegenseitig die Aufgabenstellungen verdeutlichten. Der Aufbau eines Helfersystems kann diese Entwicklung beschleunigen und verstärken. Die zu Anfang zahlreichen Rückfragen verringerten sich. Auch die Lernatmosphäre gestaltete sich für den Lehrer und die Schüler/innen lockerer und weniger stressig (siehe zu diesem Aspekt auch das folgende Teilkapitel »Was fordert die Wochenplanarbeit von der Lehrerin/vom Lehrer?«).

Da ich während der Wochenplanzeit als Lehrer/in nicht durch frontale Aktivitäten gebunden bin, habe ich in einzelnen Phasen viel mehr Zeit, mich um einzelne Schülerinnen und Schüler zu kümmern und genau zu beobachten. Ich kann also immer wieder versuchen, gerade

Deutsch 7d | Vorgangsbeschreibung

Arbeitsblatt zum Wochenplan vom 16.12. - 20.12.

So setze ich einen Text

Ich finde es toll, daß wir jetzt im Nebenraum der Klasse eine Klassendruckerei haben. Ich dachte zunächst gar nicht, daß das Setzen und Drucken eines Textes so viel Spaß machen kann. Um in der Druckerei einen Text zu setzen, benötige ich einen Schriftkasten mit Lettern, Blindmaterial (Wortabstände und Zeilenabstände), ein Setzbrett, ein Setzschiff, Magneten, Stege, eine Ahle, eine Pinzette und einen Gummihammer.

Bis wir alles soweit in unserer Druckerei eingerichtet hatten, hat es eine Weile gedauert, und wir waren alle gespannt darauf, wie das mit dem Drucken eigentlich geht. Jetzt ist unser Raum schon komplett eingerichtet, und wir sind ziemlich stolz darauf, denn so etwas hat keine andere Klasse an der Schule.

Das Arbeitsmaterial lege ich mir auf dem Tisch übersichtlich zurecht. Besser wäre es, an einem Setzpult zu arbeiten, aber momentan besitzen wir noch keines in unserer Klassendruckerei. Außer dem obengenannten Material brauche ich natürlich eine handschriftliche Textvorlage, die keine Fehler mehr enthalten darf. Unser erster Text machte uns ganz schöne Schwierigkeiten, denn er enthielt noch Fehler, und wir kamen ganz mächtig ins Schwitzen, als wir die Fehler wieder ausbügeln mußten.

Zuerst nehme ich Letter für Letter aus dem Schriftkasten und lege damit die einzelnen Wörter meines Textes von rechts beginnend in Spiegelschrift auf das Satzbrett. Da die Buchstaben sehr klein sind, nehme ich, wenn dies nötig ist, die Ahle und die Pinzette zu Hilfe. Ich muß mich sehr konzentrieren, um die Arbeit richtig zu erledigen. Ich glaube, das tut mir gut, weil ich meine Aufgaben sonst oft hektisch und unkonzentriert erledige. Ich muß dabei darauf achten, die Lettern, so wie sie sich im Schriftkasten befinden, mit der Einkerbung nach unten auf das Setzbrett zu legen. Nach jedem Wort bzw. nach jedem Satzzeichen, setze ich einen Wortabstand. Die Zeilenränder fülle ich mit Blindmaterial auf.

Es ist ein gutes Gefühl zu sehen, wie sich das Setzbrett mit Buchstaben füllt. Ist das Setzbrett voll, überprüfe ich zunächst, ob ich keinen Fehler gemacht habe. Dann nehme ich Zeile für Zeile, so, wie sie sich dort befindet, vom Setzbrett in Wortblöcken herunter und montiere auf dem Setzschiff die einzelnen Zeilen, bis ich eine ganze Seite komplett habe. Die Zeilen trenne ich jeweils durch Zeilenabstände voneinander. Dabei ist mir das letzte Mal, als ich abgelenkt war und zu schnell arbeiten wollte, eine ganze Zeile umgefallen. Puh, war das eine Arbeit, sie wieder in die richtige Ordnung zu bringen.

Zum Festlegen des Drucksatzes auf dem Schiff benutze ich Stege, die ich am Rand entlanglege und durch starke Magneten so fest einbaue, daß kein Buchstabe mehr wackelt. Dies ist notwendig, um einen gut und sauber gedruckten Text zu bekommen. Zum Festklopfen der Magneten benutze ich einen Gummihammer. Ich bin stolz darauf, eine ganze Seite, Buchstabe für Buchstabe, zusammengelegt zu haben und freue mich darauf, bald den ersten Druck in der Hand zu halten. Spannung ist immer dabei, denn erst dann sehe ich, ob mir die Seite wirklich fehlerfrei gelungen ist. Nun ist alles so weit vorbereitet, daß wir mit dem Einfärben und Drucken unseres Textes beginnen können. Ich muß ehrlich sagen: Die Arbeit in unserer Druckerei macht Spaß.

Arbeitsauftrag:

Einige Sätze gehören nicht in eine Vorgangsbeschreibung, sondern in einen Erlebnisbericht. Sie enthalten persönlich Eindrücke und Erlebnisse. Unterstreiche diese Sätze und schreibe den Text neu als Vorgangsbericht.

Ein Arbeitsblatt aus der Wochenplanarbeit, das den Schülerinnen und Schülern die Selbstkontrolle ermöglichen soll.

Deutsch 7d **Vorgangsbeschreibung**

Kontrollblatt zum Wochenplan vom 16.12.-20.12.

So setze ich einen Text

Um in der Druckerei einen Text zu setzen benötige ich einen Schriftkasten mit Lettern, Blindmaterial (Wortabstände und Zeilenabstände), ein Setzbrett, ein Setzschiff, Magneten, Stege, eine Ahle, eine Pinzette und einen Gummihammer.
Das Arbeitsmaterial lege ich mir auf dem Tisch übersichtlich zurecht. Außer dem oben genannten Material brauche ich natürlich eine handschriftliche Textvorlage, die keine Fehler mehr enthalten darf.
Zuerst nehme ich Letter für Letter aus dem Schriftkasten und lege damit die einzelnen Wörter meines Textes von rechts beginnend in Spiegelschrift auf das Setzbrett. Da die Buchstaben sehr klein sind, nehme ich, wenn dies nötig ist, die Ahle und die Pinzette zuhilfe. Ich muß dabei darauf achten, die Lettern, so wie sie ich im Schriftkasten befinden, mit der Einkerbung nach unten, auf das Setzbrett zu legen.
Nach jedem Wort bzw. nach jedem Satzzeichen setzte ich einen Wortabstand. Die Zeilenränder fülle ich mit Blindmaterial auf.
Ist das Setzbrett voll, überprüfe ich zunächst, ob ich keinen Fehler gemacht habe. Dann nehme ich Zeile für Zeile, so wie sie sich dort befindet, vom Setzbrett in Wortblöcken herunter und montiere auf dem Setzschiff die einzelnen Zeilen, bis ich eine ganze Seite komplett habe. Die Zeilen trenne ich jeweils durch Zeilenabstände voneinander.
Zum Festlegen des Drucksatzes auf dem Schiff benutze ich Stege, die ich am Rand entlang lege und durch starke Magneten so fest einbaue, daß kein Buchstabe mehr wackelt. Dies ist notwendig, um einen gut und sauber gedruckten Text zu bekommen. Zum Festklopfen der Magneten nehme ich einen Gummihammer.
Nun ist alles soweit vorbereitet, daß wir mit dem Einfarben und Drucken unseres Textes beginnen können.

Kontrollblatt
zum Arbeitsblatt

Der Bach kann ein wenig
des Giftes abbauen durch
Steine, Muscheln und kleine
Tiere. Deswegen können
manche Insekten und Pflan-
zen überleben. Es dauert
sehr lange, bis der Gold-
bach sich wieder erholt hat.

jenen, die schleppend beginnen, Hilfestellungen zu geben und mich im Verlauf der Wochenplanstunden besonders um die Leistungsschwächeren bemühen. Das war für mich zu Beginn nicht leicht, da ich die Schüler/innen erst kennenlernen mußte. Auch ich mußte nach und nach Erfahrungen mit der neuen Unterrichtsstruktur sammeln, gestaltete die Kontrollen zum Teil zu aufwendig und bekam selbst erst nach und nach den »Durchblick«. Hat man als Lehrer erst ein wenig Übung und Erfahrung in dieser neuen Unterrichtsform, läßt sich im Wochenplanunterricht vieles ohne großen Organisationsaufwand nebenbei erledigen. So bieten sich viele Möglichkeiten, dem Bedürfnis der Schüler/innen nach gezielter Rückmeldung, Bestätigung und Kritik nachzukommen. Auf diese Weise lassen sich auch ungeeignete Methoden, individueller Übungsbedarf und Fehlentwicklungen bei einzelnen erkennen.

Die von mir aufgestellten Wochenpläne enthalten in jeder Rubrik einen Abschnitt, in dem das Datum der Ausführung der Aufgabe einzutragen ist und in dem der Lehrer die Erledigung der Aufgabe durch Unterschrift bescheinigt. Eine im Klassenraum aushängende Liste, in die die Schüler/innen alle bearbeiteten Aufgaben eintragen, verschafft mir als Lehrer und auch meinen Schülern/innen eine schnelle Orientierungsmöglichkeit. Dadurch gelingt es, Hilfen gezielt einzusetzen.

Richard Meier und Hanne Mayer-Behrens schlagen vor, eine eigene Kartei oder ein eigenes Buch zu führen: »Systematisch sollte hier eingetragen werden, welche Aufgaben bearbeitet wurden. Darüber hinaus müssen Eintragungen zum Arbeitsverhalten, zur Arbeitsmethode, zum Tempo, zur Verläßlichkeit, zur Aufgabenwahl und zur zeitlichen Folge die sichere Leitung und Beratung jedes Kindes möglich machen. So läßt sich die Entwicklung jedes Kindes verfolgen, so lassen sich neben den allgemeinen Aufgabenpensen individuelle Pensen und besondere Aufgaben relativ sicher bestimmen.«[75]

Eine völlig andere Form der Kontrolle und Bewertung geschieht über die Veröffentlichung von Wochenplanergebnissen. Einige Produkte der Wochenplanarbeit werden regelmäßig im Wochenabschlußgespräch vorgestellt. Hier werden sie diskutiert, kommentiert und bewertet und erhalten dadurch einen völlig neuen Stellenwert. Manchmal sind Ergebnisse auch über einen längeren Zeitraum im Klassenraum oder an Dokumentationswänden im Schulgebäude zu sehen und sind so der öffentlichen Begutachtung und Kritik zugänglich. Bei projektorientierten Wochenplänen (siehe Abschnitt 5.4 und 6.3) werden Ergebnisse sogar über die Grenzen der Schule hinausgetragen und erfahren dadurch eine Evaluation in der außerschulischen Realität. Den Kindern und Jugendlichen wird gerade in solchen Situationen deutlich, daß sie in der Schule nicht nur Probe- und Scheinhandlungen ausführen, sondern ihre Produkte auch ein Beitrag zu Diskussionen innerhalb der Gemeinde leisten können.

Wie vielfältig Lernergebnisse dargestellt und angewendet werden können (und das nicht nur im Wochenplanunterricht), zeigt die Auflistung »Lernergebnisse darstellen und anwenden«.[76] Aus der Vielfalt der Darstellungsmöglichkeiten ergibt sich natürlich auch eine Vielfalt der Bewertungsmöglichkeiten, die im Einzelfalle zu klären und den Schülern/innen offenzulegen sind bzw. mit ihnen gemeinsam entwickelt werden müssen.

75 Meier/Mayer-Behrens, S. 35.

76 Ich orientiere mich bei dieser Auflistung weitgehend an: Scholz, L.: Der Griff in die »Methodenkiste«. In: Praxis Schule 5–10, Heft 6/1992, S. 18.

Lernergebnisse darstellen und anwenden[77]

- *Karten anfertigen, in Karten (Umrißkarten) etwas eintragen;*
- *Tafelbilder zeichenen, Folien entwickeln;*
- *Berichte anfertigen, Materialien zusammenstellen;*
- *Dokumentationen, Informationssammlungen, Quellensammlungen erstellen;*
- *Thesen formulieren, konträre Meinungen gegenüberstellen;*
- *Aufgaben für Mitschülerinnen und Mitschüler formulieren;*
- *einen Lückentext und das dazugehörige Kontrollblatt entwerfen;*
- *Übungen zur Wiederholung und Vertiefung ausdenken;*
- *eine Fragenkartei (mit Lösungen) anlegen;*
- *Fehlergeschichten schreiben;*
- *Wandzeitungen gestalten, Plakate entwerfen, Collagen anfertigen;*
- *Flugblätter gestalten;*
- *Geschichten schreiben;*
- *Reportagen oder Hörspiele schreiben und umsetzen;*
- *Foto-, Bilder-, Dia-Reihen, Video-Sequenzen erstellen;*
- *einen Leitfaden, einen Katalog, einen Prospekt, eine Broschüre, eine (illustrierte) Zeitung erstellen;*
- *einen (Geschichts-)Fries entwerfen;*
- *Bildergeschichten zusammenstellen, einen Comic entwickeln;*
- *Lieder texten, Gedichte schreiben;*
- *eine Pro-und-Kontra-Debatte, ein Streitgespräch führen;*
- *eine Talk-Show durchführen;*
- *Spiele entwickeln (Brett- und Würfelspiele);*
- *Rätsel entwerfen (Kreuzwort-, Silben-, Balkenrätsel, Rätselschlangen);*
- *ein Quiz, ein Ratespiel entwickeln;*
- *ein Puzzle anfertigen;*
- *ein Modell basteln;*
- *eine Rallye oder ein Erkundungsspiel entwerfen;*
- *szenische Darbietungen vorführen (z.B. historische Szenen durch Rollenspiele);*
- *Personen (Betroffene, Experten) einbeziehen;*
- *eine Ausstellung gestalten;*
- *Versammlungen besuchen;*
- *an Kundgebungen teilnehmen;*
- *(Leser-)Briefe schreiben;*
- *Eingaben machen, Anfragen richten;*
- *Anträge stellen;*
- *Beiträge für die Schulzeitung schreiben;*
- *Unterschriftenaktionen durchführen;*
- *einen Infostand gestalten.*

77 Siehe dazu: Scholz, S. 18; s.a. Hecker, U.: Praxismappe Freiarbeit, Bd. 1. Mülheim: Verlag an der Ruhr 1989, S. 58.

3.7 Was fordert die Wochenplanarbeit von der Lehrerin/vom Lehrer?

Der Wochenplanunterricht bietet der Lehrerin und dem Lehrer viele Möglichkeiten zur Beobachtung, da sich die Lehrerrolle stark verändert hat. Während man in gemeinsamen Phasen meist mehr oder weniger stark lenkt und versuchen muß, die Aufmerksamkeit der Schüler/innen auf das bearbeite Thema zu konzentrieren, übernimmt der Lehrer oder die Lehrerin in den Wochenplanphasen vor allem beratende Funktion. Die vorbereitende Arbeit des Wochenplanunterrichts liegt natürlich in erster Linie bei den Lehrern/innen. Wochenplanarbeit bedeutet die Verlagerung eines erheblichen Teil des Arbeitsaufwandes in die Vorbereitung: Themen für den Wochenplan müssen überlegt, Aufgaben formuliert werden, Materialien müssen zur Verfügung gestellt, z. T. auch erst selbst erarbeitet werden. Als Ergebnis aus all diesen Vorüberlegungen sind schließlich die kompletten Wochenpläne am Schreibtisch des Lehrers zu erstellen, die dann für die Schülerinnen und Schüler vervielfältigt werden müssen.

Die Formulierung der Aufgaben durch die Lehrer/innen ist das Wichtigste am gesamten Wochenplan. Die Aufgaben und die schülergemäßen Formulierungen entscheiden über die Qualität des Plans. Die meisten Aufgaben werden »das Üben bereits bekannter Gegenstände, das Übertragen und Anwenden von Gelerntem und schließlich das selbständige Herangehen an einen neuen Stoff ... zum Inhalt haben.«[78] Es ist sinnvoll, mit der sich entwickelnden Selbständigkeit und der Vertrautheit mit dem Plan auch die Qualifikationsanforderungen der Aufgaben weiterzuentwickeln. Die Einbeziehung der Schüler/innen bei der Aufgabenformulierung muß schrittweise in Gang gesetzt werden. Hierzu bietet sich die Möglichkeit, bei der Abschlußbesprechung des letzten Wochenplanes zumindest einen Teil der Wochenplanaufgaben für den folgenden gemeinsam zu finden. Dazu ist es notwendig, in den Wochenabschlußgesprächen genau hinzuhören, um herauszufinden, welche Aufgaben im Horizont der Schüler/innen liegen und welche Themen sie interessieren. Aufgaben, die man als Lehrer/in vorgesehen hat, können so mit jenen Aufgaben und Aktivitäten kombiniert werden, die von seiten der Schüler/innen vorgeschlagen worden sind.

Wochenplanarbeit erfordert es, den Verlauf einer gesamten Unterrichtswoche im vorhinein zu strukturieren, da ja auch jene Stunden, in denen keine Wochenplanarbeit stattfindet, Bezug auf die dort formulierten Aufgabenstellungen nehmen müssen. Das ist zunächst ein erheblicher Mehraufwand an Vorplanung, der sich aber im Zeitbudget während der Unterrichtswoche positiv auswirkt. Nicht nur den Schülerinnen und Schülern ist durch den Wochenplan klar, was auf sie im Verlauf der nächsten Tage zukommt, auch vor dem Lehrer/der Lehrerin liegt die Planung der Unterrichtswoche offen, und man hat keine stressigen und gerade wegen des Handlungsdrucks oft aufwendigen, unökonomischen »Spontanplanungen« mehr während der restlichen Woche durchzuführen. Das alles setzt natürlich voraus, den Lernstand der Schüler/innen genau zu erfassen und ihre Leistungsentwicklung zu verfolgen, dazu eröffnen die Wochenplanstunden vielfältige Möglichkeiten.

Während der Wochenplanstunden ist eine veränderte Lehrerrolle notwendig. Da man vom »Unterrichten« im traditionellen Sinne während der Wochenplanstunden entbunden ist, hat man Zeit für individuelle Beratung und ist frei für die Beobachtung von einzelnen Kindern bzw. Jugendlichen. Als besonders angenehm empfinde ich es immer wieder, daß man Zeit hat, auf die Fragen der Jugendlichen einzugehen, und sie dadurch auch merken, daß sie ernst genommen werden. Wenn Wochenplanarbeit, nach den anfangs überall zu beobachtenden Schwierigkeiten, erst einmal funktioniert, bedeutet dies eine Entlastung und Entstressung des

78 Krüger, S. 45.

Unterrichtsvormittages. Viele Kolleginnen und Kollegen haben mir in Gesprächen bestätigt, daß der Unterrichtsvormittag während des Wochenplanes für sie weniger anstrengend geworden ist und somit eine echte Entschädigung für den zeitlichen Mehraufwand bei der Planung bietet. Das bestätigt auch die folgende Aussage von Maren Böddener: »Anfangs hatte ich große Probleme mit meiner veränderten Lehrerrolle, war ich es doch gewohnt, überall einzugreifen, aufzupassen ... Heute bin ich froh, daß ich das nicht mehr in dem Maße tun muß. Der Vormittag kostet mich nicht mehr soviel Kraft wie früher.«[79]

Böddener schreibt über ihre Aufgaben, die sie während der Wochenplanstunden hat, folgendes: »Ich stecke den Rahmen für die Pflichtaufgaben ab und achte auf die Einhaltung der Regeln, was mittlerweile kaum noch erforderlich ist. Die Kinder arbeiten und entscheiden selbständig. Ich werde oft nur noch zu Rate gezogen, wenn Probleme und Fragen entstehen oder wenn ich eine Arbeit würdigen soll. ... Ich erkläre und helfe nur dann, wenn es wirklich erforderlich ist. In der Regel helfen sich die Kinder gegenseitig.«[80]

Eine weitere Anforderung an die Lehrerin oder den Lehrer, neben den hier erwähnten, liegt darin, die Schülerarbeiten, die während des Wochenplanes entstehen, entsprechend zu würdigen. Auf die Kontrolle und Auswertung der Wochenplanarbeiten ist im vorigen Abschnitt schon ausführlich Bezug genommen worden. Betont sei in diesem Zusammenhang noch einmal, daß sich die Kontrolle nicht in erster Linie auf die Richtigkeit der Aufgaben beziehen kann, sondern zunächst ausschließlich darauf, ob die Wochenplanarbeiten gemacht worden sind. Die Überprüfung, ob die Aufgaben richtig sind, geschieht in vielen Fällen durch die Schüler/innen selbst in Partner- oder Selbstkontrolle (Lösungsblätter, Lehrerbände...). Aufräumen möchte ich hier mit der »Horrorvostellung«, Wochenplanlehrer/innen seien Lehrer/innen, die ständig stapelweise Wochenplanarbeiten ihrer Schüler/innen mit nach Hause schleppen und diese vorzugsweise am Wochenende kontrollieren.

Eine Reflexion von Ulrike Jürgens über ihre Rolle während der Wochenplan- und Freiarbeitsphasen, die ich im folgenden wiedergebe, faßt noch einmal zentrale Aspekte, die von mir angesprochen wurden, zusammen: »Der entscheidende Punkt ist ... nicht die Mehrbelastung, sondern die veränderte Rolle: In der Freien Arbeit ist der Lehrer/die Lehrerin nicht mehr die Person, die den Unterrichtsverlauf bestimmt, die als einzige Wissen vermittelt, nicht mehr die einzige Kontrollinstanz, kurz: nicht mehr die alleinige Unterrichtsautorität. Er/sie muß sich zurücknehmen, damit die Kinder sich in diesem Freiraum auch wirklich entfalten können. Das hat keiner in seiner Ausbildung gelernt! Die Erkenntnis: Die Kinder arbeiten auch ohne mich, sie brauchen mich in dieser Phase gar nicht, ist für manche Lehrperson nur schwer zu akzeptieren.«[81]

Eckart Wilkesmann bestätigt in einem Beitrag über Wochenplanarbeit im Gesellschaftslehreunterricht, daß sich solch »anderes« Arbeiten auszahlt: »Um einen Wochenplan zu erstellen, brauche ich manchmal eine Stunde, oft geht es aber auch schneller. Die Ideen für neue Aufgabenstellungen entwickle ich aus den vorhandenen Unterrichtsmaterialien, aus

79 Böddener, M.: Offene Lernsituationen – ein neuer Beginn. In: Claussen u.a., S. 28f.
80 Böddener, S. 28.
81 Jürgens, U.: Differenzierung durch freie Arbeit – Utopie oder Wirklichkeit? In: Claussen u.a., S. 48.

Reflexion über Wochenplanarbeit

Der folgende Fragenkatalog[82] soll Lehrerinnen und Lehrern bei der Reflexion über ihre Wochenplanerfahrungen eine Hilfe sein.

- *Wochenplaneingabe/Wochenplananlage*
  - *In welcher Form werden die Wochenpläne eingegeben (als Arbeitsblatt, als Plakat, als Tafeltext oder Folie, als Langzeitaufgabe)?*
  - *Ist der Plan überschaubar und ansprechend gestaltet?*
  - *Werden die Wochenpläne besprochen? Haben die Schüler/innen Möglichkeiten, einen Überblick zu gewinnen und Rückfragen vor Beginn der Arbeit zu stellen (z.B. im Morgenkreis)?*
  - *Werden unabhängig von der Eingabeform die zentralen Wochenplankriterien berücksichtigt (Differenzierung, Individualisierung, Interaktion, Überschaubarkeit)?*
- *Organisationsstruktur*
  - *Welche Organisationsprobleme lassen sich bei den Schülern/innen registrieren (Einteilung der Arbeit, Verständnis der Aufgaben, Erledigung von Pflicht- und Zusatzaufgaben, Arbeit zu Hause, Eintragen in die Liste, Abheften der Wochenpläne)?*
  - *Welche Organisationsprobleme lassen sich bei den Lehrern/innen registrieren? (Liegen die Wochenpläne und die dazugehörigen Materialien rechtzeitig vor? Sind die Aufgaben so formuliert, daß die Schüler/innen selbständig arbeiten können? Werden die Pläne der Schüler/innen kontrolliert? Bekommen sie eine Rückmeldung?)*
- *Differenzierung*
  - *Auf welche Weise erfolgt Differenzierung innerhalb der Wochenpläne (Pflichtaufgaben, Wahlaufgaben, Zusatzaufgaben)?*
  - *Welchen Anspruch haben die Wochenplanaufgaben qualitativ und quantitativ?*
- *Soziales Lernen*
  - *Erfordert der Wochenplan ausschließlich Einzelarbeit, oder wird die Interaktion und Kooperation zwischen den Schülern/innen gefördert?*
  - *Gibt es ein Helfersystem? Wie funktioniert es? Hält sich der Lehrer bei Bearbeitungsschwierigkeiten zurück und verweist auf Hilfsmaterialien und Helfersystem?*
- *Kontrolle/Rückmeldung*
  - *Wird jeder Wochenplan vollständig nachgesehen?*
  - *Erfolgt die Rückmeldung auf dem Wochenplanblatt für jeden Schüler/jede Schülerin?*
  - *Haben Schüler Möglichkeiten zur Selbst- und Partnerkontrolle?*
  - *Werden die Wochenplanarbeiten in den darauffolgenden Unterricht einbezogen?*
  - *Findet eine Wochenplanbesprechungs-/-korrekturstunde statt?*

82 Die Idee zu einem solchen Fragenkatalog entnahm ich aus: Gesamtschule Ahlen, S. 5.

Fragestellungen, die die Kinder während der Arbeit äußern, und den Arbeitsergebnissen des letzten Wochenplans. Insofern kumuliert sich die Arbeit am Wochenende oder an einem beliebigen anderen Tag. Diese punktuelle Mehrarbeit bringt auf der anderen Seite einen großen Vorteil für mich und wirkt sich von daher wieder entlastend aus: Ich habe den gesamten Kernunterricht für die Woche durchstrukturiert und nicht nur für die nachfolgende Stunde. Die verbleibenden Stunden ranken sich mehr oder weniger um die Wochenplanstunden herum. Hier werden besondere Aspekte des Themas gemeinsam wiederholt oder vertieft ...«[83]

Die Anforderungen, die auf die Lehrer/innen durch die Wochenplanarbeit zukommen, lassen sich in folgenden Stichpunkten zusammenfassen:

- Ideen sammeln während der Abschlußbesprechung des letzten Wochenplanes mit den Schülern/innen.
- Vorbereiten des Wochenplanes am Schreibtisch, dabei Kombinieren der Lehreraufgabenstellungen mit den Schülervorschlägen.
- Kopieren der Wochenpläne und der zugehörigen Arbeitsblätter, Bereitstellen der übrigen Materialien.
- Einführung des Wochenplanes in der Klasse (z.B. im Montagskreis).
- Während der Wochenplanstunden: Beobachtung, Beratung und Einzelhilfe bei Schwierigkeiten; Vorschläge und Anregungen machen.
- Kontrolle, Rückmeldung und Bestätigung nach Erledigung der Aufgaben.
- Organisieren des Zusammentragens von Wochenplanergebnissen; Schaffung von Möglichkeiten zur Wochenplankritik (Abschlußgesprächskreis oder Klassenunterricht).

3.8 Was fordert die Wochenplanarbeit von der Schülerin/vom Schüler?

Man muß sich klarmachen, daß bei der Wochenplanarbeit von den Schülerinnen und Schülern viel mehr verlangt wird als im Frontalunterricht. Im Frontalunterricht haben sie vielfältige Möglichkeiten, sich zu verstecken, zu »maskieren« und möglichst geschickt zu taktieren. Aktivität wird von ihnen nur in einem geringeren Teil des Unterrichts gefordert. Schon nach wenigen Jahren werden Schüler/innen »geradezu Profis in der Wahrnehmung der Schülerrolle«[84] und setzen ihre Aktivitäten dosiert ein, um dann wieder »abtauchen« zu können. Dies alles ist bei der Wochenplanarbeit nicht möglich. Man kann sich nicht innerhalb der Gruppe verstecken, von jedem einzelnen werden vorweisbare Ergebnisse gefordert.

Von den Schülerinnen und Schülern wird bei der Wochenplanarbeit ein hohes Maß an Eigenverantwortlichkeit und Selbständigkeit verlangt, z.B. bei Aufgabenerständnis, der Aufgabenauswahl, der Zeiteinteilung und der Ergebniskontrolle. »Sieht man sich etwa in Sekundarstufenklassen um, in denen Schüler trotz einfachster Aufgabenstellung im Sprachbuch immer noch den Lehrer fragen, was sie denn nun eigentlich tun sollen, in denen sie es gewohnt sind, mit den Hausaufgaben lediglich bis zum Tellerrand der nächsten Tages vorauszuplanen, in denen sie sich damit begnügen, nur das zu tun, was ihnen vorgesetzt wird, und in denen sie hinsichtlich der Lernergebnisse versuchen, wenn es irgend geht, den Lehrer hinters Licht zu führen – dann wird das Ausmaß des Umlernens deutlich, wenn man mit dem bescheidensten Wochenplan-Unterricht anfängt und dem Schüler einen selbst zu verantwortenden Auftragszettel in die Hand gibt.«[85]

83 Wilkesmann, S. 12.
84 Meyer, S. 202.
85 Krüger, S. 49.

Nicht weniger wichtig als die hier genannten Fähigkeiten, die bei der Wochenplanarbeit eine wichtige Rolle spielen, sind soziale Kompetenzen, die von den Lernenden gefordert werden, wie etwa: anderen helfen, mit ihnen kooperieren, Verantwortung tragen, Rücksichtnahme sowie Toleranz und Disziplin.[86]

Diese Fähigkeiten sind gleichzeitig Voraussetzungen und dauerhaftes Ziel des Wochenplanunterrichts. Für die Anfangssituation kann dies bedeuten, daß zunächst das schrittweise Erlernen dieser Fähigkeiten, insbesondere die Förderung der Selbständigkeit, im Vordergrund steht und andere Zielsetzungen demgegenüber zurücktreten. Was Friedrich Gervé für die Freiarbeit formuliert, hat genauso für den Wochenplanunterricht Geltung: »Kinder wie Lehrerin brauchen Zeit und einen planvollen Weg kleiner Schritte, bis sie mit der Freiheit im Lernen umgehen können«.[87]

Die völlig neuen und viel komplexeren Anforderungen, die gestellt werden, irritieren natürlich einige Schüler/innen zunächst. Sie versuchen, sich den Anforderungen zu entziehen, den Lehrer »hinters Licht« zu führen, und erledigen Wochenplanarbeiten nicht oder nur mangelhaft. Die Versuchung ist bei manchen Schülern/innen groß, die neuen Freiheiten zu mißbrauchen, indem sie den Unterricht stören oder die Leistung verweigern. Dies tritt vor allem dann auf, wenn sie zuvor einen besonders rigiden Unterrichtsstil gewöhnt waren. Die Ursachen dafür, daß Schüler/innen einer Arbeit ausweichen, können vielfältig sein: Die begonnene Arbeit macht keinen Spaß mehr, man hat andere, interessantere Dinge vor, der Schüler hat Lernschwierigkeiten auf dem geforderten Gebiet u.a.m. Die Lernenden befinden sich darüber hinaus in einer ständigen Verführungssituation: »Jetzt könnte ich eigentlich mit meinem Nachbarn reden!«

Hier kann und muß man Orientierungshilfen geben, um eine Änderung des Arbeitsverhaltens zu erreichen. Insbesondere die »schwierigen« Schülerinnen und Schüler, denen es an Selbstkontrolle (noch) fehlt, brauchen diese Orientierung. Sie haben Probleme, sich in den Wochenplan-Arbeitsphasen, in denen die Fremdsteuerung durch den Lehrer minimiert wird, zurechtzufinden. Auch unter Berücksichtigung dieser Situation ist davor zu warnen, den Wochenplan mißzuverstehen als ein Instrument zur Lösung dieser (aller) Probleme – vielleicht kann er eine Hilfe sein. Die Wochenplanarbeit sollte einen wichtigen Stellenwert haben, darf jedoch nicht überstrapaziert, nicht instrumentalisiert werden. Neben dem Wochenplan haben andere, auch »traditionelle« Unterrichtsmethoden, vor allem in ihrer Kombinationswirkung mit dem stärker selbstgesteuerten Lernen, weiterhin eine wichtige soziale und pädagogische Funktion.

Problemsituationen sollten zum Anlaß genommen werden, sie in (Kreis-)Gesprächen mit den Schülern/innen zu thematisieren und gemeinsam nach Lösungen zu suchen. Man sollte immer mit den Schülern/innen über den Wochenplan und die während der Wochenplanarbeit gezeigten Verhaltensweisen im Gespräch bleiben, über positive Aspekte der Wochenplanarbeit ebenso wie über kritische Anmerkungen. Ob dies alles aber dazu führt, daß eine wirkliche Verhaltensstabilität der Schülerinnen und Schüler auch in schwierigen Lerngruppen erreicht werden kann, hängt nicht zuletzt von der Weiterentwicklung der Wochenplanarbeit ab, d.h. davon, ob die Schüler/innen sich wirklich mit ihren Interessen dort wiederfinden und der

86 Vgl. dazu auch: Gervé, F.: Freiarbeit. Was ist das? Wie geht das? Wie fange ich an? Beispiele. Materialien. Hilfen. Adressen. Lichtenau: AOL-Verlag 1991 (AOL-Hosentaschenbuch Nummer 13), S. 35; siehe dazu auch ausf. das Teilkapitel dieses Buches »Welche (Schlüssel-)Qualifikationen können bei der Wochenplanarbeit erworben werden?«.

87 Gervé, S. 36.

Wochenplan nicht nur vom Lehrer gegen seine Schülerinnen und Schüler »durchgesetzt« wird. Denn für sie heißt Selbständigkeit nicht allein, die vom Lehrer zunächst weitgehend vorgegebenen Aufgaben zu bewältigen, sondern auch Kontaktaufnahme, Störungsberechtigung, Aggressionsaustausch und Berechtigung der Existenz eines eigenen Curriculums.

Ich konnte in verschiedenen Lerngruppen feststellen, daß nach einiger Zeit alle Schülerinnen und Schüler während der Wochenplanarbeitszeiten mehr oder weniger konsequent arbeiten, ja selbst einige derjenigen neu zum Arbeiten motiviert worden sind, die zunächst schulunlustig und demotiviert waren. Über die Wochenplanarbeit ist es gelungen, gerade diesen zu einem neuen Motivationsschub zu verhelfen. Die Wochenplanarbeit eröffnet die Möglichkeit, auch die kleinsten Lernforschritte immer wieder zu bestätigen, was gerade für diese Schüler/innen von besonderer Bedeutung ist. Es ist kaum zu glauben, welche anspornende Wirkung der erste vollständig bearbeitete Wochenplan für manche Schüler/innen hatte. Die meisten Schülerinnen arbeiten am Wochenplan konsequenter, mit mehr Durchhaltevermögen und mit besseren Ergebnissen als im Klassenunterricht.

4. Lernzelle oder Lernwerkstatt?

4.1 (Schulraum-)Geschichten

Willi Mollenhauer erzählt in seinem Heft »Lernwerkstatt. Bemerkungen zu Schulräumen«[88] zwei Schulraumgeschichten, die viel Anregung bieten, um über die Veränderung der Lernumgebung für unsere Schülerinnen und Schüler nachzudenken. Als einen solchen Denkanstoß möchte ich diese Geschichten hier ungekürzt auf den Leser wirken lassen.

> »Es war einmal ein Lehrer, der saß – sein Pfeifchen schmauchend – auf einer sonnenbeschienen Bank an der Südseite seines Schulhauses und blickte zufrieden auf seine Schülerschar, die sich eifrig im Schulgarten mit der Frühjahrsbestellung der Beete beschäftigte.
> Nach einer Weile rief er die 11- bis 15jährigen zu sich, vertraute die Jüngeren seiner Kollegin an, und dann rückten alle in die beiden Schulsäle ein. Zuvor trugen zwei Jungen die Gartengeräte in den Schuppen, um sie zu reinigen und zu ordnen.
> Im großen Klassensaal begann sodann die Arbeit. Einige Mädchen begannen zu schreiben, andere nahmen sich Bücher aus dem Regal, um zu lesen, eine kleine Gruppe machte sich mit Zirkeln und Dreiecken zu schaffen, wieder andere nahmen den Keimungsversuch auf der Fensterbank in Augenschein. In einer Ecke stand ein Pult mit Lettern, und ein älterer Junge setzte dort einen Text.
> Der Lehrer ging von einer Gruppe zur anderen, half den Mädchen bei der Satzbildung, ließ sich ein wenig vorlesen, lobte die technischen Zeichnungen, drehte dem Setzer eine falsch plazierte Letter richtig und ließ sich von Annegret erzählen, wie es denn der kranken Großmutter ginge. Dann begann er, einige selbstgebaute Geräte auf seinem Lehrerpult bereitzustellen, die er aus dem Schrank mit der physikalischen Sammlung herbeiholte. Morgen wollte er mit den Schülern und Schülerinnen einen Versuch durchführen und besprechen. Kurz vor Schulschluß rief er zum Aufräumen, machte ein paar pantomimische Übungen – sehr zur Erheiterung der Kinder – und sang noch einmal mit ihnen den neu gelernten Kanon. Munter plappernd hängten die Schülerinnen und Schüler nun ihre Ranzen über die Schultern, der Lehrer die Gitarre an die Wand, und bald lag die Schulstube still da. Nur das menschliche Skelett baumelte noch eine Weile am Haken. Leicht beleidigt schien es, hatte sich doch heute aber auch niemand mit ihm abgegeben. Dabei war es doch so reizend anzuschauen.«[89]

88 Mollenhauer, W.: Lernwerkstatt. Bemerkungen zu Schul-Räumen, in denen Schüler/innen lernen. Handlungsorientierter Unterricht in der Sekundarstufe I. Wiesbaden: Hessisches Institut für Bildungsplanung und Schulentwicklung 1993.

89 Mollenhauer, S. 1.

»Die Zeit des Zweiten Weltkriegs und die Nachkriegszeit gingen an der Schule nicht ohne Auswirkungen vorüber. Die alte Volksschule wurde allmählich überall zugemacht, denn sie taugte nicht mehr für die neue Zeit, das war klar. Die neue Zeit war kompliziert und schnell. Industrie und Demokratie stellten neue Regeln auf und forderten neue Leistungen. In einer neuen Schule sollten alle Kinder ganz schnell ganz viel lernen! Außerdem sollte es demokratischer zugehen. So eine Schule war freilich nicht ganz einfach zu finden, und so erfand man mit der Zeit eine ganze Reihe neuartiger Schulformen. ...
Jedenfalls änderte sich nun viel!
Die Schulhäuser wurden jetzt groß.
An manchen Orten besuchten bis zu 3.000 Kinder eine Schule. So eine Schule hatte einen eigenen Busbahnhof.
Die Lehrer wurden zu gut bezahlten Spezialisten ausgebildet, die sich in zwei Fachgebieten sehr schlau machten, jedoch von anderen Fachgebieten lieber die Finger lassen wollten. Der Musiklehrer mochte nicht mehr zum Zirkel greifen und die Mathematiklehrerin nicht mehr zur Gitarre.
Die Schülerinnen und Schüler strömten ständig durch das riesige Schulgebäude hin und her. Ihre Wanderung führte sie im Laufe der Woche durch viele neue, wunderbare Räume, die man für das schnelle Lernen erdacht hatte. Da gab es Hörsäle für Physik, Chemie und Biologie mit ansteigenden Sitzreihen wie in einer Universität. Es fanden sich Küchen, Werkstätten aller Art, in denen man Holz, Metall oder Keramik bearbeiten konnte, ja sogar Nähmaschinenräume. Musik erklang in einem Raum, in dem ein Klavier oder sogar Flügel stand, auf dem die Lehrerin fabelhaft spielen konnte, oder in einem Orff-Raum, in dem die Schüler und Schülerinnen selbst Töne klopften. Jede Schule bot Turnhalle und Sportplatz. Sprachen lernten die Kinder in eigenen Sprachlabors. Doch damit nicht genug: Ein Schreibmaschinenraum, ein Filmraum-Fotolabor, ein Raum für Technisches Zeichnen, ein Computerraum durften nicht fehlen.
Überall tauchten Maschinen auf, die den Lehrkräften halfen, in ganz kurzer Zeit riesige Informationsmengen vor den Schülern auszuschütten. Filmgeräte, Diaprojektoren, Overheadprojektoren, Tonbänder, Fernseh- und Videogeräte, hochwertige physikalische und chemische Versuchsapparaturen, Kopierer und Druckmaschinen zur Vervielfältigung von Arbeitsblättern bildeten einen beeindruckenden Maschinenpark, so daß man bald sogar das Wort ›Lernfabrik‹ benutzte, wenn von der Schule die Rede war.
So, nun war sie fertig, die Schule, in der alle Kinder ganz schnell ganz viel lernen konnten, und viele Baumeister waren sehr stolz auf dieses Werk. Sie hatten nicht gespart, denn sie wollten ja Chancengleichheit und eine gute Ausbildung und Vorbereitung auf das berufliche und gesellschaftliche Leben für alle schaffen.
Nun ging es an die Unterrichtsarbeit.
Die Schülerinnen und Schüler begaben sich auf die wöchentliche Rundreise. Auf dem Weg zu den Fachräumen ging freilich viel Zeit verloren, so daß mancher Fachlehrer schon ungeduldig wartete, denn er hatte sich viel für seine Unterrichtsstunde vorgenommen. Aber ach! Die Kinder brauchten so lange, bis sie endlich saßen, auspackten und sich beruhigten. Dann fiel zu allem Unglück eine Maschine mit technischen Defekt aus. Häufig konnte das benötigte Gerät auch nicht schnell gefunden werden, da einer der vielen Fachkollegen es in der Eile nicht ordentlich an seinen Platz abgestellt hatte.
So ein Fachlehrer, so eine Fachlehrerin, sie sahen in einer Woche gar viele, viele Kinder an sich vorüberziehen. Da wurde es ihnen manchmal ganz unmöglich, die Namen auf der Klassenliste und die dazugehörigen Gesichter und die dazu passenden Leistungen mitein-

ander in Verbindung zu bringen. Lehrkräfte sowie Schülerinnen und Schüler kannten sich nur noch selten, und nach einer kranken Großmutter fragte nun niemand mehr.
Es stand so viel Stoff in den Lehrplänen, und alle Lehrkräfte betrachteten ›IHR‹ Fach als ein Hauptfach. Sie mühten sich emsig, in der immer knapperen Zeit die vielen Themen und Probleme vorzutragen, und ihre Fragen hatten zumeist nur das Ziel herauszufinden, was in den Köpfen der Kinder ›hängengeblieben‹ war.
Die Schülerinnen und Schüler hatten es auch nicht ganz leicht. Der Arbeitstag begann für viele früh, mußten sie doch häufig weit zur Schule fahren. Das war keine lustige Reise im vollen Bus, und auch auf dem Heimweg begleiteten Gedrängel, Streitereien und Ärger. Den Zickzacklauf im 45-Minuten-Takt von acht bis eins empfanden manche als einen einzigen Streß. Alle paar Minuten ein neuer Raum, ein anderes Fach, eine andere Lehrperson, andere Gruppenzusammensetzungen, andere Verhaltensregeln, andere Lerntechniken, unterschiedlichste Anforderungen und Anstrengungen – da mußte einer schon ein Lernherkules sein, um das auf die Reihe zu kriegen. Ärgerlich fand man in Schülerkreisen auch das ›ewige Zulabern‹ der Lehrer/innen oder deren Angewohnheit, alles in die Hausaufgaben zu packen, was sie in der Stunde nicht bewältigten. Würde es wenigstens eine entspannende Pause geben, in der man gemütlich in der Ecke sitzen, was Warmes trinken, Karten oder Fußball spielen könnte. Und wie dringend hätte jetzt mancher eine Zigarette gebraucht. Aber, oh großer Zoff …
Warme Ecken, Spielräume, die hatte man beim Schulebauen glatt vergessen.
Die Lehrer und Lehrerinnen hatten wenigstens ihr Lehrerzimmer. Allerdings sah man sie dort auch nicht mehr auf sonnenbeschienenen Bänken sitzen. Eher hastig verbrachten sie die Pausen damit, das große Getriebe der Schule zu warten und zu verwalten und den Sand im Getriebe zu beklagen, wobei so manche recht nevös an ihren Zigaretten saugten.
Denn obgleich es viele lernwillige und -bereite Schüler/innen gab, die mit Erfolg lernten – nicht ohne öfter mal dabei über den gewaltigen Schulfrust zu murren –, häufte sich doch seltsamerweise die Zahl der Kinder und Jugendlichen, die mit bedrückendem Mißerfolg arbeiteten, die nicht so lernen konnten oder wollten, wie sie sollten. Manchen fehlte die Lust, manchen die Ausdauer, manchen die Begabung, manchen der Fleiß, manchen die Ruhe, manchen die deutsche Muttersprache, manchen die menschliche Zuwendung der Lehrkörper und manchen die Eltern, die Zeit und Fähigkeiten genug besaßen, das Fehlende auszugleichen. Diese Kinder fingen an, in einer Weise zu versagen, aufzufallen oder gar zu stören, daß es keine Freude war.
Ob man sie nun sitzenließ oder an eine andere Schule drängte oder in einer hinteren Ecke der Schule von den anderen absonderte, ob man sie mahnte oder strafte – das half alles wenig. Sie machten Schwierigkeiten in der Schule, denn die Schule war ihnen zu schwierig. Sie blieben zurück, denn die Schule war ihnen zu schnell. Sie gaben der Schule nichts Gutes, denn die Schule gab ihnen nichts Gutes. Sie machten nichts in der Schule, denn die Schule war nicht für sie gemacht. Der Schulbetrieb zerrieb sie, und so wurden sie Sand im Getriebe der Schule. Und wenn die Schule ihnen nicht hilft, dann werden sie es auch bleiben.«[90]

90 Mollenhauer, S. 1ff.

4.2 Aus dem Klassenraum wird eine Lernwerkstatt

Sigrid Fehrmann und Thomas Unruh versuchen die gegenwärtige Situation in den Klassenräumen an unseren Schulen zusammenfassend zu kennzeichnen, wenn sie schreiben: »Die meisten Klassenzimmer in Deutschland strahlen nach wie vor den Charme einer Beamtenstube um die Jahrhundertwende aus. Gestaltet nach dem Prinzip: Es möge doch keiner auf die Idee kommen, daß Lernen etwas mit Freiwilligkeit zu tun haben könnte! Ein Schrank, eine Tafel, ein Pult und 15 Zweiertische, ausgerichtet auf den ›Beibringer‹ (in der ›fortschrittlichen‹ Version hängen an den Wänden ein paar BRAVO-Poster, und die Tische wurden zur sogenannten U-Form zusammengerückt). Das wichtigste, ja einzige Kriterium für die Sitzordnung bleibt: Alle Schüler müssen zur Tafel gucken können!«[91]

Wenngleich es verstreute Ansätze zur Gestaltung der Lernumwelt in den Sekundarstufenschulen gibt, kann man als kritischer Beobachter an unseren Schulen diese Aussage leider immer wieder bestätigt finden. Die Gestaltung von Klassenräumen, die Entwicklung von Lernzellen hin zu Lernwerkstätten mit Atmospäre und vielfältigen Lern- und Anregungsangeboten, steckt bei uns immer noch in den Kinderschuhen. Räume, wie die oben beschriebenen, sind völlig untauglich für eigenständiges Lernen, in ihnen kann man das Lernen eher verlernen. Sie bieten den Schülern keine Möglichkeiten, selbst beim Lernen aktiv zu werden. Das Konzept eines lehrerzentrierten Unterricht, das sich in der Strukturierung des Raumes niedeschlägt, verhindert dies.

Ein Klassenraum, in dem Wochenplanarbeit und andere offene Lernformen praktiziert werden, wird sich im Laufe der Zeit immer mehr von einer sterilen Lernzelle hin zu einer Lernwerkstatt entwickeln. Ausgestellte (Wochenplan-)Arbeiten der Schüler/innen werden den Klassenraum gestalten, unterschiedliche Karteien und Bücher zu den bearbeiteten Themen, Nachschlagwerke und Spiele sammeln sich fast zwangsläufig an. Darüber hinaus lassen sich zusätzliche Angebote insbesondere durch die Zurverfügungstellung von Schreibmaschinen und die Einrichtung einer Schülerdruckerei schaffen. Gerade diese Angebote werden von den Schülern/innen besonders gern genutzt, wenn sie ihr Pflicht-Wochenplanpensum geschafft haben.

Die Umgestaltung der Lernumgebung sollte immer gemeinsam mit den Schülern/innen geschehen, nur so begreifen sie den Klassenraum als ihren Raum, in dem sie einen großen Teil des Tages verbringen. Die Planung geschieht in der Regel, vom Klassenlehrer ausgehend, gemeinsam mit der Klasse. Gemeinsam wird der Raum auch weiterentwickelt, umgestaltet und den sich wandelnden Bedürfnissen angepaßt. Er ist »ein Produkt des Unterrichts.«[92] Klassenräume sind »immer ein Unikat«[93], jeder unterscheidet sich vom anderen. »Eine Lernwerkstatt bildete die Idendität derer ab, die in ihr heimisch sind. Wer eine Lernwerkstatt will, schafft sie sich so, wie er sie braucht.«[94]

Die Umgestaltung des Klassenraumes kann man auch mit Hilfe eines Planspieles angehen. Ein Grundriß des Klassenzimmers und maßstabsgerechte Tische, Stühle ... lassen die Schülerinnen und Schüler selbst Möglichkeiten entwickeln und diskutieren. Sinnvoll ist es, bei der Umgestaltung in vier Phasen vorzugehen:

91 Fehrmann/Unruh, S. 19.
92 Mollenhauer, S. 8.
93 Mollenhauer, S. 8.
94 Mollenhauer, S. 8.

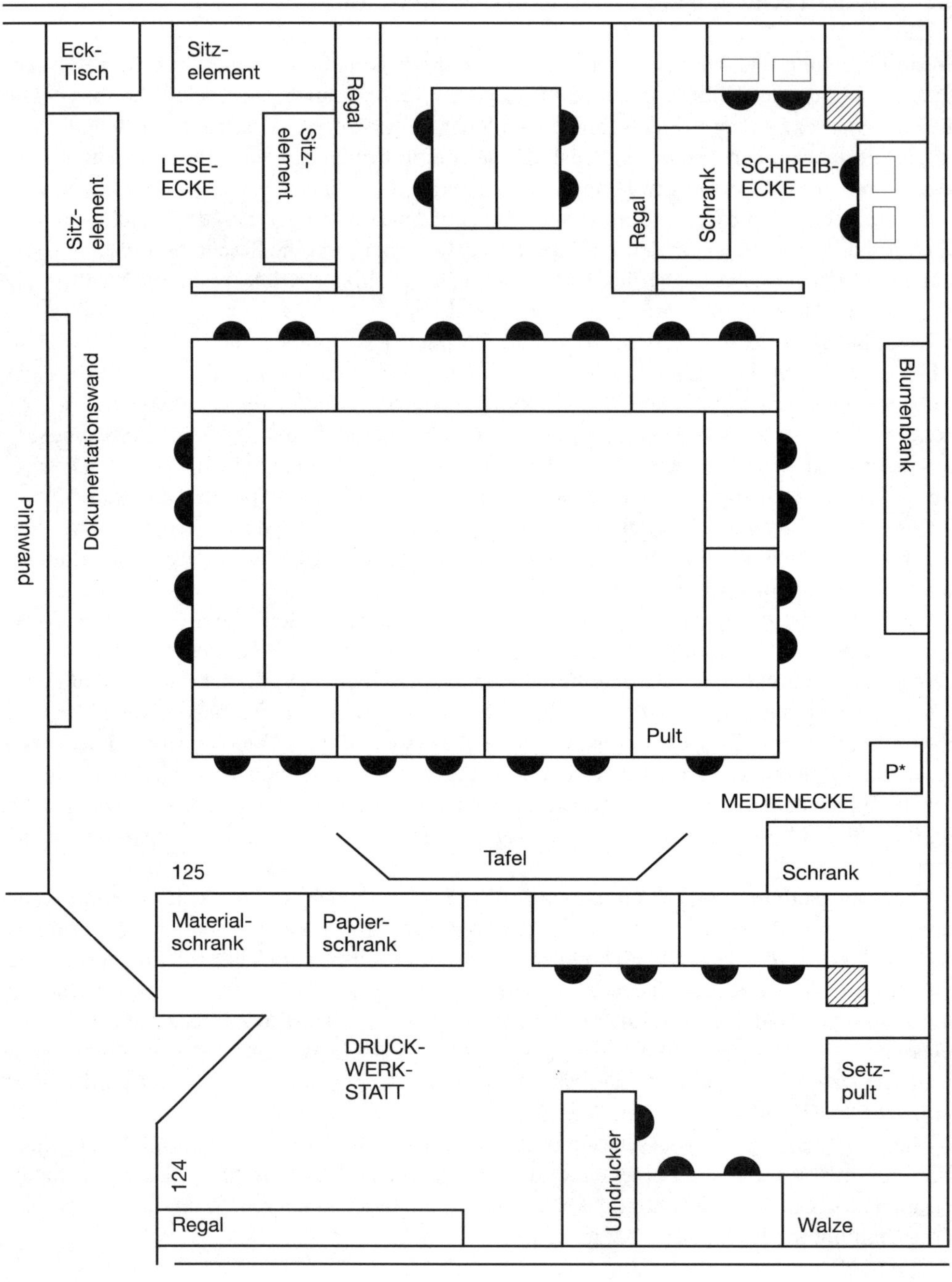

Ein Plan zur Umgestaltung »meines« Klassenraumes

Eine Werkbank mit Bastelwerkzeug. Auf der Werkbank das selbstgebaute Buchbindegerät

Eine Ecke mit Lernkarteien

Lexika, Bücher und Spiele

- Bestandsaufnahme
- Erarbeitung von Modellen
- Diskussion der Vorschläge/Modelle und Alternativen
- Realisierung

Die Neugestaltung des Klassenraumes, weg von der sterilen Lernzelle, in der alles auf den »Beibringer« ausgerichtet ist, erleichtert es den Lehrern/innen, von frontal ausgerichteten Unterrichtsschemata weg und zu einem schüler- und handlungsorientierten Unterricht hin zu kommen. In einer Lernwerkstatt kann man eben nicht nur am Tisch sitzend etwas lernen, sondern die »Ecken« des Klassenraumes sollen vor allem Lernanreize bieten.[95]

Dabei sollte man auch daran denken, sich als Lehrer/in seine Ecke zu schaffen. So hat z.B. eine Kollegin sehr positive Erfahrungen gemacht, nachdem sie nach einem Umzug der Klasse in einen neuen Klassenraum einen alten Sessel und eine Pinnwand von zu Hause mitgebracht hat und sich ihre Ecke einrichtete. Während die Klasse der Wochenplanarbeit nachgeht, kann sie entspannt ihre Kinder beobachten oder über andere Dinge nachdenken. Erfahrungen zeigen, daß man sich so besser auf die Schüler/innen und ihre Bedürfnisse einlassen kann. Kinder kommen und berichten vielleicht von Problemen, die sie im Klassenrat oder im Morgenkreis vor allen anderen nicht erzählen möchten.[96]

Nicht vergessen werden sollte es, bei der Veränderung des Klassenraumes den Schulleiter, die Raumpflegerinnen und den Hausmeister rechtzeitig zu informieren und einzubeziehen, um unnötigen Ärger zu vermeiden. Auch die in der Klasse unterrichtenden Fachlehrer/innen können in die Planung einbezogen werden.

4.3 Funktionen und Ausstattung einer Lernwerkstatt

Die Einrichtung des Klassenraumes als Lernwerkstatt erlaubt es den Lehrern/innen und den Schülern/innen, jederzeit und unmittelbar auf eine Fülle unterschiedlicher Funktionen zurückzugreifen:[97]

- Textproduktion jenseits der Handschrift
  - Druckecke mit Setzpult, Nudel und Handsatz
  - mechanische und/oder elektrische Schreibmaschinen
  - Computer und Drucker (Textprogramm und versch. Lernprogramme)
  - Buchbindepresse
- Lehrmittelsammlung und Materiallager
  - Lernkarteien, selbsthergestellt oder kommerzielle (Freies Schreiben, Rechtscheibung, Grammatik, Matheaufgabensammlung, fachbezogene Wissens- und Ideenkarteien)
  - Duden, Lexika, Atlanten, Zeitschriften, Globus, Geometriegeräte
  - Spiele, Lernspiele
  - Diaprojektor, Overheadprojektor, Kassettenrecorder, Mikrofon, Videoausstattung
  - Pinsel, Farben, Scheren, Bastelwerkzeug
  - Papier, Karton, Kleber, Holzreste

95 Siehe dazu: Burk, K./Haarmann, D.: Wieviele Ecken hat unsere Schule? I. Arbeitskreis Grundschule e. V. Frankfurt am Main 1979.
96 Siehe dazu: Grundschule, Heft 1/1987, S. 37.
97 Die Zusammenstellung orientiert sich an: Mollenhauer, S. 10f.

In dieser Ecke findet ein selbstgebautes Papierskelett seinen Platz. Daneben befinden sich Skizzen, Lehrtafeln, Röntgenfotos u. a. m.; Erinnerungen und Wiederholungen zu dem Thema sind so immer möglich.

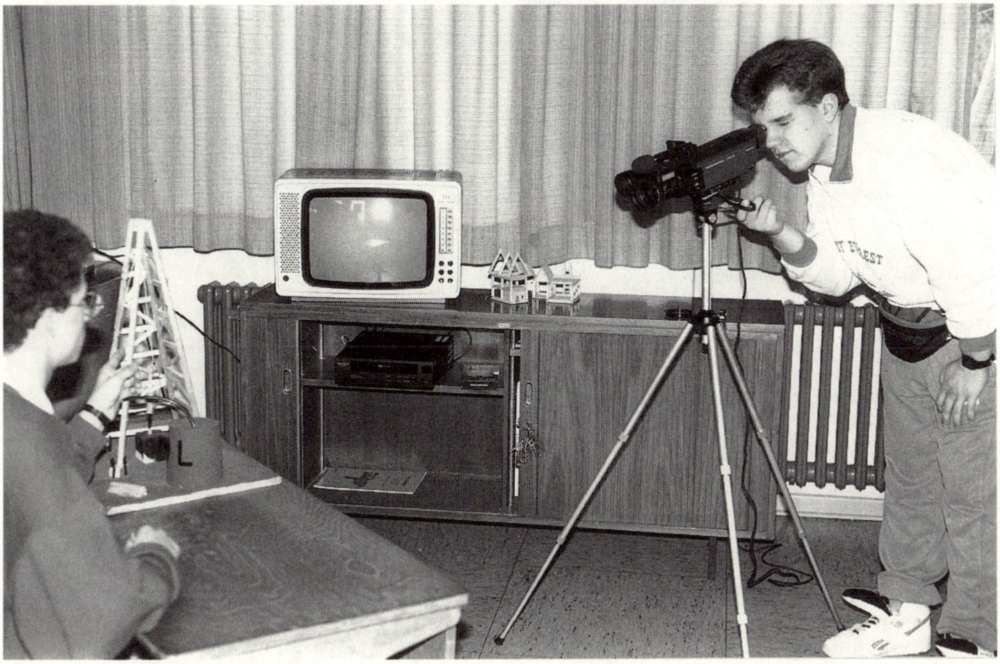

Kamera, Recorder und Monitor eröffnen viele Möglichkeiten in einem handlungsorientierten Unterricht und ermöglichen einen aktiven Umgang mit dem Medium Fernsehen.

Arbeit in der Klassendruckerei.
Zwei Mädchen setzen einen Text, sie arbeiten im Team.

Anton setzt einen Text, den er über eine Erkundung geschrieben hat, allein.

Nachdem der Text fertig gesetzt, korrigiert und der Bleisatz eingefärbt wurde, betätigt Elfi die Abziehnudel, um den Text zu drucken.

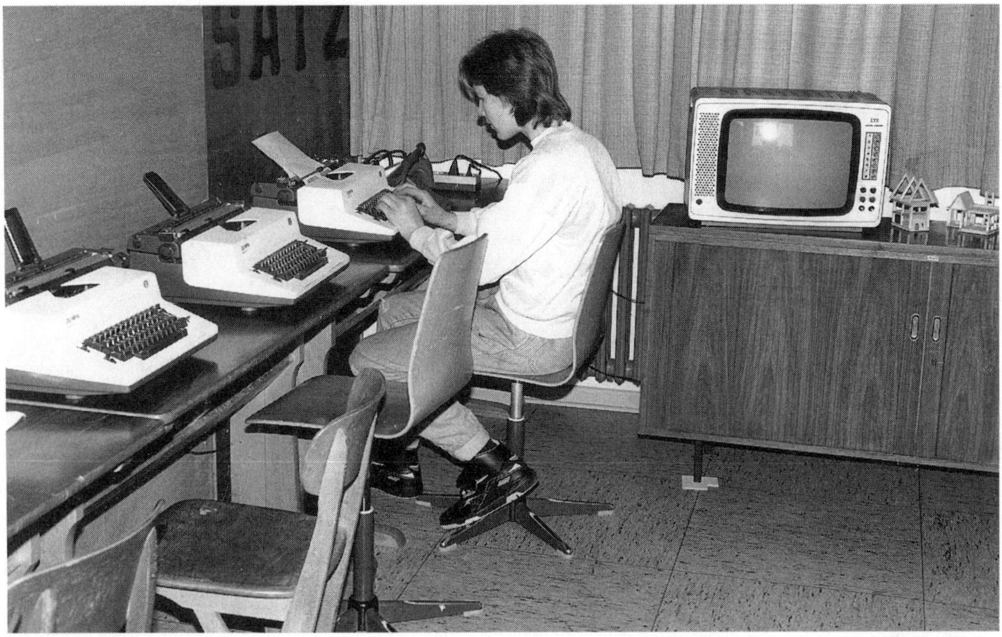

Die Motivation zum Schreiben eigener Texte, zum Abschreiben oder zum Durchführen von Rechtschreibübungen erhöht sich erheblich, wenn im Klassenraum Schreibmaschinen vorhanden sind, die insbesondere während der Wochenplanarbeit genutzt werden können.

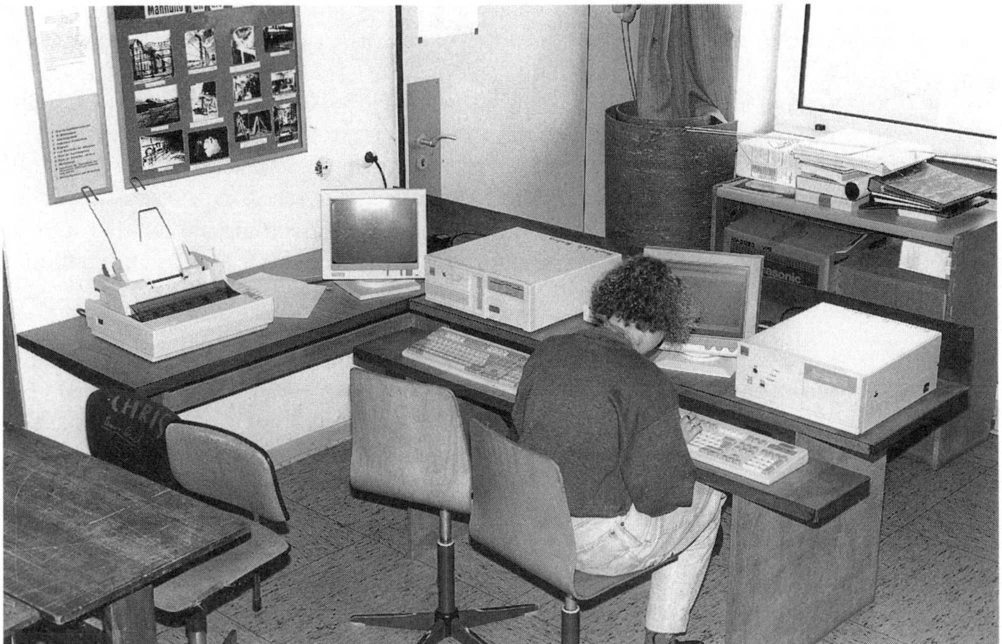

Der Computer eröffnet weitere Möglichkeiten zum fehlerfreien Schreiben von Texten. Auch die Arbeit mit Lernprogrammen (z. B. PC Globe) wird von den Schülerinnen und Schülern mit Interesse angenommen.

- Bücherei
  - Sachbücherei (z.B. Was ist was, Time-Life ...), Handbuch zur Blumenpflege, Schulgartenhandbuch, Aquariumsachbuch, Pflanzenbestimmungsbuch, Berufsinformationshandbücher, Telefonbuch ...
  - Ausleihbibliothek (Klassenbücherei): Comics, Kinder- und Jugendbücher, Illustrierte, Jugendzeitschriften
- Galerie
  - Stellwände, Pinnwände, Teppichbodenwand o.ä. zum Anheften aktuell erstellter Texte, Zeichnungen, Bilder, Zeitungsartikel usw.
  - besondere Unterrichtsprodukte, z.B. Modellbauten
  - Mobiles, Fensterdekorationen
- Langzeitprojekte
  - Aquarium, Vivarium für Insekten
  - Herbarium
  - Pflanzenpresse
  - Pflanzen auf der Fensterbank
  - Mineralien und Gesteinsproben
  - Schneckenhäuser, Muscheln, Federn ...
- Pausen (Schlechtwetterpausen, gemeinsames Frühstück)
  - Brett- und Kartenspiele
  - Tischspiele (Minitischtennis, Tipp-Kick ...)
  - Teller, Tassen, Messer, Gabel, Kaffeelöffel für alle Schüler/innen
  - Schnellkochplatte, Topf
  - Kaffeemaschine
  - Kühlschrank

Für die Unterbringung vieler Bestandteile der Lernwerkstatt braucht man Regale und Schränke (z.T. verschließbar). Die Schüler/innen müssen zumindest einen Teil der Verantwortung für die im Klassenraum zusammengetragenen Materialien übernehmen. Dazu ist es sinnvoll, Klassenämter für einzelne Teilbereiche einzurichten. Je umfangreicher und vielschichtiger die Lernwerkstatt ist, desto wichtiger ist die Verteilung von Verantwortung auf möglichst viele Schultern, da es dem Lehrer/der Lehrerin allein nicht mehr möglich ist, für Ordnung und Übersichtlichkeit zu sorgen.

4.4 Wochenplanarbeit nur mit perfekter Ausstattung – ein Mißverständnis

Beim Lesen des vorigen Abschnittes werden einigen Lesern Begriffe wie »Traum« oder »Utopie« durch den Kopf gegangen sein. Doch auch wenn man keine umfangreichen Mittel zur Neugestaltung des Klassenraumes zur Verfügung hat, kann man mit der Veränderung der Lernumgebung in kleinen Schritten beginnen. Was hindert uns daran, die frontale Sitzordnung, die Ausrichtung der Tische zur Tafel hin zu verändern? Welche Anstrengung kostet es uns, den Klassenschrank und eventuell vorhandene Regale zu Raumteilern umzufunktionieren? Allein mit dem Verändern der Anordnung der Einrichtungsgegenstände kann eine andere Wahrnehmung und Nutzung des Klassenraumes erreicht werden.

Was kostet es, die von den Schülern/innen fertiggestellten Wochenplanarbeiten (sofern sie sich dazu eignen) im Klassenraum auszustellen? Wer hindert uns daran, die Schüler/innen

Galerie: Schülerarbeiten an der Rückwand des Klassenraumes erinnern an ein Unterrichtsprojekt.

Schülerarbeiten zu einem Unterrichtsthema werden auf Stellwänden im Treppenhaus ausgestellt. Davor steht der Puzzletisch.

Langzeitprojekt Aquarium: Das Aquarium ist ein besonderer Anziehungspunkt in jedem Klassenraum.

Am Aquarium können Schülerinnen und Schüler beobachten, betreuen, berichten, gestalten, verwalten und verantwortlich lernen.

Im Klassenraum stehen den Schülerinnen und Schülern in Regalen Lexika, Nachschlagewerke, Karteien, Spiele, Scheren, Kleber und weitere Arbeitsmaterilaien für die Wochenplanarbeit zur Verfügung.

Im Klassenraum aushängende Schülerarbeiten zeigen einen Ausschnitt aus der Unterrichtsarbeit.

aufzufordern, Materialien zum bearbeiteten Thema in die Schule mitzubringen und der Klasse leihweise zur Verfügung zu stellen? Auf diese Weise sind schon erste wichtige Schritte zur Umgestaltung des Klassenraumes getan und Materialien im Klassenraum zusammengetragen, die den Schülerinnen und Schülern Anregungen in Wochenplan- und Freiarbeitsphasen bieten können. Die Einbeziehung der Eltern bietet sich als nächster Schritt an. Sie können zum einen gefragt werden, ob sie Mobiliar, Teppichreste, Aquarien ... stiften möchten, zum anderen, ob sie bei einer Umgestaltung des Raumes (Streichen, Umbauen ...) helfen können und wollen.

Auch anderes läßt sich mit geringem Kostenaufwand bewerkstelligen. Einfache Lattenregale zur Lagerung von Materialien kosten in Baumärkten oft keine 20 Mark. Ausrangierte Sitzmöbel (oft noch in erstaunlich guter Qualität zu bekommen) sind ideal für eine Leseecke. Auch viele andere Dinge sind durch Nachfragen bei Eltern, durch Kleinanzeigen in Zeitungen oder durch Durchforsten der Anzeigenteile (»Fundgrube«) zu bekommen, ohne daß man dafür etwas bezahlen muß. Zahlreiche Materialien (von Folien über Arbeitsblätter und Broschüren bis hin zu Spielen) für den Unterricht kann man zum Nulltarif, oft sogar im Klassensatz, bestellen. Das reichhaltige Angebot läßt sich aus dem »Pädagogischen Schnäppchenführer« entnehmen.[98]

Darüber hinaus gibt es viele Möglichkeiten, gemeinsam mit der Klasse Geld zu beschaffen, um aus dem Klassenraum Schritt für Schritt eine Lernwerkstatt zu machen. Verkaufsprojekte, die gleichzeitig verändernd auf die Unterrichtsstruktur einwirken, bieten sich hier an. Selbsthergestelltes Spielzeug, Kuchen, Pizza, Brote, Kosmetika u.a. können auf Flohmärkten, Basaren und Schulfesten vermarktet werden. Auch über kulturelle Veranstaltungen, z.B. die Aufführung eines Theaterstückes, kann man die Kasse für die Veränderung der Lernumgebung füllen.

Wichtig für das Beginnen mit der Wochenplanarbeit ist also nicht die perfekte Ausstattung des Klassenraumes, sondern der Wille, eingefahrene Unterrichtsstrukturen nach und nach zu verändern. Man muß zunächst einfach damit beginnen. Veränderungen ergeben sich aus der konkreten Lernsituation, Ideen lassen sich nach und nach mit den Schülern entwickeln und schrittweise umsetzen. Ein auf diese Weise sich entwickelnder Klassenraum ist ein wirklich gemeinsam geschaffenes Produkt von Lehrern/innen und Schülern/innen. Weil sie die Gestaltung selbst vorgenommen haben, werden sich die Schüler/innen um so mehr mit »ihrem« Klassenraum identifizieren.

Einige Dinge lassen sich mit wenig Aufwand selbst herstellen. So kann man im Arbeitslehre-/Polytechnik-Unterricht sicher viel zur Gestaltung des Klassenraumes beitragen, etwa durch die Herstellung von Stellwänden[99], Regalen, Blumenbänken oder Karteikästen[100]. Diese Karteikästen lassen sich nicht nur mit vorgefertigten Karteien füllen, sondern man kann vieles tun, um eine Kartei selbst herzustellen. Zahlreiche Arbeitsmittel für den Unterricht lassen sich während des Unterrichts entwickeln und liefern so Schritt für Schritt einen Fundus für die Ausstattung der Lernwerkstatt. Für Erzählwürfel oder Grammatikwürfel benötigt man lediglich ein Kantholz, das mit der Feinsäge zersägt werden kann, sowie farbiges Papier oder

98 PSF. Der Pädagogische Schnäppchenführer. Blaue Bücher Verlag BBV 1993. Der PSF erscheint jährlich neu und ist beim AOL-Verlag, 77839 Lichtenau, zu bestellen.

99 Siehe dazu die Anleitung von Thomas Eilers zum Selbermachen von Leichtbaustellwänden in: Reinbacher, B.: Lernort Klassenzimmer. Von der Lernzelle zum Erfahrungsraum. Hrsg. vom Hessischen Institut für Bildungsplanung und Schulentwicklung. Wiesbaden 1990 (Unterricht in Hauptschulklassen 3), S. 17ff.

100 Die Herstellung von Karteikästen wird beschreiben in: Wulfers, W.: Bau eines Karteikastens. In: Reinbacher, S. 33ff.

Bau eines Karteikastens (DIN A5)

Karteien in verschiedenen Formen und Größen gehören schon heute zum Bestandteil vieler Klassenräume. Um sie für Schüler/innenhände gut handhabbar zu machen, ist es nötig, geeignete Karteikästen zur Verfügung zu haben. Nachfolgend wird die Herstellung eines Karteikastens zur Aufnahme von DIN-A5-Karten in zwei Fächern zum Nachbauen (mit Schüler/innen im Unterricht) vorgestellt. Der Preis für den Karteikasten richtet sich nach der verwendeten Sperrholzqualität und hängt auch davon ab, in welcher Art (als Zuschnitt- oder Plattenware) und wieviel Sperrholz von welcher Holzhandlung abgenommen wird. Es empfiehlt sich, gleich eine höhere Anzahl von Karteikästen herzustellen, das Sperrholz als Plattenware zu kaufen und selbst in den Fachräumen entsprechend der Stückliste zuzuschneiden, nachzubehandeln und zusammenzubauen.

Materialliste

- ❑ *Sperrholz, 8 mm*

1 Teil	*Vorderwand*	*320 mm x 160 mm*
1 Teil	*Hinterwand*	*320 mm x 160 mm*
2 Teile	*Seitenwände*	*285 mm x 130 mm*
1 Teil	*Bodenplatte*	*285 mm x 214 mm*
1 Teil	*Innenwand*	*110 mm x 214 mm*

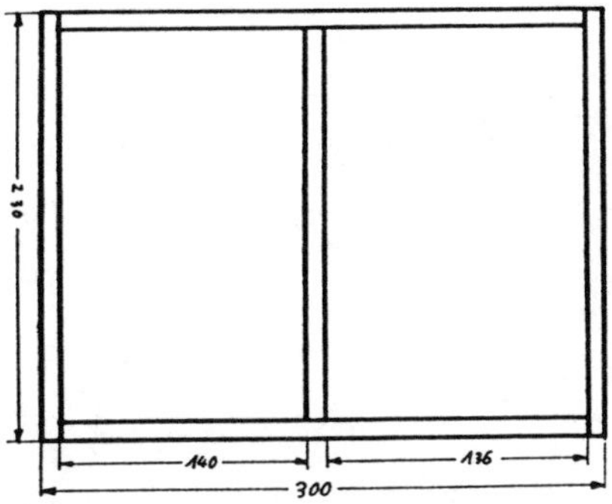

- ❑ *20 Nägel*
- ❑ *Holzleim*
- ❑ *Schleifpapier*

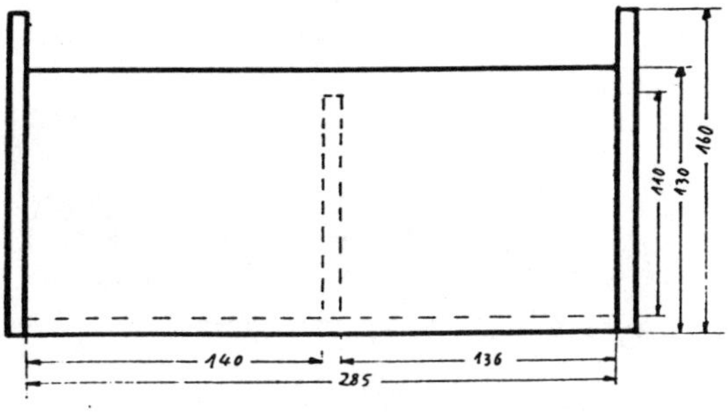

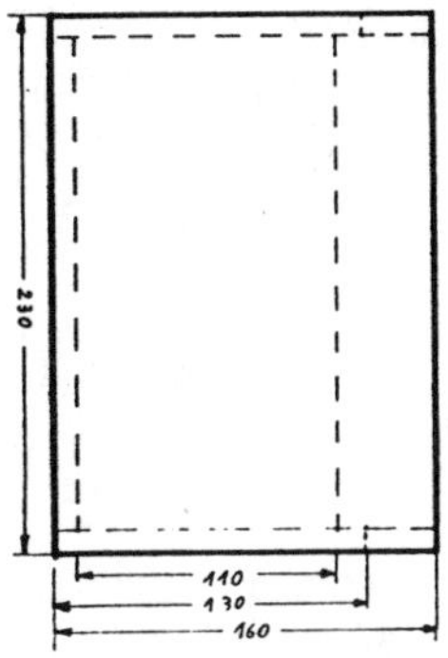

Viele Lern- und Arbeitsmittel können auf einfache Weise hergestellt werden, wie z. B. dieses Quartett zur Bruchrechnung …

... oder der »Rechenschieber« und die Diktattasche, zu der sich eine genaue Beschreibung auf Seite 88 befindet.

Plakatkarton. Um mit einer Rechenscheibe oder einer Grammatikscheibe arbeiten zu können, braucht man farbigen Karton und eine Briefklammer. Für eine »Rechenmaschine« und eine Diktattasche reichen DIN-A 4-Blätter oder entsprechender dünner Karton. Ein Dosendiktat läßt sich aus Kaffeedosen herstellen, eine Satzbaurolle aus Papprollen und farbigem Papier.

Diktattasche

Die Diktattasche »diktiert« Texte, Wörter und mathematische Aufgaben.
*Arbeitsweise: Der Schüler/ die Schülerin liest Texte der Arbeitskarte und schiebt die Karte in die Tasche. Im Fenster erscheint der erste Satz des Textes. Der Schüler merkt sich die Schreibweise dieses Satzes und schiebt die Karte um eine Einheit nach oben. Über den Arbeitsstreifen erscheint der gemerkte Text zur Kontrolle. Das Fenster gibt gleichzeitig den nächsten Satz als neuen Lernimpuls frei. Die Karten lassen sich immer wieder verwenden. Eine einmal hergestellte Diktattasche kann zum Diktieren vieler verschiedener Texte benutzt werden.**

Satzbau- oder Wortartenrolle

*Über einer Papprolle liegen vier (Satzbau), bzw. sechs bewegliche Streifen (Wortarten/Wortfamilien). So können bei der Satzbaurolle durch Hin- und Herschieben die Subjekte, Prädikate, Objekte und adverbialen Bestimmungen immer wieder zu neuen, teils lustigen Sätzen zusammengefügt werden. Die Rollen können entsprechend auch für andere Zwecke genutzt werden, etwa für Wortarten und Wortfamilien im Deutsch-, aber auch im Fremdsprachenunterricht, für Aufgabenvariationen im Mathematikunterricht, für Ereignisse, Jahreszahlen und Personen im Geschichtsunterricht. Der Phantasie der Lehrenden und Lernenden sind hier keine Grenzen gesetzt.***

4.5 Arbeit mit Karteien

Bei der Wochenplanarbeit kann die Arbeit mit Karteikarten eine wichtige Funktion erfüllen. Mit Hilfe von Karteien können die Schülerinnen und Schüler im Unterricht weitgehend unabhängig vom Lehrer/von der Lehrerin arbeiten. Es gibt unterschiedliche Arten von Karteikarten, mit denen man im (Wochenplan-)Unterricht arbeiten kann:

- Informationskarten,
- Informationskarten mit Arbeitsfragen,
- Karten mit Arbeitsfragen,
- Karten mit Arbeitsfragen und Lösungen (Wendekarten),
- Fragekarten und Lösungskarten,

* Zusammengestellt nach: Mini-Fundgrube für Lehr- und Lernmittel zum Selberbasteln 93/94, Beenen-Lehrmittel, Issumer Weg 19, 46519 Alpen.

** Zusammengestellt nach: Mini-Fundgrube.

- Übungs- und Vertiefungskarten (Lernkarteien) mit Wiederholungsfragen, Aufgaben, Vokabeln u.a.,
- Karten mit Anleitungen zu selbständigem Lernen,
- Karten mit handlungsbezogenen Anweisungen,
- Dokumentationskarten,
- Ideenkarten.

Die verschiedenen Karteitypen lassen sich, bezogen auf ihren didaktischen Standort, drei Funktionsbereichen zuordnen:
- *Ideenkarteien* zur Initiierung und Aktivierung von Lernprozessen,
- *Übungskarteien* zur Wiederholung und gezielten Einzelförderung,
- *Themenkarteien* zum Sammeln und Auffinden von Sachbezügen.

Es gibt im Rahmen der Wochenplanarbeit zahlreiche Einsatzmöglichkeiten von Karteien, von denen hier einige aufgeführt seien:
- um Schülerinnen und Schüler selbständig ein Problem lösen zu lassen,
- um die Schülerinnen und Schüler zu einer individuellen und/oder partnerschaftlichen Aufarbeitung neuen Lernstoffs zu bringen,
- um einen Lernstoff zu vertiefen, zu üben und sich selbst zu kontrollieren,
- um Ideen an Schülerinnen und Schüler weiterzugeben und Schülerinnen und Schüler Ideen weitergeben zu lassen,
- um Informationen zu einem Thema in kleine, sinnvolle Abschnitte zu gliedern,
- um handlungsorientierten Unterricht zu unterstützen, denn Arbeitskarteien fördern Selbständigkeit durch Selbsttätigkeit.

Herbert Hagstedt hat in seinem Plädoyer »Karteien wachsen lassen«[101] zu Recht davor gewarnt, als Lehrer/in der Versuchung zu erliegen, ausschließlich mit vorgefertigten Karteien, die in den letzten Jahren in großer Fülle von Verlagen angeboten werden, zu arbeiten. Oft werden diese Karteien, die gar nicht auf die spezielle Situation einzelner Gruppen abgestimmt sein können, wenig benutzt und landen schon bald als »didaktische Leichen«[102] neben anderen Unterrichtsmaterialien im Wandschrank. Die Auswahl solcher Karteien sollte also sehr gut durchdacht sein. Oft wird es nötig sein, einzelne Karteikarten für die Unterrichtsarbeit aus dem Gesamtangebot auszuwählen, die Systematik der Karteikarten zu verändern und Karteikarten zu verändern oder sie zu ergänzen, um erst einen Einsatz in der Lerngruppe sinnvoll zu machen.

Es ist also wichtig, Selbstlern- und Arbeitskarteien gezielt auf die Gruppensituation abzustimmen und immer wieder Anregungen an die Schülerinnen und Schüler weiterzugeben, sie zu verändern bzw. zu ergänzen. Greift man nicht auf vorgefertigte Karteien zurück, sondern stellt sie selbst her, so kann ein Teil der Karteikarten zunächst am Schreibtisch des Lehrers/der Lehrerin entstehen. Die leeren oder unvollständigen Karteikarten sind dabei aber mindestens genauso wichtig wie die bereits beschriebenen. Sie sollen Aufforderungscharakter für die Schülerinnen und Schüler besitzen, selbst etwas darauf zu notieren. Eine so verstandene Kartei kann also nie etwas Abgeschlossenes, sondern muß immer etwas Prozessuales sein.

101 Hagstedt, H.: Karteien wachsen lassen. Ein Plädoyer zur Öffnung von Arbeitskarteien. In: Die Grundschulzeitschrift 1/1987, S. 37.

102 Ebenda.

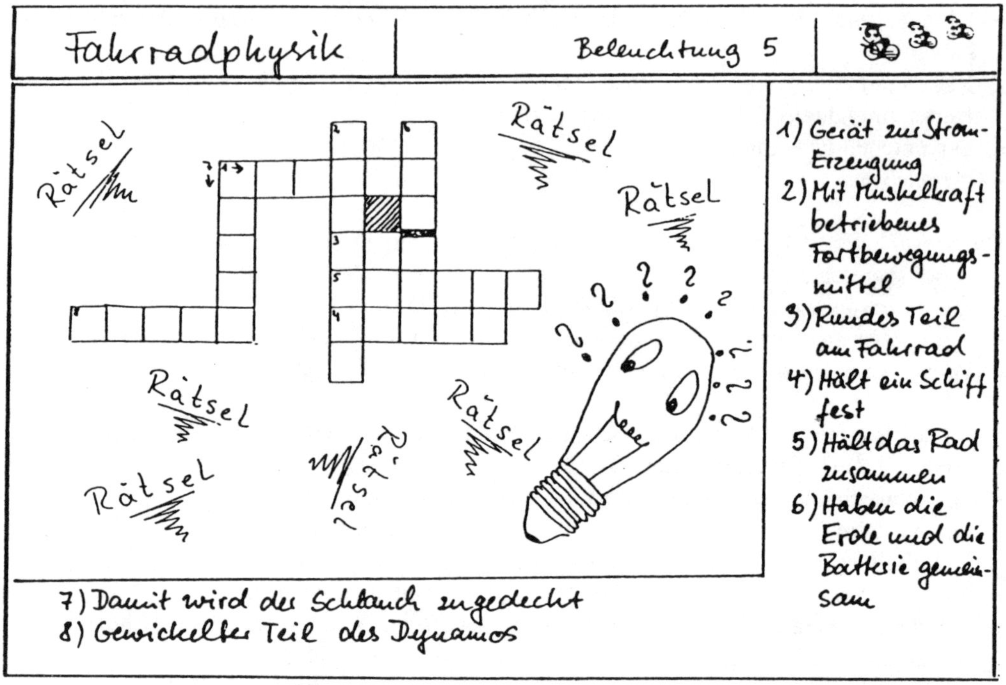

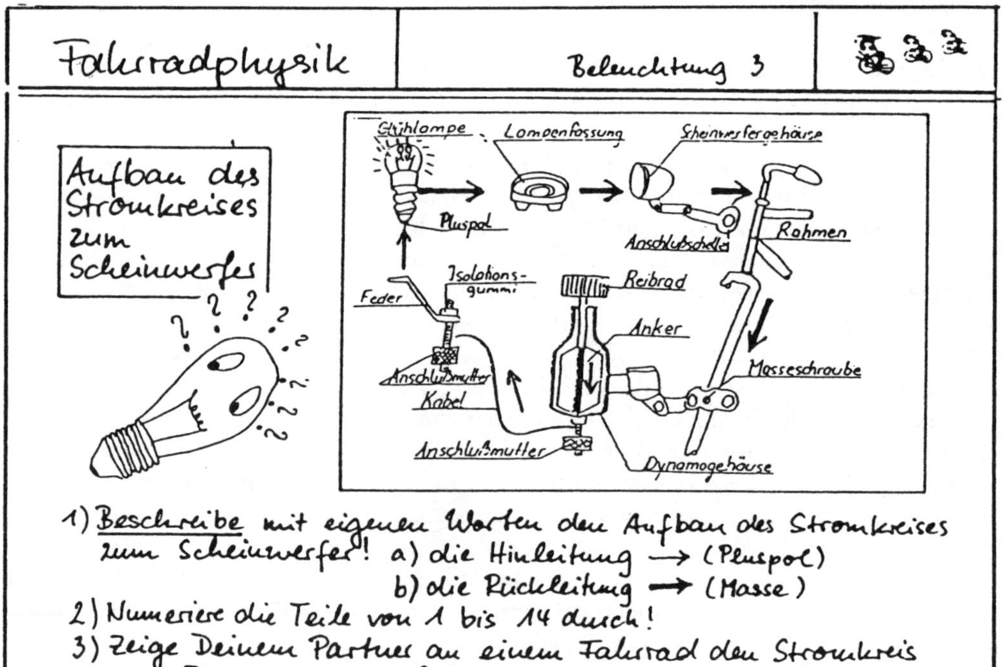

Beispiele für selbstentwickelte Karteikarten zur Fahrradphysik

Von Schülern/innen erstellte Karteikarten zur Bestimmung von Mikroorganismen in einem Fließgewässer.

Was ist das – eine Lernkartei?*

Eine Lernkartei ist eine »Lernmaschine« für jeden. Sie besteht aus einem Karteikasten mit den Außenmaßen 28,3 · 11,5 · 8,5 cm und hat, in Längsrichtung angeordnet, 5 jeweils länger werdende Fächer. Die Lernkartei kann in allen Unterrichtsfächern und in allen Klassenstufen eingesetzt werden. Sie wird in der Vorschule und in der Universität verwendet, sie kann zur Bewältigung einfacher und komplizierter Aufgaben eingesetzt werden.

Und so funktioniert sie:
- *Auf die Vorderseite jeder Karteikarte kommt eine Frage (ein englisches Wort, eine Rechtschreibübung, eine chemische Verbindung), auf die Rückseite die Antwort (die deutsche Übersetzung, die Rechtschreibregel, die entsprechende Formel).*
- *Alle Vokabeln, Regeln, Formeln usw., die man vergessen hat, bleiben in Fach 1 oder wandern wieder dorthin zurück.*
- *Alle Vokabeln, Regeln, Formeln usw., die man sicher kann, wandern ein Fach weiter nach hinten.*

Das sind ihre Vorteile:
- *Mit Hilfe der Lernkartei wird der Lernstoff in die kleinsten noch sinnvollen Teile zerlegt.*
- *Die Lerngeschwindigkeit und die notwendige Zahl der Wiederholungen passen sich genau der Lernfähigkeit und dem Fleiß der Schüler an – sie werden nicht entmutigt.*
- *Einmal sicher gelernter Stoff wird höchstens 5mal wiederholt, dann sitzt er dauerhaft.*
- *Vergessener Stoff dagegen wird genau so oft wiederholt, wie es nötig ist. Er wird erst dann aus der Kartei entfernt, wenn er sicher beherrscht wird.*
- *Die Schüler/innen haben ständig Lernerfolge, und sie fühlen sich bestätigt. Das ist gerade bei schwächeren Schüler/innen wichtig.*
- *Die Schüler/innen ersparen sich das ständige Wiederholen von Material, das sie schon zum Großteil beherrschen (z.B. beim Vokabelheft).*
- *Der Lernprozeß kann jederzeit unterbrochen werden: Die Lerneinheiten bleiben in der richtigen Reihenfolge im Kasten.*

So lernt man mit der Lernkartei:
- *Grundprinzip: Frage auf die Vorderseite, Antwort auf die Rückseite. Anwendung: Vorderseite lesen, die Antwort überlegen, Rückseite lesen und damit die Antwort kontrollieren, Karte ablegen.*

Das sind die Schritte im einzelnen:
- *Alle Karten kommen in Fach 1 (z.B. 20 Stück).*
- *Am nächsten Tag überprüfen wir die Karten. Wenn uns die Antwort einfällt, wandert die Karte in Fach 2, wenn nicht, stecken wir sie nach hinten in Fach 1.*
- *So wird es mit allen Karten gemacht. Die »harten Brocken« bleiben so lange*

* Siehe dazu ausführlich: Fenske, P.: Das kleine Buch vom Lernen. AOL-Verlag: Lichtenau 1993.

in Fach 1 und werden so oft kontrolliert, bis sie sitzen und hinten in Fach 2 eingeordnet werden können. Die zwei oder drei hartnäckigsten bleiben in Fach 1.

- *Am nächsten Tag werden die nächsten 20 oder 30 Karten in Fach 1 gesteckt und mit den »härtesten Brocken« vom Vortage wiederholt. So geht es jeden Tag weiter, bis:*
- *das Fach 2 schließlich voll ist (es faßt etwa doppelt so viele Karten wie Fach 1). Jetzt erst nimmt man die erste Karte aus Fach 2 und überprüft sie: Wird sie sicher gekonnt, wandert sie in Fach 3. Wenn nicht, kommt sie zurück in Fach 1 (hinten). Es genügt, etwa die Hälfte der Kärtchen in Fach 2 zu kontrollieren. Die andere Hälfte wandert ja nach vorn, wenn die gelernten Karten aus Fach 1 in Fach 2 nach hinten gesteckt werden.*
- *Und so geht das weiter. Die Fächer 2–5 werden immer erst dann kontrolliert, wenn sie voll sind. Auf diese Weise wird der darin registrierte Lernstoff in immer länger werdenden Zeitabschnitten wiederholt: mindestens 5mal und auf jeden Fall so oft, bis er endgültig sitzt.*
- *Bitte beachten: Damit wirksam gelernt wird, muß die Lernkartei regelmäßig benutzt werden.*

Auf Perfektion sollte in der Anfangsphase noch kein allzu großer Wert gelegt werden. Es geht ja erst einmal darum, Erfahrungen mit diesem Arbeitsmittel zu sammeln. Karteikarten können dazu benutzt werden, um zunächst einmal unstrukturiert Ideen festzuhalten.

Sinnvolle Ordnungen der Arbeitskarten können – im Gegensatz zum Schulbuch – ständig neu gefunden und der Klasse bzw. dem Umfeld angepaßt werden. Man kann eine einmal erstellte Kartei immer wieder aktualisieren und ergänzen, Karten überarbeiten, neu schreiben oder einzelne Karten, weil sie bedeutungslos geworden sind, einfach herauslassen. So ist nicht nur das Arbeiten mit den Karteikarten selbst ein wichtiger Lernprozeß, sondern ebenso die Arbeit an der Verbesserung und Erweiterung der Arbeitskartei.

Hat man mit der Arbeitskartei erste Erfahrung gemacht, ist es wichtig, gemeinsam mit den Schülerinnen und Schülern auch daranzugehen, Kriterien für die Gestaltung der Arbeitskarten zu entwickeln. Hier sollten die durch den Lehrer/die Lehrerin vorgegebenen Karten schon zu Beginn Vorbildcharakter haben. Einige der mir wesentlich erscheinenden Kriterien seien hier aufgeführt[103]:

- Karteikarten sollten eindeutig identifizierbar sein (z.B. numeriert, Fachhinweis Themenschwerpunkt, Unterrichtseinheit, Symbol, Quellen, Querverweise u. ä.).
- Sie sollten ästhetisch ansprechend gestaltet sein (Handschrift, räumliche Aufteilung, Ansprache der Schüler, Druckqualität, Bilder).
- Das angebotene Material sollte möglichst viele Sinne der Schüler/innen ansprechen bzw. aktivieren und abwechslungsreich dargeboten werden (Bilder, Fotos, Zeichnungen, Texte, Kreuzworträtsel, Versuchsbeschreibungen, Spiele ...).
- Die Arbeitsaufträge müssen kurz, eindeutig und verständlich formuliert sein. Eine Gliederung in einzelne überschaubare Arbeitsschritte ist wichtig.
- Arbeitskarten sind dazu da, die Selbsttätigkeit der Schülerinnen und Schüler zu fördern. Sie müssen daher möglichst häufig eigenständige Lösungen zulassen.

103 Ich orientiere mich hier im wesentlichen an den von H. Meyer vorgeschlagenen Kriterien für die Gestaltung von Arbeitsblättern: Meyer, H.: UnterrichtsMethoden. Band 2. Praxisband, S. 309.

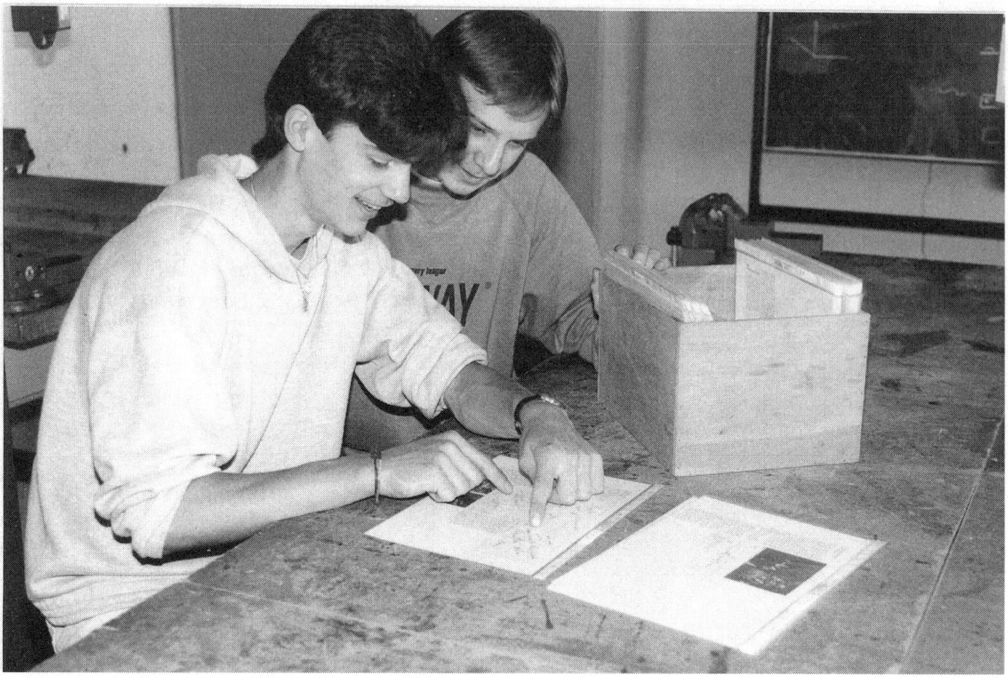

Die Arbeit mit Karteien ist ein wesentlicher Bestandteil des Unterrichts mit dem Wochenplan. Viele Möglichkeiten eröffnen sich z. B. für gezielte Übungen mit der Rechtschreib- und Zeichensetzungskartei.

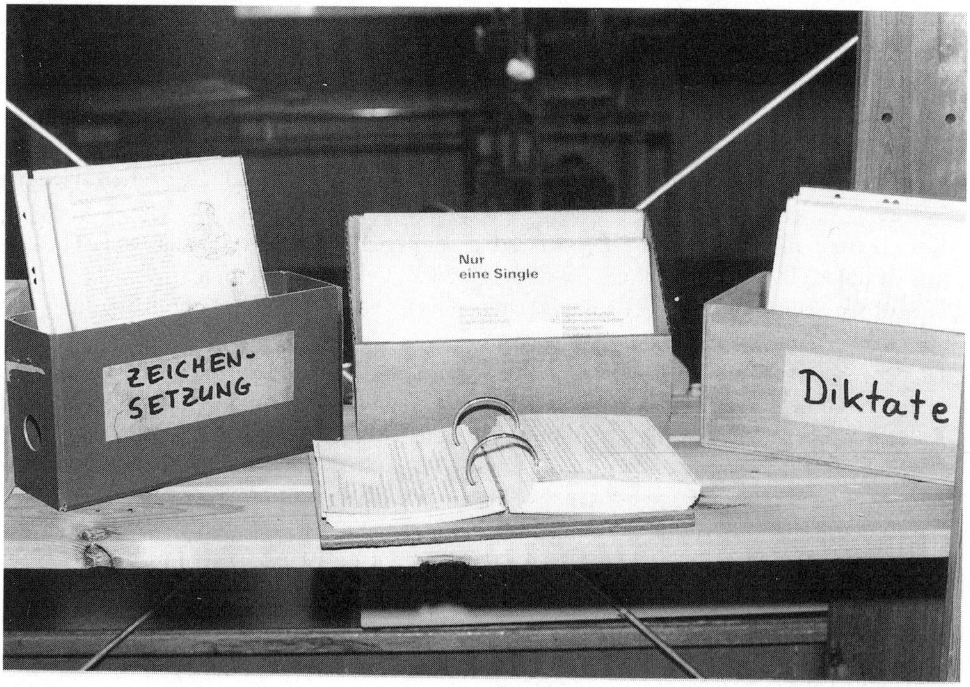

Abschließend möchte ich in diesem Teilkapitel noch einmal die Vorteile von Karteikarten zusammenfassen:[104]

- Sie lassen sich in unterschiedlichen Situationen einsetzen, fördern Schülerzentrierung und Eigentätigkeit.
- Sinnvolle Ordnungen für die Kartei können ständig neu gefunden und der jeweiligen Klassensituation/dem Jahrgang/dem Umfeld angepaßt werden.
- Eine Kartei kann (und sollte) ständig ergänzt und verändert werden, man sollte Karteien wachsen lassen.
- Schülerinnen und Schüler können in die Gestaltung und Ergänzung von Arbeitskarteien einbezogen werden. Leere Karteikarten mit Aufforderungscharakter oder halbfertige sind genauso wichtig – vielleicht sogar wichtiger – wie fertige.
- Karteien lassen sich phantasievoll und abwechslungsreich gestalten, Zeitungsausschnitte, Kopien und Materialien können aufgeklebt werden, sie können mit Folien zur Beschriftung überzogen werden (wasserlöslicher Folienstift!).
- Karteikarten können ständig aktualisiert werden.
- Karteikarten bieten die Möglichkeit, auch unstrukturiert Ideen zu sammeln und festzuhalten, bevor diese verlorengehen.

Oliver trainiert mit der Fünf-Fächer-Lernkartei sein Allgemeinwissen.

104 Viele wichtige Hinweise zur Arbeit mit Karteikarten im Unterricht gibt auch der folgende Beitrag: Billich, V.: Wie soll das denn gehen – in 45 Minuten? Arbeiten mit einer themenbezogenen Kartei im Biologieunterricht. In: Praxis Schule 5–10, Heft 2/1994, S. 48–52.

5. Einbettung in ein pädagogisches Gesamtkonzept: Keine totale Wochenplanschule

5.1 Kritische Aspekte der Wochenplanarbeit

Trotz vieler grundsätzlich positiver Erfahrungen mit dem Wochenplan zeigt sich, daß in Gesprächen mit Lehrerinnen und Lehrern immer wieder Probleme angesprochen werden, die sich aus dieser Arbeit ergeben. An einem Beispiele möchte ich eine typische Problemsituation beschreiben, mit der sich Lehrerinnen und Lehrer auseinandersetzen müssen, wenn sie diesen Weg beschreiten.[105]

Zu Beginn des 6. Schuljahres kam Monika in eine sehr lebendige Hauptschulklasse. Sie war aus der Realschule gewechselt, ohne daß der aufnehmenden Schule der Grund ganz einleuchtete: Das Notenbild zeigte eher befriedigende Leistungen; lediglich in Englisch brachte Monika eine mangelhafte Note mit. Schnell zeigte sich, daß Monika sich vom Leistungsstand her im oberen Drittel der Klasse etablieren würde. Aufgrund ihrer geistigen und körperlichen Entwicklung, ihres Sprachverhaltens und eines deutlich ausgeprägten Dominanzstrebens gelangte sie schnell in eine »führende« Position in der Klasse. Seit der Mitte des 5. Schuljahres arbeitete die Klasse zwei Stunden pro Woche am »Wochenplan«. Neben Pflicht- und Wahlaufgaben war ein wichtiger Bestandteil des Wochenplans, daß sich die Schülerinnen und Schüler zu Fachthemen, die im Augenblick behandelt wurden, selbständig weiterführende oder ergänzende Aufgaben ausdenken und allein oder mit anderen erledigen sollten. Der Lehrer bemühte sich zunächst sehr, Monika den Plan verständlich zu machen. Sie arbeitete auch willig, bis auffiel, daß sie mit hoher Regelmäßigkeit die selbständigkeitsfördernden Aufgaben, auf die besonderes Gewicht gelegt wurde, nicht erledigte. Immer drängendere Hinweise von seiten des Lehrers beantworte sie zunächst mit Unlustäußerungen, dann mit gesteigerten Formen des demonstrativen Unwillens. Nach dem Grund befragt, äußerte sie, daß sie das ganze Verfahren nicht für Unterricht hielte, ihr zu diesen besonderen Aufgaben sowieso nichts einfiele und sie eigentlich auch gar nicht wüßte, was das sollte. Trotz aller pädagogischen Bemühungen war Monika nicht zu bewegen, den Schritt zum selbständigen Arbeiten zu gehen. Es wurde sogar offensichtlich, daß sie bei ihrer Arbeitsverweigerung um Unterstützung bei anderen Mädchen bemüht war, was in kurzer Zeit zu einer Krise der gesamten Arbeit führte. Halbherzige Versuche, mit ihr zusammen Aufgaben zu entwickeln, führten zu ganz ungünstigen Ergebnissen. Jetzt wollten plötzlich alle Schülerinnen und Schüler, daß der Lehrer ihnen die selbständigen Aufgaben erleichterte oder u.U. sogar erlassen sollte. Da sich insgesamt die ganze Arbeit immer mehr um dieses Problem drehte, wurde das Experiment »Wochenplan« zunächst abgebrochen, um die Intentionen der Arbeit von einer weniger belasteten Seite her umzusetzen.

105 Das Beispiel wurde entnommen aus: Meier-Schreiber, K.-U./Vaupel, D.: Handeln und Lernen. Eine Einführung zum Mutmachen. Handlungsorientierter Unterricht in der Sekundarstufe, Heft 1. Hessisches Institut für Bildungsplanung und Schulentwicklung. Wiesbaden 1993, S. 50ff.

Die pädagogische Einschätzung dieses Vorgangs kann sich hier nur auf einen sehr eingeschränkten Aspekt beziehen. In Gesprächen mit Monika war immer wieder deutlich geworden, daß sie das ganze Verfahren nicht für Unterricht hielt. Offensichtlich war in ihrer Vorstellung das, was »richtiger Unterricht« zu sein habe, sehr verfestigt. Möglicherweise hatte sie eine vergleichweise lange schulische Sozialisation hinter sich, in der ausschließlich lehrerzentriert gearbeitet wurde. Für sie war der Kontrast des Wochenplans zu ihrer bisherigen Arbeit einfach zu groß. Zudem schien es so, daß diese andere Art des Lernens das Gefühl der »Heimatlosigkeit« besonders verstärkte. Die unverarbeitete Sehnsucht nach dem Alten zeigte sich als aggressive Abwehr der Lehrerforderungen. Sie inszenierte den Versuch der Wiederherstellung der alten Verhältnisse, was de facto die Durchsetzung des Lehreranliegens unmöglich machte.

Weitere kritische Einwände zur Wochenplanarbeit werden von Eltern- und Schülerseite häufig vorgebracht:[106]

- Die Wochenplanaufgaben sind zu umfangreich und in den dafür vorgesehenen Stunden nur selten zu schaffen.
- Die Aufgabenstellungen des Wochenplanes sind häufig nicht nach Grund- und Zusatzanforderungen differenziert.
- Wochenplanstunden werden von Lehrern/innen oft als Beaufsichtigungsstunden mißverstanden, eine wirkliche individuelle Betreuung findet nicht statt.
- Gerade für konzentrationsschwache Schüler/innen sind die Ablenkungsfaktoren im Wochenplanunterricht besonders groß, so daß sie sich erst recht nicht konzentrieren können.
- Wird mit Wochenplänen in mehreren Fächern gearbeitet, so können die Wochenplanlehrer den Schülern/innen oft nur begrenzte Hilfestellung bieten, da sie nicht unbedingt der/die Fachlehrer/in des betreffenden Faches sind.
- Die Verhaltensregeln für die Wochenplanstunden werden von verschiedenen Lehrern/innen unterschiedlich gehandhabt, was den Schülern/innen eine Orientierung erschwert.
- Nur in einem Teil der Stunden arbeiten die Schüler/innen ernsthaft an den Wochenplanaufgaben. Den Rest der Stunde nutzen sie meist für unterrichtsfremde Aktivitäten und für Störungen.
- Es gibt keine einheitliche Kontrolle der Wochenplanaufgaben. Einige Lehrer/innen korrigieren die Wochenplanaufgaben komplett, andere überprüfen nur die Vollständigkeit, wieder andere sehen sich die Wochenplanaufgaben selten oder gar überhaupt nicht an.
- Zur Frage der Benotung von Wochenplanaufgaben gibt es sehr uneinheitliche Sichtweisen, dadurch wissen die Schüler/innen nicht, woran sie sind.

In vielen dieser Kritikpunkte werden Probleme angesprochen, die in der täglichen Praxis der Wochenplanarbeit nicht mit einem Schlag vom Tisch zu wischen sind. Gegenseitige Schuldzuweisungen sind jedoch meist wenig hilfreich. Wichtig ist es, wie dies auch schon an anderen Stellen dieses Buches betont wurde, mit allen am Wochenplan Beteiligten – Eltern, Schülern, Lehrern – über den Wochenplan im Gespräch zu bleiben. Wichtig sind klare Absprachen, pädagogische Konsequenz und gegenseitige Information. Um den oben angesprochenen kritischen Punkten der Wochenplanarbeit entgegenwirken zu können, sind m.E. vor allem drei Punkte in diesem Zusammenhang besonders wichtig:[107]

106 Ich orientiere mich hier weitgehend an: Herzog, H.: Schöne heile WOPL-Welt? Wochenplanarbeit an weiterführenden Schulen. In: Claussen u.a., S. 31ff.

107 Siehe dazu auch das Kapitel »Wochenplan: Mehr als ein organisatorischer Rahmen«.

– Gemeinsame Arbeits- und Verhaltensregeln müssen erarbeitet und eingeübt werden. Nur wenn dies gelingt, wird letztendlich auch die Wochenplanarbeit die gewünschten Erfolge bringen.
– Alle Aufgaben müssen eigenständig von den Schülern/innen gelöst werden können. Die Menge der zu erledigenden Pflichtaufgaben muß überschaubar und von den Schülern/innen in der zur Verfügung stehenden Zeit ohne Probleme zu bewältigen sein.
– Absprachen müssen zwischen den Wochenplanlehrern getroffen werden: über Aufgabenformulierungen, Aufgabenmengen, Kontrolle und Korrektur der Wochenplanaufgaben.

Über die oben formulierte wochenplanimmanente Detailkritik hinaus könnten auch Einwände grundsätzlicher Art gegen das Wochenplankonzept vorgebracht werden:

- Wird in den Wochenplänen nicht »alter Wein in neuen Schläuchen« verkauft, werden traditionelle Unterrichtsinhalte nur anders verpackt?
- Dirigieren die Lehrerin oder der Lehrer durch den Wochenplan nicht die Schülerinnen und Schüler mindestens genausosehr wie im Frontalunterricht?
- Kann der Wochenplan, der sich als selbständigkeitsfördernd ausgibt, nicht auch als eine optimierte Fassung des Instruktionsunterrichtes verstanden werden?
- Liegt in ihm nicht eine verkappte, besonders geschickte Gängelung der Schüler/innen?
- Führt die regelmäßige Arbeit mit dem Wochenplan nicht zur Vereinzelung der Lernenden? Wo bleibt das soziale Lernen, wenn jeder an seinem eigenen Wochenplan isoliert arbeitet? Wie kann sich eine Gesprächskultur, wie sich ein »Wir-Gefühl« innerhalb der Lerngruppe entwickeln?

All diese Einwände sind schwerwiegend und zeigen zugleich die Probleme auf, die im Wochenplanunterricht liegen. Herbert Hagstedt hat zu Recht auf die Gefahren der »Wochenplanerei« hingewiesen, die sich in dem Satz ausdrücken: »Schüler können machen, was ihre Lehrer wollen.«[108] Wochenplanen kann dazu tendieren, die Schülerinnen und Schüler zum fremdbestimmten Lernen zu drängen und den Charakter der Fremdbestimmung zu verschleiern. Dies kann so weit gehen, daß sogar »aus dem schlichtesten Arbeitsblatt mit Pensenliste noch Reformfunken schlagen«[109] sollen.

Um Mißbrauch vorzubeugen, sollen daher in den nächsten Abschnitten noch einmal einige der zentralen Punkte, die bei der Wochenplanarbeit unbedingt berücksichtigt werden sollten, aufgegriffen werden.

5.2 Eigendynamik des Wochenplankonzeptes

Ziel der Arbeit mit dem Wochenplan muß immer die Förderung der Selbständigkeit und die Entwicklung von Eigenverantwortlichkeit sein. Man darf sich als Lehrender nicht damit begnügen, mit dem Wochenplan ein »überaus lehrergerechtes, gut handhabbares Steuerungs- und Kontrollinstrument«[110] einer binnendifferenzierten Arbeit haben zu wollen. Die Schülerinnen und Schüler sollen zu handelnden Subjekten werden, die Lehrerinnen und Lehrer sich als geschickte und zurückhaltende Helfer verstehen. Um dies zu erreichen, ist es notwendig,

108 Hagstedt, 1987, S. 4.
109 Hagstedt, 1987, S. 6.
110 Hagstedt, 1987, S. 7.

den sich häufig zu Anfang in den Wochenplänen (siehe auch die ersten in diesem Buch abgedruckten Beispiele) widerspiegelnden »Dirigismus« nicht als Endstadium, sondern nur als ein Übergangsstadium, einen Abschnitt auf dem Weg hin zu diesem Ziel zu betrachten. »Denn wollte der Wochenplan nicht auch die Planungskompetenz der Kinder erweitern, Selbsttätigkeit und Verantwortlichkeit für den eigenen Lernprozeß stärken, Vorreiter der freien Arbeit sein?«[111]

Der Wochenplan setzt eine eigene Dynamik bei den Lernenden in Gang, dies ist meine bisherige Erfahrung. Das andere Arbeiten macht es ihnen möglich, sich gegen Gängelungen zur Wehr zu setzen. Wer es gelernt hat, begründet aus einem Angebot etwas auszuwählen, will im nächsten Schritt auch über das Angebot mitentscheiden dürfen.

Darauf, was bei dieser Entwicklung alles passieren kann, muß man sich als Lehrerin oder Lehrer vorbereiten, um diese Entwicklung mit der notwendigen Sensibilität unterstützen zu können. Ziel der Wochenplanarbeit ist eben gerade nicht der dirigierbare, sondern die/der eigenständige Schülerin/Schüler. Wochenplan als Element eines verbrämten Frontalunterrichts zu betrachten würde heißen, ihn gründlich mißzuverstehen, und bedeuten, über kurz oder lang mit diesem Ansatz »Schiffbruch« zu erleiden. Aus dem Wochenplan das »Abarbeiten eines Lernprogrammes« zu machen wäre gerade der Gegensatz zum selbständigen Lernen.

Der Wochenplan ist ein Schritt zur Veränderung des Verhältnisses der Schülerinnen und Schüler zum Gegenstand, er schafft Gelegenheiten zur eigenständigen Begegnung mit dem Gegenstand. Die Arbeiten, die in einem Klassenraum zur gleichen Zeit erledigt werden, sind vielfältig, gerade das wird von den Schülerinnen und Schülern besonders begrüßt: Man kann zwischen ganz unterschiedlichen Aufgaben und Lernwegen auswählen. Bei aufmerksamer Beobachtung merkt man, jedes Kind, jeder Jugendliche hat eigene Wege, die Dinge zu erfassen. Wenn man ihm eine Chance gibt, sich einem Lerngegenstand eigenständig zu nähern, ihn im selbstbestimmten Tempo zu bearbeiten, dann steigt die Motivation zu konzentriertem Arbeiten. Mit dem Wochenplan, so läßt sich feststellen, wächst auch das Interesse der Schülerinnen und Schüler an den Unterichtsinhalten.

Wochenplanunterricht ist nicht »der« Unterricht schlechthin. Bisherige Erfahrungen haben gezeigt, daß er auf sinnvolle Weise mit anderen Unterrichtsformen verflochten sein muß. Es kann nicht darum gehen, die »totale Wochenplanschule« einzuführen. Er ersetzt nicht den bisherigen Unterricht ohne Rest, sondern ist ein Element, ein Baustein eines offenen Unterrichts, der in vielen Phasen besonders das Üben und das individualisierte Lernen betont. Er enthält sicherlich einige Elemente der »klassischen« Stillarbeit, führt aber weit darüber hinaus. Arbeit mit dem Wochenplan hilft, Fähigkeiten und Fertigkeiten aufzubauen, auf die im offenen Unterricht zurückgegriffen werden kann. Richtig verstanden, kann der Wochenplan für Lehrerinnen und Lehrer, für Schülerinnen und Schüler immer wieder Anstöße zur Entwicklung weiterführender Ideen – insbesondere für Projekte und für Freie Arbeit – bieten.

5.3 Mit den Schülerinnen und Schülern Ziele vereinbaren

Innerhalb einer Schulklasse bilden sich Beziehungsstrukturen schnell heraus. Daher ist es wichtig, daß der Lehrer oder die Lehrerin sich von Beginn an bemüht, den Schülerinnen und Schülern das Gefühl des Dazugehörens zu vermitteln. Regelmäßige Gesprächsrunden zu festgelegten Zeiten sind eine wesentliche Voraussetzung dafür, daß sich eine positive Bezie-

111 Hagstedt, 1987, S. 7.

hungsstruktur »auf dem Hintergrund von Gleichwertigkeit und gegenseitiger Achtung«[112] entwickeln kann.

Um durchschaubare Strukturen im Klassenraum umzusetzen, sind Vertrauen und gegenseitige Akzeptanz unumgänglich. Daher müssen die Schülerinnen und Schüler in möglichst viele Entscheidungen einbezogen werden. Die Herstellung eines »Einverständnisses« in dem Sinne, daß man mit der Lerngruppe zu einem Konsens kommt, der von den Schülern/innen akzeptiert und getragen wird, ist dabei wichtig. Es geht nicht darum, einfach durch eine Mehrheitsentscheidung zu einem Ergebnis zu kommen. Dies kann sehr leicht zu einer Konkurrenzsituation zwischen einzelnen Gruppen führen. Es geht darum, auch die Argumente der Minderheit ernst zu nehmen, zu diskutieren und mit Hilfe dieser Argumente eine Lösung zu finden, die von allen getragen werden kann. In vielen Situationen ergibt sich die Möglichkeit, alternative Vorschläge zu besprechen und nacheinander auszuprobieren. Die Gruppenbesprechungen als institutionalisierte Gesprächsrunden oder Klassenstunden in eigener Verantwortung der Kinder bzw. Jugendlichen sind eine Hilfe, um mit einer Klasse gemeinsame Ziel- setzungen zu entwickeln.

Es gibt natürlich Bedingungen, die vorgegeben und durch die Lehrer/innen bzw. die Schüler/innen nicht oder kaum zu verändern sind. Aber neben solchen Vorgaben, etwa den Lehrplänen oder dem Stundenplan, gibt es viele Dinge, die im schulischen Alltag gemeinsam mit den Schülerinnen und Schülern geregelt werden können. Dies betrifft alle Dinge, die für das Zusammenleben der Klasse von Bedeutung sind, wie z.B.

- die Festlegung von Regeln für das Verhalten in der Klasse und während der Wochenplanarbeit,
- die Absprache über Rituale, z.B. den Klassenrat, den Montagsgesprächskreis, das Wochenabschlußgespräch,
- die Sitzordnung im Klassenraum,
- die Gestaltung der Klasse,
- die Strukturierung des Unterrichtsvormittages innerhalb der Einschränkungen, die durch den Stundenplan vorgegeben sind,
- die Durchführung von Feiern.

Bezieht man die Schüler/innen in diesen Bereichen wirklich ernsthaft mit ein, so wird ihnen dadurch deutlich, daß nicht die Lehrer/innen für alles in erster Linie verantwortlich sind, sondern sie als Schüler/innen einen wesentlichen Bereich in der Schule tragen können. Dinge, die nicht vorgeschrieben sind – und das ist erstaunlich viel –, können mit den Kindern und Jugendlichen besprochen und geregelt werden. Regelungen, die durch sie getroffen worden sind, werden eher akzeptiert und von allen eingehalten. Ihnen wird deutlich, daß sie reale Verantwortung tragen. Ziele werden so gemeinsam aufgestellt und gemeinsam verfolgt.

Das eben Gesagte hat für die Arbeit mit dem Wochenplan ganz besondere Bedeutung. Der Wochenplan muß nach und nach eingebettet werden in einen Unterrichtsalltag, in dem die Schüler/innen etwas zu sagen haben und sich logischerweise auch bei der Aufstellung der Wochenpläne an entscheidender Stelle einbringen können. So veränderte sich in der Klasse, in der ich zuerst Wochenplanerfahrung sammelte, die Struktur der von mir aufgestellten Wochenpläne, nachdem von einem Schüler während des Wochenabschlußgesprächs vorgeschlagen wurde, doch einmal zu probieren, selbst einen Wochenplan aufzustellen. Auf einen

112 Kleinert, I.: Mein Weg zur Freiarbeit. In: Claussen u.a., S. 9.

Mit Schülerinnen und Schülern gemeinsame Ziele vereinbaren, an denen sie dann ganz eigenständig in den von ihnen gewählten Sozialformen arbeiten können, ist ein ganz wesentlicher Aspekt der Wochenplanarbeit.

solchen Vorschlag hatte ich gewartet (oder besser: gehofft), wollte ihn jedoch von mir aus nicht einbringen. Andere unterstützten diesen Vorschlag, und so kam es dazu, daß die Schülerinnen und Schüler am ersten selbstaufgestellten Wochenplan arbeiteten.

Alle schafften es, z. T. auch dadurch, daß sie sich mit Mitschülern/innen besprachen, komplette Wochenpläne aufzustellen. Sie konnten dabei gut einschätzen, was für sie in vier Stunden zu schaffen ist (viel besser als ich!). Die ersten von den Schülern aufgestellten Pläne orientierten sich – mitbedingt durch die Vorgabe der Blankoformulare – natürlich stark an der bekannten Struktur. Sie enthielten vorwiegend fachbezogene Übungsaufgaben, wobei mir bei der Durchsicht der Pläne schnell deutlich wurde, daß die Schülerinnen und Schüler ihre defizitären Bereiche genau kennen und sich häufig gerade dort Übungsaufgaben »verordnen«. Aber auch eigene Ideen und besondere Vorlieben wurden von ihnen in die Pläne aufgenommen (siehe Beispielwochenplan von Andreas).

Selbstaufgestellte Wochenpläne wurden von nun an zu einer festen Institution, die regelmäßig praktiziert wurde, wobei sich die Pläne der Schülerinnen und Schüler mit der Weiterentwicklung der übrigen Wochenpläne nach und nach veränderten und nicht mehr an der Anfangsstruktur (nun nur noch eine Möglichkeit unter vielen) klebten.

Nachdem ich Erfahrungen in Hauptschulklassen gesammelt hatte, unternahm ich in einer 9. Gymnasialklasse den ersten Versuch, mit dem Wochenplan zu arbeiten. Ich unterrichtete dort vier Stunden wöchentlich das Fach Gesellschaftslehre. Die Klasse, die eigenständiges Arbeiten bereits ebenso gewohnt war wie die Arbeit in Gruppen, nahm die neue Arbeitsform sehr positiv auf. Bei der Wochenplanarbeit in dieser Klasse wurde mir im Verlaufe der Zeit zum ersten Mal deutlich, wie unsinnig es ist, Wochenplanarbeit als eine schulstufen- oder schulformbezogene Arbeitsform zu betrachten: Alle Schülerinnen und Schüler können einen Vorteil daraus ziehen.

Die Erfahrungen, die ich zuvor im Hinblick auf das gemeinsame Vereinbaren von Zielsetzungen gemacht hatte, kamen mir und meinen Schülern/innen natürlich zugute. Ich versuchte von Beginn an, ihnen Entscheidungsspielräume zu schaffen. Bereits mit dem ersten Wochenplan arbeiteten sie sehr motiviert. Es machte den Schülern/innen offensichtlich Spaß, sich eigenständig mit der Thematik auseinanderzusetzen. (ausführliche Beschreibung in Teilkapitel 3.4).

Schon beim nächsten Wochenplan wurden die Schülerinnen und Schüler in die Aufstellung der Pläne einbezogen. Eine Vorbefragung zum Teilthema »USA« spielte in diesem Zusammenhang eine wichtige Rolle. Einzelne Aspekte und Möglichkeiten, die in der Bearbeitung des Themas lagen, wurden aufgelistet und kurz skizziert. Zielsetzungen wurden vereinbart, und die sich daraus ergebenden Aufgabenstellungen sind in die Wochenpläne eingeflossen. Schritt für Schritt entstanden bereits nach wenigen Wochen komplett von den Schülerinnen und Schülern aufgestellte Wochenpläne. Zunächst hatten sie bei ihren eigenen Plänen fast alle die Tendenz, sich zuviel zuzumuten, was sich aber im Laufe der Zeit und nach eingehender Beratung regulierte.

Den Wochenplan setzte ich daraufhin im Gesellschaftslehreunterricht regelmäßig ein und bezog dabei die Schüler/innen bei jeder Unterrichtseinheit nicht nur in die inhaltliche, sondern auch in die methodische Planung ein. Aus den Ergebnissen einer schriftlichen Befragung (nach 4monatiger Wochenplanpraxis) wurde deutlich, daß die überwiegende Mehrheit positive Erfahrungen mit dem Wochenplan gemacht hatte und weiterhin damit arbeiten wollte. 19 der 22 Schüler/innen entschieden sich zum Thema »Die Gemeinschaft Unabhängiger Staaten (GUS)« für die Wochenplanarbeit, daneben wurde von 14 Schülern/innen Gruppenarbeit (12mal in direkter Verbindung mit dem Wochenplan) und Referate (8mal) genannt. Der

Wochenplan
H 7d

für die Woche vom 10.3. - 14.3.92

Name: Andreas Fischbach

Gesellschaftslehre

Aufgabe erledigt am: kontrolliert:

P* Schreibe einen Aufsatz über das Zusammenleben der Römer und Germanen

P* Schreibe 10 Römernamen auf.

P* Zeichne einen Patrizier.

Deutsch

Aufgabe erledigt am: kontrolliert:

P* Bearbeite auf Seite 23. im Diktat fehlerfrei die Wortliste

W* Bearbeite auf Seite 20 im Diktat fehlerfrei den Wortblock

P* Schreibe mit deinem Nachbarn ein Übungsdiktat

Mathematik

Aufgabe erledigt am: kontrolliert:

P* Bearbeite im Wochenplan die Deutschwallaufgabe

P* Schreib im Mathebuch Seite 85 Aufgabe 1-9 ab und rechne sie aus.

Wochenplan-Zeiten: Mo. 5.Std./ Di. 3.Std/ Do. 3.Std./ Fr. 3.Std.

Andreas hat zum ersten Mal einen kompletten Wochenplan selbst aufgestellt.

Gesellschaftslehre 9	*UE Das 19.Jahrhundert*

Wochenplan G 9a

für die Zeit vom 24.3. - 28.3.92

Name:

Pflichtaufgaben

GA Schreibt Eure Rede über Bismarck zuende, so daß Ihr sie am 31.3. vortragen könnt. Ihr könnt Eure Rede auch mit der Videokamera aufnehmen und als "Video-Clip" vorspielen. (erl. am:________)

EA Arbeitet den Text in "Geschichtliche Weltkunde Bd. 3", S. 8-11 und S. 22-25 als Grundinformation zum Thema "Imperialismus" durch. (erl. am:________)

EA/PA/GA Erklärt, was unter dem Begriff "Imperialismus" zu verstehen ist und beschreibt, was als Antriebskräfte des Imperialismus im Text bezeichnet wird. (erl. am:________)

EA/PA/GA Schreibt einen Bericht über die Entwicklung der europäischen Kolonialherrschaft von 1492 bis heute. (erl. am:________)

Wahlaufgaben

EA/PA/GA Bearbeitet die Aufgabe 2 im Buch auf Seite 8. (erl. am:________)

EA/PA Versucht die Tabelle auf S. 8 in eines oder mehrere Schaubilder umzusetzen. (erl. am:________)

EA/PA/GA Löst das Kreuzworträtsel zum Thema "Imperialismus" (Arbeitskartei) (erl. am:________)

EA Zeichnet in eine Welt-Umrißkarte den gesamten Besitz einer Kolonialmacht ein und beschriftet die Karte. (erl. am:________)

EA/PA/GA Sammelt Informationen zum"Kolumbusjahr". Findet Ihr, daß "500 Jahre Entdeckung Amerikas" ein Grund zum feiern ist? (erl. am:________)

Die Wochenplan-Aufgaben müssen bis zum Dienstag (31.3.92) fertiggestellt sein, Du hast also 4 Unterrichtsstunden, um alles zu erledigen. Über die Reihenfolge der Aufgabenbearbeitung kannst Du selbst entscheiden. Wahlaufgaben sollst Du erst dann bearbeiten, wenn Du Dein Pflicht-Pensum geschafft hast.

Texte können von Dir auch mit der Schreibmaschine getippt oder am PC geschrieben werden (Du kannst dann im Raum 125 bzw. Computerraum arbeiten).

Vom Lehrer aufgestellter Wochenplan

traditionelle »Klassenunterricht« mit dem fragend-erarbeitenden Verfahren im Unterrichtsgespräch wurde lediglich von fünf als eine ergänzende methodische Form zur Zusammenführung der Ergebnisse gewünscht. Eine in ähnlicher Form mehrfach zu findende Schüleraussage lautete: »Ich bin dafür, daß wieder mit Wochenplänen gearbeitet wird, in denen Einzelaufgaben und Gruppenarbeiten zu bearbeiten sind.«

Der Wochenplan wurde nach dem ersten Einsatz auch in dieser Klasse zu einem festen Bestandteil, ein wichtiges Element eines offenen, schülerorientierten Unterrichts, der den Schülerinnen und Schülern vielfältige Handlungs- und Mitbestimmungsmöglichkeiten bietet. Die Rahmenbedingungen des Lehrplanes wurden den Jugendlichen offengelegt. Auf dieser Grundlage konnten mit den Schülern sodann gemeinsame Wochenplanziele vereinbart werden. Das pädagogische Grundprinzip, daß Kinder bzw. Jugendliche aus eigenem Antrieb arbeiten können und wollen, wenn man sie nur läßt, wurde von dieser Klasse in vielen konkreten Lernsituationen bestätigt. Von den Schülern/innen wurde besonders positiv aufgenommen, daß der Wochenplan es ermöglichte, selbstgesteuert zu arbeiten und zu lernen. Die Schülerinnen und Schüler konnten nun über wesentliche Bereiche wirklich mitentscheiden: die Lerninhalte und die Lernmethoden, den Arbeitsrhythmus, das Arbeitstempo und die Sozialform, in der gelernt wird.

5.4 Weiterentwicklung des Konzeptes: Wochenplan – Freie Arbeit – Projektunterricht

Nachdem ich eine Zeitlang mit Wochenplänen im Unterricht gearbeitet hatte, zog ich ein Resümee. Für die zukünftige Arbeit mit dem Wochenplan hatten sich aus den bis dahin gemachten Erfahrungen einige Aspekte ergeben, die ich zuvor in dieser Weise nicht bedacht hatte:

- Wochenplanarbeit darf nicht zu einer »materialzentrierten Individualisierungspädagogik«[113] degenerieren, die geradezu das soziale Aneinandervorbeileben fördert. Betont werden muß, neben dem individualisierenden Lernen, auch das gemeinsame soziale Lernen. Dies geschieht in meinem Unterrichtskonzept zwar insbesondere im Klassenunterricht, in dem projektbezogen und handlungsorientiert gelernt wird, aber auch im Wochenplan muß nach Möglichkeiten gesucht werden, Aufgaben zu formulieren, die es erfordern zusammenzuarbeiten. Die vorhandenen Ansätze zur Kooperation (gegenseitige Hilfestellungen – Helfersystem; gemeinsames Arbeiten an Fragestellungen; Zusammenarbeit beim praktischen Lernen, z.B. in der Druckerei oder bei der Gewässeruntersuchung) müssen noch stärker akzentuiert werden.
- Es muß erreicht werden, daß die Schülerinnen und Schüler inhaltliche Arbeit, Arbeit am »Stoff«, nicht weitgehend als Einzelarbeit erfahren, die sie anderen zeigen, sondern, daß Lernsituationen entstehen, in denen sie wirklich miteinander und voneinander lernen. Dazu ist es nötig, die Wochenpläne zielgerichteter als bisher für projektbezogene Lernerfahrungen zu öffnen.
- In Wochenplänen, in denen der Akzent auf die Individualisierung des Lernens gelegt wird, sollte eine noch bessere Abstimmung auf die individuellen Lernbedürfnisse meiner Schülerinnen und Schüler vollzogen werden. Dies bedeutet, daß insbesondere der Bereich der

113 Kaiser, A.: Das Konzept »Freie Arbeit« im Spannungsfeld zwischen Materialdifferenzierung und Projektlernen. In: Die Deutsche Schule 1/1992, S. 46.

Gesellschaftslehre 9	*UE USA-GUS*

Wochenplan G 9a

für die Zeit vom 26.5. - 3.6.92

Name: Iris Wenderoth

Wochenthema:
U S A
Geographie-Geschichte-Wirtschaft-Politik-Kultur

Die Aufgaben in dieser Woche will ich ~~allein~~/gemeinsam mit:

Carola, Sandi und Eike bearbeiten.

Folgende Aufgaben will ich/wollen wir auf alle Fälle schaffen:

1. Wir möchten über die Rassenunruhen in den letzten zwei Wochen in L.A. berichten. Dazu fassen wir einen ausführlichen Bericht aus dem Stern und anderen Zeitschriften zusammen.
2. Wir schreiben einen Bericht über Seattle, der interessantesten Stadt der USA.

Folgendes will ich/wollen wir darüberhinaus bearbeiten, wenn Zeit dafür bleibt:

1. Wir wollen die Unterdrückung und Verfolgung der Indianer im 18. und 19. Jahrhundert aufzeigen.
2. Wir zeichnen auf eine Folie die Indianerreservate, bevor die Weißen das Land besiedelten und die heutigen (Vergleich).

Bemerkungen:

Wir brauchen Folie und Folienstifte.
Buch: Amerika auf eigene Faust/Geo-Heft

Wochenplan zur Kenntnis genommen: Um 23.5.92

Schülerinnnen und Schüler stellen ihren Plan zum Wochenthema USA selbst auf.

1.6.1992

Rassenunruhen in Los Angeles

Bei schweren Rassenunruhen in Kalifornien sind mindestens 58 Menschen getötet worden. Diese schrecklichen Unruhen in Los Angeles waren nach dem Freispruch von vier weißen Polizisten ausgebrochen, die den schwarzen Autofahrer Rodney King wegen Geschwindigkeitsüberschreitung gestoppt hatten und ihn brutal mit Gummiknüppeln zusammenschlugen.
Die Gewalt ging in erster Linie von den Schwarzen aus, die „offiziell" nur gegen die Weißen gerichtet war. Obwohl sich unter den 58 Leichnamen nur 2 Asiaten befanden, waren die Schnapsläden, Ladengeschäfte, Supermärkte, Restaurants und Tankstellen der Koreaner die Zielscheiben der schwarzen Jugendbanden.
Durch die Diskiminierung, Frustation und Hilflosigkeit der Schwarzen Minderheit kam diese Gewalt zu stande. Doch daß die Schwarzen aus den Ghettos über das Eigentum der Koreaner herfallen mußten, hatte seine tieferen Gründe. Die Koreaner, die in größerer Zahl erst seit 1965 in die USA einwandern durften, waren sozusagen die Aufsteiger im amerikanischen System. Im Gegensatz dazu wurde der die schlechten sozialen Verhältnisse der immer größer. In den siebziger Jahren die Schwarzen, die den neuen ... sondern die Koreaner, die das Kapi... aufbrachten und Eigeninitiative mit...

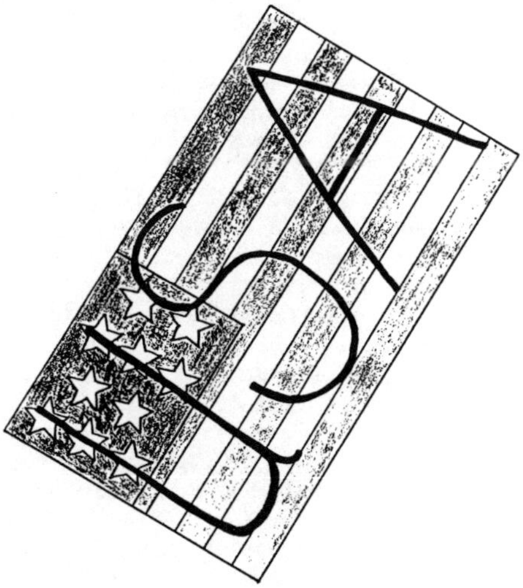

→Wochenarbeitsplan

Seattle - Gesichter einer Stadt

Die schönste Stadt der USA

Seattle ist die schönste Stadt der USA, was auf das viele Wasser, die vielen Buchten und das Meer zurückzuführen ist. Seattle liegt im nördlichsten Westen der USA direkt an einem großen See in dem Staat Washington. Es ist aufgrund seiner Reinheit und der wenigen Brutalität die schönste Stadt der USA.
Die alte Straßenbahn und die modernen Busse beeindrucken auch, und der Pioneer Square, das Stimmengewirr im International District und auf dem Pike Place Market, und die schlanke Space Needle. Vor allem sind in Seattle kaum Touristen, da der Ort ziemlich unbekannt ist. Das Seattle Center ist ein Überbleibsel der Weltausstellung von 1952 und vereinigt das Pacifik Science Center, das Center-House und einen Vergnügungspark auf einem riesigen Parkgelände. Überragt werden alle Gebäude des Zentrums von der 200 m hohen Space Needle, dem architektonisch wohl gelungensten Aussichtsturm der Welt, von.

Schülerarbeiten, die im Rahmen des Wochenplanes zum Thema »USA« entstanden

6.92 **Los Angeles in Flammen und die Hoffnung auf eine Lösung der Rassenprobleme starb**

Los Angeles war das Zentrum der schlimmsten Rassenunruhen, die die USA bisher erlebt hat. Angefangen hatte alles mit einer Verfolgungsjagd am 3. März 1991. Weiße Polizisten schlugen auf den schwarzen Rodney King so lange mit Knüppeln ein, bis das dieser gebrochene Backenknochen, ein gebrochenes Bein lodierte Augenhöhlen, eine Gehirnerschütterung und eine Verbrennung durch ein Elektrogewehr davonzog. Obwohl ein Amateur diese Prügelei filmte und man in ganz Amerika diese Szene im Fernsehen sehen konnte, sprachen die – fast ausschließlich Weißen – Geschworenen eines Gerichts im vornehmlich weißen Vorort Simi Valley die Polizisten frei. Kaum war der Freispruch bekannt, erhob sich ein Sturm der Entrüstung in der zweit größten Stadt der USA. Die Parole von Demonstrationen Keine Gerechtigkeit – Kein Frieden 50 Menschen kamen in einer Orgie von Haß und Gewalt zu Tode. 2000 Menschen wurden verletzt, mehr als 1000 Gebäude gingen in Flammen auf. In der Manchester-Street keine Tankstelle, kein Sirmar kein Imbißstand verschont. „Gewalt gegen Haß und Gewalt ..., meint

Zusatzaufgabe

Indianer – Verlierer beim freien Spiel der Kräfte?

Vor 500 Jahren entdeckte Kolumbus Amerika, doch nicht viele finden dies einen Grund zum Feiern, da sie ihr Land im Laufe der Jahrhunderte an die europäischen Eindringlinge abgeben mußten. Die Verlierer des „Freien Spiels der Kräfte" sind die Ureinwohner Amerikas, die auf dem heutigen Staatsgebiet der USA leben. Indianer und ihre Vorfahren. Feuerwaffen und Feuerwasser, Verfahrenstricks und Vertragsbrüche und nicht zuletzt auch das Geld der Weißen ließen den Indianern keine Chance: Von weißen Forschern früherer Jahrhunderte noch als „halbtierisch" gesehen, mußten sie jetzt der „Zivilisation" weichen und wurden seit dem 19. Jahrhundert in immer kleinere, wirtschaftlich kaum nutzbare Reservate verdrängt. Nur wenige wurden „richtige" Amerikaner, denn selbst der Umzug in die Großstädte führte zu einem Leben im Sturm.
Diejenigen, die ihre Traditionen bewahren wollten, wurden zu Fremdkörpern in einer ihnen fremden Welt entwurzelt, verarmt, arbeitslos, dem Alkohol und anderen Drogen verfallen.

Wahl- und Zusatzaufgaben weiter ausgebaut werden muß. Daneben sollten für einzelne Schüler/innen in Teilbereichen (z.B. in Deutsch etwa die Rechtschreibung; in Mathematik Grundrechenarten ...) individuelle Pläne aufgestellt werden, insbesondere um Lerndefizite aufzuarbeiten, aber auch um Leistungsstarke besser in ihrem Vorankommen zu fördern.

- Die Pflichtanteile im Wochenplan sollten reduziert werden, damit dieser Teil die Schülerinnen und Schüler nicht, wie ich das teilweise beobachten konnte, völlig »verschlingt«. Eine Ausweitung von Phasen der »Freien Arbeit« könnte dadurch ermöglicht werden.
- Um den atomisierenden Charakter der Wochenplanarbeit zu überwinden, ist es neben der Einbeziehung von Freiarbeitsphasen und der Öffnung für Projektlernen nötig, dem Prinzip der Arbeitsvereinigung[114] mehr Raum zu geben. In gemeinsamen Planungen und Auswertungen, in die die Arbeit mit dem Plan einzubetten ist, sollten mit den Schülerinnen und Schülern Kontext und Sinn der Wochenplanarbeit (weiter-)entwickelt werden.

In der Folgezeit organisierte ich als Konsequenz aus den oben gemachten Aussagen die Arbeit mit dem Wochenplan anders als bisher, ohne die einmal gewonnene und den Schülern/innen vertraute Struktur dabei völlig »über Bord« zu werfen. Wochenpläne mit individualisierenden Arbeitsaufträgen spielten auch weiterhin eine Rolle; dabei weitete ich den Wahlbereich aus und schaffte viele Möglichkeiten zur Kooperation. Sie wurden ergänzt bzw. kombiniert mit von den Schülern/innen selbst aufgestellten Plänen.

Ich machte die Erfahrung, daß die Selbständigkeit der Kinder bzw. Jugendlichen beim Lernen zunahm, wodurch sich auch die im Wochenplan ausgewiesenen Aufgaben weiter veränderten. Der Anteil der Wahlaufgaben wurde immer größer, Pflichtaufgaben traten stärker in den Hintergrund. Die Aufgaben selbst wurden komplexer. Damit verschoben sich noch einmal die Schwerpunkte meiner Aufgabenstellung als Lehrer. Das Organisieren und Vorbereiten von Lernangeboten bzw. Materialien sowie die Beratung und Begleitung der Schüler/innen nach deren individuellen Bedürfnissen stehen nun mehr im Vordergrund.

Es war zunächst meine Vorstellung, daß sich mein Unterricht in den Fächern Deutsch, Mathematik und Gesellschaftslehre auf drei »Säulen« aufbauen könnte: dem Klassenunterricht, der Wochenplanarbeit und dem Projektunterricht. Alle drei Bereiche sollten – gemessen am gesamten Schuljahr – jeweils ein Drittel des Unterrichts ausmachen. Es zeigte sich jedoch, daß mein Konzept nicht aufgehen konnte: Ein Nebeneinander war nicht möglich, vielmehr mußten Ansätze zur Integration aller drei Elemente gefunden werden. Daraus entstand nach und nach ein Konzept, das Wochenplanarbeit, Freie Arbeit und Projektarbeit auf sinnvolle Weise miteinender verbindet, aber auch die Verknüpfung mit dem Klassenunterricht nicht vernachlässigt. Wochenplanarbeit und Freie Arbeit wurden dabei immer mehr zu einer Hilfe und gleichzeitig zu einem organisatorischen Rahmen bei der Durchführung von Unterrichtsprojekten.

Eine dritte Form – neben dem Wochenplan als individuellem Übungspensum und den von den Schülerinnen und Schülern aufgestellten Wochenplänen – bilden Wochenpläne, in denen kooperatives und projektbezogenes Lernen im Vordergrund stehen, nicht die individualisierte Arbeit. In Lerngruppen, in denen die Möglichkeit besteht, mehrere Fächer in den Wochenplan einzubeziehen, kann dann der Fachbezug zugunsten thematischer Bezüge aufgelöst werden. Erste kleinere Versuche mit dieser Form der Wochenplanarbeit machte ich dazu im Rahmen des Projektes »Bacherkundung«, die dann vor allem zum Thema »Römer und Germanen« und »Ein neues Wohngebiet entsteht« weitergeführt wurden.

114 Vgl. Kaiser, S. 47.

Im Rahmen des letztgenannten Vorhabens wurde versucht, das Fach Gesellschaftslehre mit den Fächern Deutsch (Arbeit mit Texten, Schreiben von Berichten, Durchführung und Auswertung von Interviews) und Mathematik (Flächenberechnung, Maßstab) zu verbinden. Der abgedruckte Wochenplan zeigt beispielhaft die Struktur solcher projektbezogener Pläne. Einzelarbeit hat in diesem Plan keine Bedeutung. Er enthält ausschließlich Gruppenarbeitsaufträge, wobei über die Aufgabenstellung, die Schüler/innen, mit denen man zusammenarbeiten möchte, und auch über die Art der Aufgabenbearbeitung – innerhalb eines weit abgesteckten Rahmens – eigenständig entschieden werden kann. Der sich in eher »traditionellen« Wochenplänen widerspiegelnde Dirigismus durch die Lehrerin oder den Lehrer tritt hier stärker als bisher in den Hintergrund.

»Kontrolle« geschieht bei diesen Plänen nicht durch den Lehrer, sondern die Ergebnisse, die Handlungsprodukte, werden im Plenum der Klasse am Ende der Woche veröffentlicht, z.B. durch eine Wandzeitung, eine Videoaufzeichnung, ein vervielfältigtes Papier, eine Ausstellung oder einen kurzen Vortrag. Die Schüler/innen lernen auf diese Weise, sich zu einem bestimmten Thema vor der gesamten Klasse zu äußern, und erfahren, daß die von ihnen geleistete Arbeit auch für die anderen Bedeutung hat und für sie Gewinn bringen kann.

Andere Wochenpläne versuchte ich noch stärker zu öffnen. Meine Absicht war es, Elemente der Freien Arbeit und des Projektunterrichts miteinander zu verbinden. Beispielhaft sei an dieser Stelle ein Wochenplan zum Thema »Ausländerfeindlichkeit und Rechtsradikalismus« aus einer 10. Klasse vorgestellt. Dieser Plan enthielt überhaupt keine Pflichtaufgaben mehr, sondern lediglich eine Angebotspalette zu einem Themenbereich, aus der ausgewählt werden konnte.

Die Schüler/innen konnten bei diesem Plan frei über Tätigkeiten, Wege und Mittel, über Zeit und Reihenfolge und über ihren Arbeitsplatz entscheiden. Dies alles sind Elemente eines Konzeptes der Freien Arbeit.[115] Es besteht jedoch eine Einschränkung, und dies macht auch den Unterschied zur »klassischen« Freien Arbeit deutlich: Alle arbeiten an einem gemeinsamen, von den Schülerinnen und Schülern zuvor ausgewählten Projektthema. Das hier vorgestellte Thema »Ausländerfeindlichkeit und Rechtsradikalismus« hatten die Schüler/innen nach den aktuellen Vorfälle in Solingen, Mölln und an anderen Orten vorgeschlagen. Sie wollten sich in Gruppen, so ihr Wunsch, intensiver mit der Thematik befassen. Während die Wochenplanarbeit und die Freie Arbeit im engeren Sinne entweder stärker aufgabenorientiert sind oder die individuelle Initiative im Vordergrund steht, »ist Projektarbeit substantiell auf Verabredung, gemeinsam entwickelten Plan und gemeinsame Arbeit hin orientiert ...«[116]

Eine wichtige Aufgabe kommt in einem so angelegten Unterricht der Arbeitsvereinigung zu. In einer »Metaphase« mußte zunächst die Vielfalt der Ergebnisse sinnvoll strukturiert und in einen Gesamtzusammenhang gebracht werden. Die Schüler/innen stellten kurz vor, woran sie gearbeitet hatten und wie sie vorgegangen sind. Die Themen wurden notiert, und eine Struktur wurde gefunden, bevor die Ergebnisse im Detail dem Klassenplenum zur Kenntnis gebracht wurden. Die Palette dessen, was die Schüler/innen bearbeiteten, reichte von Informationssammlungen zu den aktuellen Ereignissen, Pressespiegeln, Bearbeitung von Stichwörtern wie Neonazis, Rechtsradikalismus, Vorurteile, Täterkarrieren über Erörterungen,

115 Vgl. dazu: Hauck, B.: Freiarbeit. In: Pädagogik, 12/1992, S. 43; Jürgens, U.: Differenzierung durch freie Arbeit – Utopie oder Wirklichkeit? In: Claussen u.a., S. 46ff.; Ranisch, A.: Freiarbeit – eine notwendige Ergänzung. In: Claussen u.a., S. 97ff.; Pädagogik, 6/1991 (Thema: Freie Arbeit); Lomeier, M. u.a.: Freiarbeit nach Wochenplänen. In: Praxis Schule 5–10, Heft 6/1991, S. 8ff.

116 Bönsch, M.: Offener und kommunikativer Unterricht – Freiarbeit und Beziehungsdidaktik. Oldenburger Vor-Drucke, Heft 150/91, S. 16.

WOCHENPLAN 7d

für die Woche vom 11.5. bis zum 15.5.92

Thema

EIN NEUES WOHNGEBIET ENTSTEHT

Name: Dennis

Für diese Woche kannst Du Dir eine der folgenden Aufgaben auswählen. Bearbeite sie gemeinsam mit zwei oder drei Mitschülern. Mit wem, das kannst Du selbst entscheiden. Jede Gruppe stellt ihre Wochenplanarbeit am Freitag in der 3. und 4. Stunde der Klasse vor. Die Arbeit jeder Gruppe wird benotet.
Du hast für die Arbeit die folgenden Stunden zur Verfügung:
Mo. 5. Std. Di. 2./3. Std. Mi. 3. Std. Do. 2. Std

Gruppe 1

(X) Du kannst ein Interview mit einem oder mehreren Bauarbeitern führen.

Dieses Interview sollte gut vorbereitet werden. Überlegt in der Gruppe genau, welche Fragen Euch interessieren und welche Fragen von den Bauarbeitern sachkundig beantwortet werden können. Ihr könnt das Interview mit der Video-Kamera aufnehmen oder mit einem Kassettenrecorder. Die wichtigsten Ergebnisse des Interviews oder das gesamte Interview schreibt bitte auf Matrize und vervielfältigt es für alle.

Gruppe 2

( ) Du kannst ein Interview mit einem Angestellten des städtischen Bauamtes führen.

Auch dazu müßt Ihr Euch die Fragen genau überlegen. Zwei Fragen, die bei unserem ersten Erkundungsgang unbeantwortet geblieben sind, können Euch dort sicher beantwortet werden:
1. Wie kam es zur Aufstellung des Bebauungsplanes für das neue Wohngebiet?
2. Wer bezahlt das alles (Straßen, Versorgungsleitungen, Grundstücke, Häuser ...)?
Bestimmt fallen Euch noch weitere Fragen ein! Im übrigen könnt Ihr so wie die Gruppe 1 vorgehen.

Gruppe 3

( ) Du kannst Dich über die Vor- und Nachteile von Hochhäusern, Mehrfamilienhäusern, Reihenhäusern und Einfamilienhäusern informieren.

Dazu bekommt Ihr von mir Material zur Verfügung gestellt (Fotos, Zeichnungen und einen Text). Wenn Ihr Lust habt, könnt Ihr auch eine Befragung in Gudensberg durchführen. Die Ergebnisse lassen sich am besten durch eine Wandzeitung (z.B. mit Zeichnungen und einer Tabelle mit Vorteilen/Nachteilen) den anderen vorstellen. Aber vielleicht habt Ihr auch eine andere Idee.

Gruppe 4

Du kannst Materialien, mit denen auf der Baustelle gearbeitet wird, für eine kleine Ausstellung zusammentragen (z.B. Grob- und Feinschotter, Sand, Kies, Beton ...)

Bevor Ihr die Materialien holt, erklärt den Bauarbeitern, was ihr vorhabt und fragt sie, was Ihr mitnehmen könnt (sonst könntet Ihr Ärger bekommen, weil ihr eine Betonröhre in die Schule geschleppt habt!). Damit die anderen etwas mit der Ausstellung anzufangen wissen, beschriftet die Materialien und erklärt, wofür sie benutzt werden. Ihr könnt Eure Ausstellung durch Zeichnungen ergänzen.

Gruppe 5

Du kannst Dich noch einmal intensiv mit dem Bebauungsplan beschäftigen.

Überlegt Euch, wie man den (vergrößerten) Plan durch Farben und eine Zeichenerklärung übersichtlich gestalten kann (wir wollen ihn zu unserer Ausstellung hängen). Wie wäre es, wenn Ihr eine Phantasiegeschichte dazu schreibt? - "Gudensberg 1993: Ich wohne im Neubaugebiet neben der Schule" oder Ihr schreibt auf, warum Ihr dort wohnen bzw. nicht wohnen möchtet.

Gruppe 6

Du kannst auf Plakatkarton zeichnen, wie eine Straße gebaut wird, und was alles unter der Straße eingebaut wird.

Dazu könnt ihr zuerst noch einmal das Baugebiet neben der Schule erkunden (Hinweise beachten!), dort Skizzen anfertigen und alles wichtige aufschreiben. Vergeßt nicht, Eure Zeichnungen zu beschriften oder durch einen kurzen Informationstext zu ergänzen.

(Kreuze an, bei welchem Thema Du mitarbeiten willst)

Alles klar? Echt, ey?

Ich warte gespannt auf Eure Ergebnisse!

Viel Spaß und viel Erfolg bei Eurer Wochenplanarbeit wünscht Euch Euer Klassenlehrer

Mein Kommentar zum Wochenplan:

Ich fand es stark, daß wir auch mach draußen gehen konnten und mit den Bauarbeitern sprechen konnten.

Am 11.5.92 haben wir ein Interview mit Herrn Mikerch vom Stadtbauamt geführt.

1.) Wie kam es zur Aufstellung des Bebauungsplanes?
A: Das wichtigste der Bedarf an neuen Wohnungen das ist der Hauptgrund. Die meisten Grundstücke waren schon besetzt.

2.) Wer bezahlt das alles (Straßen, Versorgungsleitungen, Häuser)?
A: Das bezahlt der Bauherr bzw. Stadt.

3.) Wieviel Leute können das Gebiet bewohnen?
A: 55 Bauplätze 55 · 4 = 220 Leute

4.) Werden noch andere Wohngebiete entstehen?
A: Ja, aber im kleineren Umfang in den Stadtteilen entstehen ebenfalls neue Baugebiete, jedoch max. mit 8 Bauplätzen.

5.) Werden Maden und Gudensberg zusammenwachsen?
A: Durch dieses neue Baugebiet rücken wir Maden immer näher. Ein absolutes Zusammenwachsen von Gudensberg und Maden wird jedoch in absehbarer Zeit nicht folgen.

6.) Was kosten die Straßen, Grundstücke (m²)?
A. Grundstück und Vermessung kosten ca. 20 DM/m²
Erschließungskosten, Baukosten für Straßen, Kanal u. Wasserleitungen ca. 50-60 DM/m²
Gesamt Erschließungskosten ca. 70-80 DM/m²
Kosten pro m² Grundstücksfläche.

8.) Werden in das Gebiet auch Wirtschaften Supermärkte und Spielplätze gebaut?
A. Wirtschaften = vielleicht
Spielplätze = ja
Supermarkte = nein

7.) Wie wird Gudensberg 1995 aussehen?
A. Am Schwimmbad wird weiter gebaut sonst bleibt alles gleich. Im Bereich zwischen der Straße Schwerdeit sowie der Besser Straße entsteht ein neues Gewerbegebiet.

Sascha Dörbaum

André Gabor

Andreas Fischbach

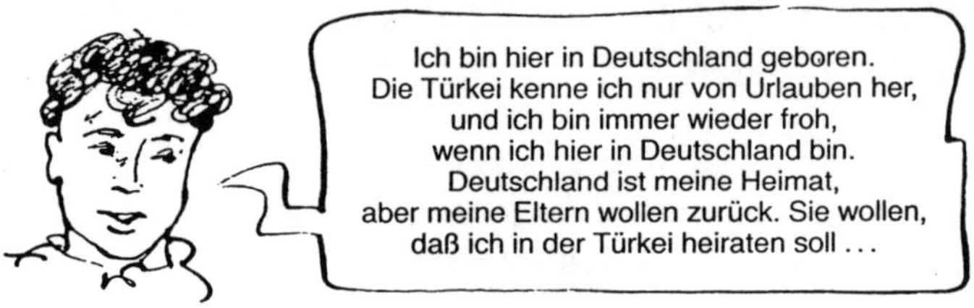

WOCHENPLAN 10a

für die Zeit vom 4.6. - 15.6.93

Thema

Ausländerfeindlichkeit und Rechtradikalismus

Setze Dich mit dem oben genannten Thema gründlich auseinander. Entscheide selbst, ob Du allein oder mit anderen gemeinsam etwas erarbeiten willst. Was Du zu dem Thema arbeitest und wie Du vorgehst, das ist allein Deine Sache.

Hier einige Tips: Du kannst ...
- o Informationsmaterialien sammeln,
- o deutsche und ausländische Mitschüler/innen nach ihrer Meinung befragen,
- o Gudensberger Bürger/innen zu den aktuellen Vorkommnissen befragen,
- o einen Vortrag vorbereiten,
- o eine Diskussionsrunde organisieren,
- o ein Rollenspiel entwickeln und durchführen,
- o eine Wandzeitung gestalten,
- o eine Collage erstellen,
- o einen Liedertext analysieren,
- o einen Aufsatz oder einen Kommentar schreiben,
- o einen Leserbrief an die Tageszeitung verfassen,
- o eine Mappe zum Thema anlegen,
- o Vorschläge machen, was wir gegen die Ausländerfeindlichkeit tun können,
- o einen ausländerfreundlichen "Werbespot" mit der Videokamera produzieren
- o oder...

In der kommenden Woche werden Eure Ausarbeitungen zu dem Thema im Mittelpunkt des Unterrichts stehen.

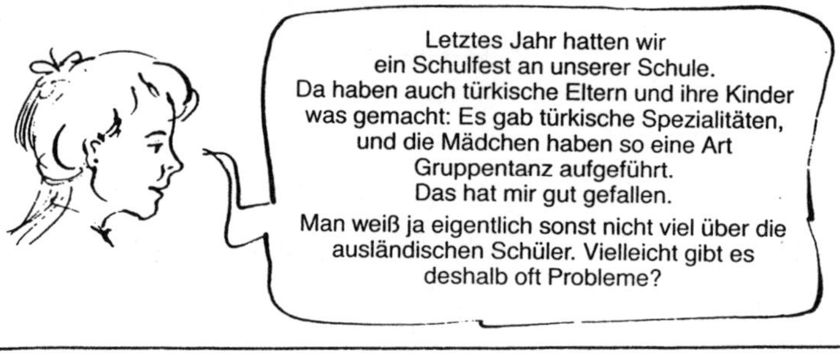

Was meinst du dazu?

MEINUNG / KOMMENTAR

Mit den Anschlägen auf die Asylbewerberunterkünfte und den vielen Angriffen auf Ausländer ist mir eigentlich erst richtig bewußt geworden, wie viele Rechtsradikale es gibt. Ich war zwar nicht direkt betroffen, aber ich habe mich doch geschämt und hatte vor allem immer größere Angst vor dieser Entwicklung. Als dann nach Mölln die vielen Demonstrationen und Lichterketten stattfanden, hat sich die Angst allerdings wieder gelegt. Ich war mir plötzlich ganz sicher, daß die Menschen, die Fremdenhaß nicht akzeptieren werden, die Mehrheit sind und die „Rechten" keine Chance haben. Damit habe ich mich zufriedengegeben. Das hat mich beruhigt...

... bis der Anschlag in Solingen passiert ist. Jetzt ist die Angst wieder da und auch nicht die Aktion im Berliner Olympiastadion am 12.6 konnte mich beruhigen. Obwohl dort mit mir 76.000 Mützen und Fahnen schwingend Protest gezeigt haben, hat es mir nicht gereicht. Überall hört und liest man, wie gut die „Rechte"-Szene organisiert ist und das macht mir Angst. Demonstrationen und Lichterketten sind Zeichen unserer Umwelt zu zeigen: Nicht alle Deutschen sind so.

Mit Vollgas ins 4. Reich

Sie schreien "Sieg Heil" hem' die Köpfe kahlrasiert
Mit ihrem Verhalten haben sie dieses Land blamiert
Nachts laufen sie durch die Straßen und machen Fremde kalt
Moral kennen sie nicht und machen vor gar nichts halt
Parolen die wir schon hatten, hallen durch die Nacht
Und schon wieder wurde ein Ausländer umgebracht

Am nächsten Morgen stehts in der Zeitung und alle sind empört
Doch letzte Nacht hatte keiner was gehört
Nein im Gegenteil, sie standen daneben und spendeten Applaus
Wärend die Mörder schrien: "Ausländer Raus!"
Wir stehen vor dem Tor ins 4. Reich
Und ihr Zuschauer habt den Schlüssel weitergereicht

Doch noch steckt er nicht im Schloß und wurde gedreht
Also ist es noch nicht zu spät
Gemeinsam können wir sie stoppen
Bevor sie den nächsten Ausländer kloppen
Wir müssen nur zusammenhalten
Dann können wir es stoppen, dieses sinnlose Verhalten

Wir haben es jetzt in der Hand
Oder wollt ihr ein 2. Naziland?

Einige Schülerergebnisse der Wochenplanarbeit zum Thema »Ausländerfeindlichkeit und Rechtsradikalismus«

Vorschläge um den Rechtsradikalismus zu stoppen.

- Die einfachste Lösung ist erstmal, bei sich selbst anzufangen. Andeutungen, die von ausländerfeindlichen Bürgern z.B. sofort angenommen werden, sind Witze über Ausländer.
Man muß sich selbst erst einmal fragen: Bin ich denn gegen das Leben der Ausländer in Deutschland? Wenn man diese Frage eindeutig mit „Nein" beantwortet hat, kann man den Ausländern besser gegenüber treten, ihnen z.B. helfen, wenn sie durch deutsche Bürger in Not geraten.

- Demonstrationen gegen Ausländerfeindlichkeit, Rechtsradikalismus waren sicherlich auch der erste Schritt zum Ziel. Aber mittlerweile glaube ich, daß es die Nazis nicht zum Umdenken verhilft, sondern vielleicht eher in die Vermutung weiterzumachen mit Anschlägen u.s.w.

- Die Medien sollten verpflichtet dazu sein, keine ausländerfeindlichen Beiträge mehr zu veröffentlichen. Rechtsradikale Gruppen, Filme, Texte + anderes sollten abgeschafft werden. Und auch die Beiträge, die Ausländer symbolisieren z.B. das ein Ausländer als Feuer für den Deutschen auftritt, oder das Ausländer in einem Film den Laden ausr

- Rechtsradikale Parteien sollten ebenfalls nicht die Möglichkeit dazu haben, ihre Meinung zu verbreiten.

- Viele Jugendliche wissen garnicht so richtig warum sie gegen Ausländer sind. Der Grund: Sie werden einfach von ihren Freunden in die Welle mit reingerissen. Diesen Jugendlichen soll man helfen, indem man sich mit ihnen beschäftigt und sie dazu bringt, daß sie vielleicht andere Freunde kennenlernen oder eine standfeste Meinung darüber haben, daß Ausländerfeindlichkeit falsch ist.

- Die Personen, die Gewalttaten an Ausländer begehen sollten besser ausfindig gemacht werden, um eine härtere Strafe zu bekommen. Jeder Bürger sollte helfen, um diese Leute an die Polizei „abzugeben".

- Der Rechtsradikalismus kann sicherlich auch dann nicht behoben werden, wenn immer mehr Ausländer in Deutschland einwandern. Eine Lösung wäre da, daß man in 2 Ländern die Staatsbürgerschaft erhält.

Kommentare, ausländerfreundliche Sprüche und Gedichte bis hin zur Durchführung einer Fragebogenaktion und von Interviews mit Passanten auf dem Stadtfest. Die Vorstellung der Ergebnisse – oft veranschaulicht durch Wandzeitungen oder Folien – bot immer wieder Gelegenheit zur Ergänzung durch andere Gruppen, Querverbindungen wurden gezogen und Klassendiskussionen zu einzelnen Aspekten durchgeführt.

Eine ähnliche Struktur liegt dem zweiten hier einbezogenen Wochenplanbeispiel zugrunde. Ausgehend von der Bearbeitung des Themas »Nationalsozialismus« im Klassenunterricht, wurden von Schülerinnen und Schülern der 10. Klasse Schwerpunkte bzw. Themen vorgeschlagen, die sie gern intensiver bearbeiten wollten. Diese Vorschläge wurden in einen offen gestalteten Wochenplan aufgenommen. Die Einwahl in die Themen geschah ohne Lehrersteuerung, allein auf der Grundlage der Schülerinteressen. Die Gruppen, die sich dadurch bildeten, waren unterschiedlich groß. Das führte dazu, daß innerhalb der Gruppen weitergehende interne Regelungen über die Verteilung der Arbeit und über zu bearbeitende Inhalte getroffen werden mußten. Die vorbereiteten Texte, die von allen Gruppenmitgliedern zu bearbeiten waren, sollten eine gemeinsame Grundlage schaffen, um von dort ausgehend vertiefend arbeiten zu können. Eigene thematische Schwerpunkte konnten sodann von ihnen gesetzt werden.

Die ausliegenden Materialien ermöglichten eine sehr breitgefächerte theoretische Bearbeitung des Themas, weitere Materialien wurden von den Schülern/innen aus Büchereien oder privaten Beständen mit in den Unterricht gebracht, auf lokale oder regionale Bezüge wurde von ihnen besonderer Wert gelegt. Die Gruppe »Frauen im Nationalsozialismus« versuchte, Auskünfte von Zeitzeugen in ihre Arbeit mit einzubeziehen, so wurde u.a. ein ausführliches Interview mit einer »Schüler-Oma« geführt. Die Gruppe »Konzentrationslager« bezog Untersuchungen über ein nahegelegenes KZ-Außenkommando sowie über ein frühes Konzentrationslager, das man gemeinsam besucht hatte, ein. Die Gruppe zum Thema »Zwangsarbeit« setzte sich mit den Lebens- und Arbeitsbedingungen von Zwangsarbeitern unterschiedlicher Nationalitäten in der 30 Kilometer entfernten ehemaligen Rüstungsfabrik Hirschhagen auseinander. Die Ergebnisse der letzten Gruppe mündeten in den Vorschlag, eine Exkursion zu dieser Rüstungsfabrik zu unternehmen, was dann auch kurze Zeit später in die Tat umgesetzt wurde.

Meine Rolle als Lehrer war auch während dieser offenen Form der Wochenplanarbeit die eines zurückhaltenden Beraters. Es ging darum, Materialien bereitzustellen, Hinweise z.B. auf Erkundungsmöglichkeiten und Tips für das Vorgehen zu geben, zu ermutigen, kritisch nachzufragen, aber auch die geleistete Arbeit der Schüler/innen anzuerkennen, zu bestätigen und zu loben.

Sehr vielfältig und phantasievoll waren die von den Schülern/innen vorgestellten Ergebnisse. Das Vorstellen und die Diskussion der Arbeitsergebnisse nahm dabei einen breiten zeitlichen Rahmen ein, wobei zahlreiche Querverbindungen zwischen den Ergebnissen einzelner Gruppen gezogen werden konnten. Szenische Spiele wurden aufgeführt, Filmausschnitte gezeigt, Vorträge gehalten, Wandzeitungen und Folien vorgestellt u.a.m. Auch hier kam, ähnlich wie im zuvor beschriebenen Beispiel, der Auswertungsphase eine besondere Bedeutung zu. Beeindruckend war für mich und einige Studenten, die ihr Schulpraktikum in dieser Klasse absolvierten, wie gründlich und engagiert die Schüler/innen gearbeitet hatten und mit welcher Kompetenz sie die ermittelten Ergebnisse vortrugen.

Wesentliche Kriterien der Freien Arbeit[117] werden in Anlage und Struktur des oben

117 Siehe dazu: Hecker, Bd. 1, S. 11.

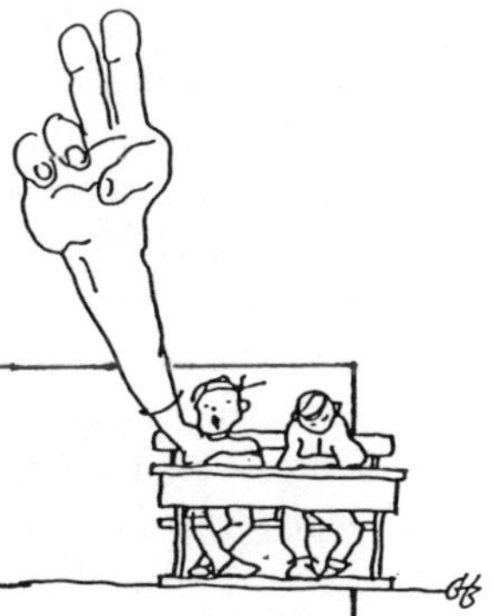

Wochenplan G 10 a

für die Woche vom 15.03. - 19.03.93

Gruppe A: Zwangsarbeit
Gruppe B: Konzentrationslager
Gruppe C: Frauen im Nationalsozialismus

1.) Bearbeitet die für die jeweiligen Gruppen vorbereiteten Texte und macht Euch Notizen.

2.) Besprecht in der Gruppe gemeinsam den Inhalt der Texte und setzt dabei Eure eigenen thematischen Schwerpunkte. Filtert nur die Informationen und Ergebnisse, die Ihr für wichtig haltet, aus den Texten heraus.

3.) Solltet Unklarheiten oder Fragen auftauchen, versucht diese untereinander zu klären. Dazu könnt Ihr auch die ausliegenden Bücher und Materialien benutzen.

4.) Denkt daran, daß Ihr Eure wichtigsten Ergebnisse den anderen Gruppen vorstellen sollt. Überlegt Euch, wie Ihr das am besten und phantasievollsten gestalten könnt.
Ihr könnt beispielsweise
- eine Wandzeitung anfertigen
- ein Spiel entwickeln
- eine Folie erstellen und erklären
- eine Kassette/Videokassette vorspielen
- ein Rollenspiel inszenieren/etwas vorführen
- ein Schaubild anzeichnen und erklären
- einen Quellentext vortragen und interpretieren
- Thesen zum Thema formulieren und diskutieren
- einen zusammenfassenden Text anschreiben
- etc...

5.) Fordert ein Feedback von Euren Mitschülern und Mitschülerinnen: Stellt Ihnen im Anschluß an Euren Vortrag Fragen, die sie beantworten sollen.

beschriebenen Vorhabens erfüllt: Die Gegenstände des Lernens konnten ausgewählt werden, wenn auch mit der Eingrenzung: unter einem bestimmten Rahmenthema. Die Wahl der Partner für das Lernen unterlag keinen Einschränkungen, auch über die Ziele und möglichen Produkte ihrer Arbeit konnten die Lernenden frei bestimmen. In diesem Beispiel erwies es sich wieder einmal als hilfreich, eine Auswahl von Handlungsformen in schriftlicher Form vorzugeben, den Jugendlichen Alternativen aufzuzeigen und zur Entscheidung zwischen diesen Alternativen oder gar zum phantasievollen Entwickeln weiterer Möglichkeiten herauszufordern. Es geht also, auch beim Übergang von den stärker pflichtorientierten Wochenplänen, in Phasen Freier Arbeit keineswegs um »Beliebigkeit und laisser faire ... Das Gegenteil von Anbieten wäre ›Alleinlassen‹ der SchülerInnen mit einem Thema ohne jede Hilfe.«[118]

Ein so angelegter offener Unterricht, in dem Schülerinnen und Schüler ihre Interessen einbringen und weiterentwickeln können, kann Ausgangspunkt für neue, weiterführende Projekte und Freiarbeitsideen sein. In ihm werden nicht Fragen beantwortet, die ausschließlich der Lehrer/die Lehrerin gestellt hat, sondern Schülerfragen in das Zentrum gerückt. An seinem Ende stehen nicht nur Antworten, sondern oft wieder neue Fragen und weiterführende Ideen.

118 Gudjons, H.: Die Welt im Wassertropfen. Exemplarisch lernen und entlastet lehren. In: Pädagogik, Heft 10/1993, S. 12.

6. Beispiele aus der Wochenplanpraxis

6.1 Wochenpläne, die mehrere Fächer einbeziehen

Hat man als Lehrer/in in einer Klasse in mehreren Fächern Unterricht oder bieten sich Kooperationsmöglichkeiten mit anderen Kollegen/innen an, so ist es sinnvoll, mit Wochenplänen zu arbeiten, die sich auf mehrere Fächer beziehen. Dadurch ist eine Vielfalt bei den zu bearbeitenden Aufgabenstellungen gewährleistet. Die Schüler/innen haben mehr Möglichkeiten auszuwählen als bei Plänen, die nur ein einzelnes Fach einbeziehen. Sie können entscheiden, mit welchem Fach sie anfangen, wie sie weiter vorgehen und was sie zuletzt bearbeiten.

Sieht man sich in einer Klasse um, in der gerade an Wochenplänen gearbeitet wird, die sich auf mehrere Fächer beziehen, so kann man feststellen, daß die Schüler/innen während der Wochenplanstunden zur gleichen Zeit an sehr unterschiedlichen Aufgaben arbeiten. Jeder entwickelt seinen eigenen Arbeitsrhythmus, jeder hat seine ganz persönlichen Vorlieben und natürlich auch seine ganz persönlichen Abneigungen. Ein breites Wochenplanangebot gewähleistet, daß jeder einzelne Schüler etwas für sich im Wochenplan finden kann, was gerade seinen Interessen besonders nahekommt oder ihm besonders liegt. Gleichzeitig lernt er auch den Umgang mit solchen Angeboten, die eher auf seinen Widerstand stoßen.

Da es durch eine größere Anzahl von Fächern im Wochenplan keine sachlogisch notwendige Reihenfolge der Aufgabenbearbeitung gibt, ist hier für die Schüler/innen wirklich eine »freie« Auswahl möglich. Allerdings fordert ein solch komplexer Plan wie der auf Seite 121 abgedruckte von den Schülern/innen gleich zu Beginn einiges: Sie müssen zunächst den Plan – der in einer gemeinsamen Besprechung eingeführt wird – überschauen und sich überlegen, in welchen Arbeitsschritten sie vorgehen. Eine eigene Strategie muß entwickelt werden. Gleichzeitig müssen sie kalkulieren können, wie lange sie etwa für die Erledigung der Aufgaben brauchen, und ihre Arbeitszeit sinnvoll auf die zur Verfügung stehenden Stunden verteilen. Das setzt einige Erfahrungen mit dem stärker selbstorganisierten Lernen voraus. Wo dieser Erfahrungshintergrund noch nicht vorhanden ist, sollte der Lehrer/die Lehrerin vorsichtige Hilfestellungen geben, mit dem Ziel, die Schüler/innen nach und nach in die Selbständigkeit bei der Arbeitsorganisation zu entlassen.

Der vorgestellte Wochenplan umfaßt die Fächer Deutsch, Gesellschaftslehre und Mathematik und noch einen zusätzlichen Bereich »Konzentration«. Die Aufgabenstellungen beinhalten eine sehr breite Palette von Möglichkeiten für die Lernenden. Der Wochenplan enthält zum einen einige sehr eng auf ein Arbeitsblatt oder Übungsheft bezogene Aufgaben: einen Text nach den Regeln des Abschreibdiktates schreiben, mit Hilfe eines Arbeitsblattes geografisches Grundwissen festigen oder Aufgaben aus dem Mathematikbuch rechnen. Bei diesen Aufgaben besteht für die Schüler/innen die Möglichkeit zur Selbst- oder zur Partnerkontrolle.

Der Plan formuliert zum anderen aber auch offenere Aufgabenstellungen, die den Schülern/innen individuelle Ausgestaltungsmöglichkeiten und die Entfaltung eigener Ideen ermöglichen: Verschiedene Schreibanlässe mit zahlreichen Realisierungsvorschlägen werden den Schülern/innen zur Auswahl angeboten, oder sie haben Gelegenheit, sich mit einem neuen Computerprogramm vertraut zu machen und selbstgestellte Aufgaben zu bearbeiten.

Wichtig ist in diesem Wochenplan ein ausgewogenes Verhältnis von Wahl- und Pflichtaufgaben. Dies gewährleistet, daß die Schüler/innen in der Festlegung der Reihenfolge der Aufgaben auch bei der Auswahl eigene Schwerpunkte setzen können. Aus dem Wochenplan wird deutlich, daß er nicht abgehoben vom übrigen Unterricht, sondern sehr eng auf ihn bezogen ist. Inhalte, die sich aus dem Lehrplan ergeben, werden in Wochenplanarbeit organisiert, der Aufwand an Planung und Organisation für den Lehrer ist relativ gering. Wichtig ist, daß die Ergebnisse – hier insbesondere die von den Schülern/innen geschriebenen Texte (Deutsch P1, W1 und W2) – entsprechend gewürdigt, d.h., in einer Auswertungsstunde vorgetragen, besprochen und in die weitere Unterrichtsarbeit einbezogen werden. Als Möglichkeiten seien nur angedeutet: Aus den entstandenen Texten läßt sich ein Klassenlesebuch zusammenstellen, einzelne Texte können vervielfältigt und im Klassenunterricht ausführlich besprochen werden, oder eine Auswahl von Texten kann in das Klassentagebuch eingetragen werden.

Klassentagebuch

In einem Klassentagebuch kann man über wichtige Ereignisse der Woche, über einzelne Unterrichtstage oder besondere Unternehmungen berichten. Jede Schülerin und jeder Schüler kann sich im Klassentagebuch auf einer Seite vorstellen (»Steckbrief«). Auch besonders gelungene Texte und Aufgabenstellungen aus dem Unterrichtsalltag können eingetragen werden. Fotos und Zeichnungen ergänzen das Klassentagebuch. Es ist sinnvoll, festzulegen, in welchem Turnus die Schüler/innen verpflichtet sind, in das Buch zu schreiben, oder ob dies ganz der Freiwilligkeit überlassen bleiben soll. Wer von sich aus etwas eintragen möchte, sollte immer die Möglichkeit dazu haben. Allerdings muß dabei darauf geachtet werden, daß eine breite Streuung der Beiträge auf die Schülerschaft der Klasse erhalten bleibt. Nur so ist es möglich, daß das Klassentagebuch einen realistischen Einblick in das schulische Leben eines Unterrichtsjahres gibt. Finden Klassenversammlungen statt, so kann man sich darauf einigen, ein Protokoll davon anzufertigen, das in das Buch eingetragen wird und zu Beginn der darauffolgenden Klassenversammlung vorgelesen wird. Auch Themen, die im Morgenkreis besprochen werden, können darin festgehalten werden. Im Laufe der Zeit wird man feststellen, daß es viele Anlässe gibt, auf »alte« Beiträge im Klassenbuch zurückzugreifen, und daß viele Schüler/innen sehr gern in »ihrem« Klassentagebuch »schmökern«, was wiederum neuen Anreiz dafür bietet, selbst etwas einzutragen.

Unter der Rubrik »Konzentration« wird den Schülern/innen in dem Wochenplanbeispiel angeboten, ein Mandala auszumalen. Dies wird nach meinen Beobachtungen von den meisten gern angenommen, weil es die Gelegenheit schafft, ohne Leistungsanforderungen und, ohne soziale Kontakte eingehen zu müssen, sich für eine Weile zurückzuziehen und abzuschalten. Ich machte in dem von mir erteilten Unterricht die Beobachtung, daß sich das Arbeitsklima in der Klasse und die Fähigkeit und Bereitschaft des einzelnen zur Bearbeitung des Wochenplanes durch das Einschieben solcher Entspannungsphasen – von jedem Schüler nach eigenem

Wochenplan 9d

für die Woche vom 13.12. - 17.12.93

Name:

☑ ***Deutsch*** ☑

☐ **P1** Wähle Dir aus dem Blatt "Charakterstudien" eine der drei Aufgaben aus.

☐ **P2** Bearbeite die Wortliste in "Diktat fehlerfrei" auf Seite 23 nach den Regeln des Abschreibdiktates: Lesen - einprägen - abdecken - schreiben - vergleichen ...

☐ **W1** Du kannst eine weitere Aufgabe vom Blatt "Charakterstudien" bearbeiten.

☐ **W2** Vielleicht hast Du Lust, eine Plattenhülle für eine "Heiße Scheibe" zu entwerfen. Ideen findest Du auf dem vorbereiteten Ideenblatt.

Aufgaben erledigt am: ***Kenntnis genommen:***

☑ ***Gesellschaftslehre*** ☑

☐ **P1** Festige mit Hilfe des Arbeitsblattes Dein geographisches Grundwissen über Deutschland.

☐ **W1** Mache Dich mit dem Computerprogramm "PC Globe" vertraut, stelle Dir selbst Aufgaben und orientiere Dich auf der Deutschland- und Europakarte. Laß Dir eine Karte ausdrucken und gestalte sie übersichtlich.

☐ **W2** Du kannst auch eine Europa-Umrißkarte bearbeiten. Berichtige sie an den Stellen, an denen sie nicht mehr aktuell ist.

Aufgaben erledigt am: ***Kenntnis genommen:***

☑ ***Mathematik*** ☑

☐ **P1** Präge Dir die Regeln Nr. 15 und 16 in Deinem Übungsheft auf Seite 29 noch einmal ein und bearbeite die Aufgaben dieser Seite.

☐ **W1** Wähle Dir Aufgaben zur Bruchrechnung aus dem Übungsblatt aus und bearbeite sie zur Wiederholung.

Aufgaben erledigt am: ***Kenntnis genommen:***

☑ ***Konzentration*** ☑

☐ **P1** Wenn Du eine Verschnaufpause brauchst, male das Mandala mit Farben Deiner Wahl aus. Laß Dich dabei durch andere nicht in Deiner Ruhe stören.

Wochenplan-Zeiten: Mo. 4. Std., Di. 4. Std. und Mi. 5. Std., Do. 3. Std.

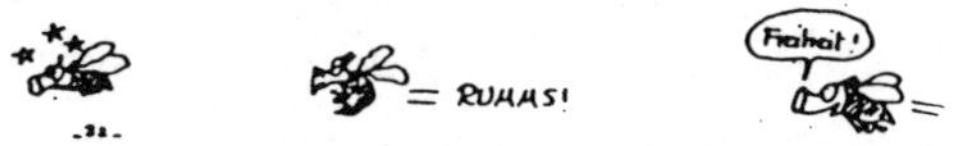

Zwei Schreibanlässe aus der Kartei »Kreativer schreiben«*, die von den Schülern im Rahmen des Wochenplanes bearbeitet werden sollten.

* Aus: Syme, Chr.: Kreativer schreiben. Mühlheim: Verlag an der Ruhr 1986, S. 37 und 45.

Bedürfnis zu gestalten – erheblich verbesserten. Nachdem ich einmal damit angefangen hatte, äußerten die Schüler/innen den Wunsch, regelmäßig an einer solchen Aufgabe zu arbeiten. Im Laufe der Zeit bot ich ihnen auch andere Konzentrationsübungen bzw. -aufgaben an, mit denen ähnlich positive Effekte erzielt werden konnten.

Wochenpläne der hier vorgestellten Art sind allerdings nur eine mögliche (Wochenplan-) Form. Sie bekommen ihre Bedeutung vor allem in der Kombinationswirkung mit Wochenplänen, in denen gruppen- bzw. projektorientierte Aufgaben im Mittelpunkt stehen, oder Plänen, die von den Schülern/innen selbst aufgestellten worden sind, und mit anderen unterrichtlichen Handlungsmustern (z.B. Unterrichtsgespräch, Vortragsformen).

Mandala[119]

Das Mandala ist ein uraltes Meditationszeichen aus der indischen und tibetischen Tradition. Auch in der christlichen Überlieferung ist es bekannt, etwa aus den Fensterrosen mittelalterlicher Kirchen. »Mandala« ist das altindische Wort für »Kreis«. Wenn man den Begriff weit faßt, kann man darunter ein »Bild« verstehen, das Figuren und Kreise konzentrisch um eine betonte Mitte herum ordnet. In der östlichen Tradition sind Mandalas Schaubilder der seelischen Ganzheit des einzelnen, aber auch Darstellungen der überpersönlichen göttlichen Ordnung. Bei uns haben in den letzten Jahren viele Menschen das Mandala als Meditations- und Entspannungshilfe entdeckt, zum Malen, zum Anschauen, zum Auslegen mit Sand oder Blumen. Dazu ist es notwendig, sich in Ruhe auf die sammelnde Wirkung das Mandalas einzulassen. Im Unterricht haben sich vor allem Mandalas zum Ausmalen als Konzentrations- und Entspannungshilfe bewährt. Einige Anregungen für die Arbeit mit Mandalas im Unterricht seien hier gegeben:

- *Zum Ausmalen eignen sich am besten nicht allzu dicke Filzstifte oder ganz gewöhnliche Buntstifte. Es sollten genügend Stifte mit vielen Farbabstufungen vorhanden sein.*
- *Es besteht kein Zwang, das ganze Mandala auszumalen. Das Spiel mit den weiß gelassenen Teilen kann bewußt zur Gestaltung gehören.*
- *Die Erfahrung zeigt, daß das Mandalamalen dem einzelnen nach besonders stressigen, anstrengenden Arbeitsphasen auf einfache Weise Ruhe und Entspannung bringt.*
- *Man muß ein Mandala nicht in einem Zug ausmalen. Es ist ohne weiteres möglich, zu einem späteren Zeitpunkt ein angefangenes fortzuführen. Man kann sich auch ein Wochenmandala zurechtlegen und jeden Tag zur Entspannung ein paar Minuten daran malen und die verschiedenen Stimmungen einer Wochen einfließen lassen.*
- *Ein Mandala läßt sich gut zu zweit ausmalen, als »Partnerübung«, auch das Ausmalen in einer Gruppe läßt sich durchführen.*
- *Es ist sinnvoll, verschiedene Mandalaformen (fotokopiert auf DIN-A4-Blätter, weiß) zur Auswahl bereitzustellen.*
- *Es empfiehlt sich, in Ruhe zu malen. Kommentare und Gespräche sind zu unterlassen, damit die ganze Aufmerksamkeit in das Malen fließen kann.*
- *Manche mögen sanfte Musik als Begleitung, was besonders bei Kindern und Jugendlichen, die Mühe haben, still zu sein, sinnvoll sein kann.*
- *Die ausgemalten Mandalas lassen sich in ein individuelles Mandalamalbuch einheften. Es bietet sich auch an, sie im Klassenraum an die Wand zu pinnen. So kann im Verlaufe der Zeit ein farbenfroher Klassenmandalafries als Teil der Raumgestaltung entstehen.*

119 Vgl. Dörig, B.: Schenk dir ein Mandala. Heft 1. Bilder der Mitte. Eschbach 1993.

Konzentrationsübungen, wie das Gestalten von Mandalas, können den Wochenplan auf sinnvolle Weise ergänzen und sich vorteilhaft auf das Arbeitsklima in der Klasse auswirken.

Schülerinnen und Schüler entspannen sich während der Wochenplanarbeit beim Ausmalen eines Mandalas.

6.2 Wochenpläne in nur einem Fach

Die in diesem Teilkapitel vorgestellten Wochenpläne zeigen, daß Wochenplanarbeit nicht notwendigerweise die Einbeziehung mehrerer Fächer zur Voraussetzung hat. Allerdings sind von vornherein die Wahlmöglichkeiten bei fachbezogenen Wochenplänen eingeschränkter: Die Schüler/innen können immer nur aus dem Angebot eines einzigen Faches auswählen. Eingeschränkt werden kann diese Auswahl im Einzelfall noch dadurch, daß eine bestimmte sachlogische Reihenfolge bei der Aufgabenbearbeitung vorgegeben ist. Hierin liegt eines der zentralen Probleme solcher Wochenpläne. Daher sollte man sich gerade bei fachbezogenen Wochenplänen besondere Mühe geben, den Schülern/innen über den Wochenplan eine breite Palette von unterschiedlichen Aktions- und Handlungsmöglichkeiten anzubieten.

Fachbezogene Wochenpläne können nicht in jeder Woche eingesetzt werden, sondern müssen dosiert zur Anwendung kommen. Es eignet sich eben nicht jeder Unterrichtsgegenstand für die Wochenplanarbeit, deshalb sollte man mit fachbezogenen Wochenplänen nur dann arbeiten, wenn es sich wirklich inhaltlich anbietet und wenn Lehrer/innen und Schüler/innen ausreichend Ideen für eine sinnvolle Wochenplanarbeit haben.

Daß dabei kein Fach ausgeklammert zu werden braucht, zeigt die Auswahl der hier dokumentierten Wochenplanbeispiele, die aus den Fächern Geschichte, Erdkunde, Mathematik, Deutsch und Arbeitslehre entnommen sind. Die fachbezogenen Wochenpläne eröffnen jedem Fachlehrer – auch wenn er nur ein Fach mit wenigen Stunden in einer Klasse unterrichtet – die Möglichkeit, in einem Teil seines Unterrichts alle Lernenden aktiv in das Unterrichtsgeschehen einzubeziehen. Fächerübergreifende und projektbezogene Wochenpläne sind in der Regel an den Unterricht des Klassenlehrers gebunden, der mit möglichst vielen Stunden in »seiner« Klasse unterrichtet, oder setzen eine mehr oder weniger intensive Kooperation innerhalb der Lehrerschaft voraus (z.B. Teambildung als eine sinnvolle Möglichkeit). Fachbezogener Wochenplanunterricht ist dagegen zunächst von jeder Lehrerin und jedem Lehrer allein in Gang zu setzen. Wünschenswert ist es natürlich, daß sich daraus nach und nach Kooperationsmöglichkeiten ergeben. Diese kommen oft allerdings schneller zustande, als man zunächst zu denken gewagt hat. Gerade die Schülerfrage: »Können wir nicht in Biologie auch mal mit einem Wochenplan arbeiten, so wie wir das in Mathematik machen?« hat oft schon viel mehr in Gang gesetzt, als ein ausführliches pädagogisches Gespräch, das insbesondere dann, wenn man »missionieren« will, eher Abwehrhaltungen hervorrufen wird. Also: Überzeugen kann vor allem das Beispiel. Und: Wenn man es geschafft hat, die Schülerinnen und Schüler (und möglichst auch noch die Eltern) von der Wochenplanarbeit zu überzeugen, dann kann dieser Ansatz zu einem »Selbstläufer« werden.

Nun zu den einzelnen Wochenplanbeispielen: Der auf vier Wochenstunden bezogene Geschichtsplan zum Thema »Römer und Germanen« in Klasse 7 fordert die Schüler/innen im Pflichtbereich zu ganz unterschiedlichen Aktivitäten heraus: Texte sollen gelesen, Berichte geschrieben, Bilder ausgemalt und erklärt werden, eine Römerin und ein Römer sind auszuschneiden, anzumalen und anzuziehen. Die Aufgaben sind inhaltlich aufeinander bezogen, im vorausgegangenen Unterricht haben vorbereitende Arbeiten stattgefunden. Eine sachlogische Reihenfolge ist nicht vorgegeben, so daß die Schüler/innen frei entscheiden können, womit sie beginnen und was sie zuletzt bearbeiten.

Kritisch läßt sich anmerken, daß die Zahl der zu bearbeitenden Aufgaben dieses Planes zu groß ist, so daß die Schüler/innen leicht unter Zeitdruck geraten können, was sich dann auch in der konkreten Umsetzung bestätigte. Es war den Schülern/innen nur dadurch möglich, die gestellten Wochenplanaufgaben zu schaffen, daß sie einzelne Aufgaben in den Bereich der

Gesellschaftslehre H 7d

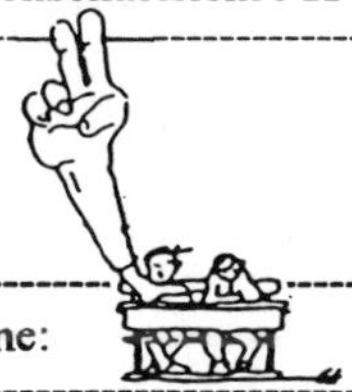

Wochenplan

für die Woche vom 24.2. - 28.2.92

Name:

Wochenthema: Römer und Germanen

P * Wir schreiben einen Bericht darüber, wie eine vornehme **römische Villa** ausgesehen hat und wie sie eingerichtet war.
Lies im Buch S. 94/95. Zum schreiben kannst Du auch die Schreibmaschine benutzen.
Erledigt am:

P * Wir informieren uns über das **Leben der Menschen** im römischenReich
Sieh Dir die Bilder von den **Patriziern, Plebejern und Sklaven** genau an! Male die Bilder farbig aus. Lies die kurzen Informationstexte über die Patrizier und Plebejer (S. 83) und über die Sklaven (S. 85). Schreibe anschließend auf, was Du über diese drei Bevölkerungsgruppen in Rom aus den Bildern und den Texten erfahren hast.
Erledigt am:

W * Wir versuchen uns in die **Rolle eines Sklaven** hineinzuversetzen.
Stell Dir vor, Du bist ein Sklave/eine Sklavin. Was wäre für Dich am schwersten zu ertragen. Schreibe dazu eine Geschichte oder male ein Bild.
Erledigt am:

P * Die **Kleidung der Römer** - Wir ziehen eine Römerin und einen Römer an.
Schneide aus und bemale den Römer und die Römerin!
Erledigt am:

P * Wir informieren uns über die **römische und germanische Siedlungsweise**
Vergleiche die beiden Zeichnungen auf dem Arbeitsblatt und lies den Text. Ordne die Angaben im Text den Zeichnungen zu und schreibe sie unter das entsprechende Bild.
Erledigt am:

W * Arbeite weiter mit dem Arbeitsblatt **"Der Ausbau des Römischen Reiches"**. Dazu brauchst Du einen Atlas!
Erledigt am:

Wenn Du mehr über die Römer und Germanen erfahren willst, kannst Du im Geschichtsbuch, in den Asterix-Heften oder in den im Klassenraum ausliegenden Büchern nachlesen!

Wochenplan kontrolliert am: **Unterschrift:**

Wochenplan 9d

für die Zeit vom 4.10. bis zum 15.10.93

Name: ______________________

Wir machen eine Zeitung - ***NEUES VON GESTERN*** -
zum Thema
Industrielle Revolution
Wie lebten die Menschen im 19. Jahrhundert?

➢ Wähle eines der folgenden Gruppenarbeitsthemen aus und kreuze es an:

- ❑ Das Leben der Arbeiter
- ❑ Die Kinderarbeit
- ❑ Erfinder und Erfindungen
- ❑ Die Entwicklung des Verkehrswesens
- ❑ Die Entwicklung der Städte
- ❑ Gudensberg im 19. Jahrhundert

➢ Schreibe auf, wer zu Deiner Arbeitsgruppe gehört:

➢Jede Gruppe hat die Aufgabe drei Zeitungsseiten zu dem Thema zusammenzustellen (Texte, Schaubilder, kopierte Bilder, Rätsel, Zeichnungen ...). Denkt daran, Eure Zeitungsseiten für den Leser interessant und abwechslungsreich zu gestalten. Es soll keine Zeitung zum Einschlafen werden! Wir werden die Zeitung, wenn sie komplett ist, für alle in der Klasse vervielfältigen.

➢ Bevor Ihr zu schreiben beginnt, müßt Ihr gründlich recherchieren, d.h. alle Informationen, die Ihr zu dem Thema finden könnt, zusammentragen und durcharbeiten. Informiert Euch im Geschichtsbuch, leiht Bücher aus und seht die von mir mitgebrachten Materialien durch. Wichtige Informationen dazu könnt Ihr in Euren Mappen als vorläufiges Konzept zusammenfassen. Erst wenn Ihr alles zusammengetragen habt, solltet Ihr entscheiden, was in Euren Zeitungsseiten erscheinen soll und wie es gestaltet wird. Dazu könnt Ihr zunächst Entwürfe erstellen, die Ihr in der Gruppe (und vielleicht auch mit mir) besprecht.

➢ Ihr habt in den nächsten fünf GL-Stunden, bis zum kommenden Freitag, 15.10., Gelegenheit, an Eurem Thema zu arbeiten. Ihr werdet nicht alles in der Schule schaffen. Teilt in der Gruppe ein, wer welche Aufgaben zuhause übernehmen kann. Am Freitag nächster Woche sind dann die Zeitungsseiten bei mir abzugeben. Alle Gruppenergebnisse werden benotet.

Neues von Gestern/19. Jahrhundert — AUS DEM INLAND

Kinder müssen sich zu Tode schuften

Skandalöse Zustände in den Bergwerken

Dortmund. Wie jetzt bekannt wurde, arbeiten die Kinder als billige Arbeitskräfte in den Bergwerken unter schlimmen Bedingungen. Viele Kinder müssen täglich zwölf bis vierzehn Stunden in Nebenstollen im Dunkeln sitzen, um die dort befindlichen Wettertüren für jeden durchfahrenden Kohlenwagen zu öffnen und zu schließen. Manche Kinder sind gerade erst fünf Jahre alt. Kinder sind auch klein genug, um Loren durch die flachen Gänge im Stollen zu schieben.
Vile Kinder erkranken bei solch harter Arbeit. Die Erkrankungen sehen dann so aus: Bleiches Gesicht, entzündete Augen, aufgeschwollene Leiber, aufgedunsene Backen, geschwollene Lippen und Nasenflügel, Drüsenschwellungen am Hals, böse Hautausschläge und asthmatische Anfälle.

Zwei von den Schülerinnen und Schülern mit dem Computer gestaltete Zeitungsseiten »Neues von Gestern« aus der Wochenplanarbeit.

Neues von Gestern/19. Jahrhundert — LOKALES

Stadttore abgebrochen

Ein lästiges Verkehrshindernis wurde beseitigt

Gudensberg. Der enorme Verkehr auf den Straßen der Stadt hat dazu geführt, daß nun endlich die Stadttore abgebochen worden sind. Ihren Sinn als Bestandteil der Stadtbefestigung hatten sie längst verloren. Warum sollten sie also stehenbleiben? Wie mühsam war es doch, sein Fuhrwerk durch die engen Tore zu lenken, noch dazu, wenn es hoch beladen war. Leicht konnte es an diesen Engpässen zu gefährlichen Zusammenstößen kommen. Doch nun hat dies ein Ende. Über eine breite Straße kann man seit wenigen Tagen in unsere fortschrittliche Stadt kommen. "Freie Fahrt für freie Bürger", heißt es endlich. Allerdings gibt es in der Stadt einige Bürger, die den alten Stadttoren "nachweinen" und meinen, man hätte sie als steinerne Zeugen der Gudensberger Geschichte stehenlassen müssen. Doch auch diese Stimmen - die übrigens auch etwas gegen das Zuwerfen des Oberen Niedertorteiches hatten - werden bald verstummen, wenn sie erst merken, daß der Fortschritt auch bei uns nicht haltmachen kann.

Gudensberg nach einem Stahlstich 1851

Erste Dampflock fährt durch Gudensberg

Hunderte stehen staunend an der Strecke

Gudensberg. Jetzt ist es endlich soweit. Gudensberg ist an das Eisenbahnnetz der Deutschen Reichbahn angeschlossen. Nach nur einjähriger Bauzeit konnte die 8 Kilometer lange Strecke zwischen Gudensberg und Grifte ihrer Bestimmung übergeben werden. Die erste Dampflok konnte man schon in unserem Ort sehen, bestückt mit Lokführt, Zugführer, Heizer und Schaffner. Welch ein Wunderwerk der Technik ist eine solche schnaubende Dampflock doch, wenn sie ächzend die Bahnlinie von Dissen nach Gudensberg hochkommt. Manch einer hatte eine solche Lock noch nie zuvor in seinem Leben zu Gesicht bekommen. Alte Menschen standen kopfschüttelnd an der Strecke. Kinder klammerten sich schutzsuchend an den Rock ihrer Mütter. Die Streckeneinweihung war ein Ereignis, bei dem ganz Gudensberg auf den Beinen war.
Gudensberg ist ab sofort mit ganz Deutschland verbunden. Vorbei sind nun zum Glück die Zeiten, in denen viele auswärts tätigen Gudensberger nach Kassel laufen mußten, dort die ganze Woche blieben und samstags nach Gudensberg zurücklaufen mußten.Sie können jetzt jeden Morgen hin- und abends zurückfahren

Hausaufgaben verlagerten – was auch so gedacht war, allerdings nicht in solchem Umfang. Zu bemängeln ist an diesem Plan auch, daß er zu wenige Wahlaufgaben anbietet, eine Verlagerung von Pflichtaufgaben in den Bereich der Wahlaufgaben hätte sich angeboten, ohne daß damit das für alle zu erarbeitende Fundamentum in Gefahr geraten wäre. Die Aufgabe zur römischen und germanischen Siedlungsweise – sie sollte vorbereitenden Charakter für die kommende Unterrichtswoche haben – hätte ebenso in den Wahlbereich verlagert werden können wie die Aufgabe zur Bekleidung der Römer. Allerdings muß man aufpassen, daß eine solche Vorgehensweise nicht dazu führt, grundsätzlich die eher »lästigen« und von den Schülern/innen als unangenehm empfundenen Aufgaben in den Pflichtteil des Wochenplanes aufzunehmen und im »Kürteil« dann die attraktiven Aufgaben, die den Schülern/innen besonderen Spaß machen, einzubinden. Auch der Pflichtteil des Wochenplanes sollte abwechslungsreich sein, den Bedürfnissen der Schüler/innen entgegenkommen und ihnen unterschiedliche Aktionsmöglichkeiten anbieten.

Selbstverständlich ist – und dies gilt auch für alle anderen Wochenplanbeispiele –, daß die Ergebnisse der Wochenplanarbeit nicht nur durch den Lehrer/die Lehrerin begutachtet werden müssen, sondern auch im Klassenplenum einzubeziehen sind. Die Ergebisse dieses Wochenplanes wurden zu Beginn der folgenden Woche im Klassenunterricht vorgestellt und waren schließlich Teil einer kleinen Ausstellung, die zu der Thematik »Römer und Germanen« zusammengestellt wurde.

Der Wochenplan zum Thema »Industrielle Revolution« hat eine völlig andere Struktur. Hier werden den Schülern/innen zwei Dinge zur Wahl angeboten: Sie können sich ein Thema auswählen und entscheiden, mit wem sie zusammenarbeiten wollen. Auf diese Weise wird der Wochenplan zum Organisationsrahmen für Gruppenarbeiten innerhalb des Geschichtsunterrichtes. Die Vorgaben für die Ergebniserstellung sind klar beschrieben: Es sind drei Seiten für die Zeitung »Neues von Gestern« zu dem jeweils ausgewählten Thema zusammenzustellen. Wie die Schüler/innen vorgehen, welche Schwerpunkte sie setzen, das bleibt der Entscheidung der jeweiligen Gruppe überlassen. Allerdings werden sie damit nicht allein gelassen, sondern bekommen Hinweise, Anregungen für ihre Vorgehensweise und für die Umsetzung. Solche Wochenpläne, über die kooperationsbezogene Lernprozesse in Gang gesetzt werden, sind nach meinen Erfahrungen eine unverzichtbare Ergänzung zu Wochenplänen, die die Individualisierung stärker akzentuieren. In der richtigen Dosierung und Mischung entfalten sie ihre Wirkung innerhalb der Lerngruppe.

Der Erdkundeplan zum Thema »Kartenkunde Deutschland« stellt den ersten Versuch dar, in einem 5. Schuljahr, nachdem einige Tagespläne zuvor von den Schülern/innen bearbeitet worden waren, mit einem kompletten Wochenplan zu arbeiten. Der Plan enthält daher nicht nur die Aufgabenstellungen, sondern gibt darüber hinaus zu Beginn Hinweise, die die Schüler/innen bei der Arbeit mit dem Wochenplan beachten sollen. Diese Hinweise – im vorausgehenden Unterricht gründlich besprochen – sind als ein Schritt zur gemeinsamen Regelfindung anzusehen.

Die Zahl der Aufgaben im Pflichtbereich ist betont eingeschränkt auf zwei, wodurch für die Schüler/innen zum einen die Übersichtlichkeit und Überschaubarkeit erhalten bleibt, zum anderen die Möglichkeit eröffnet wird, das Wahlangebot zu nutzen. Beide Wahlaufgaben bieten Gelegenheit, sich in der Selbstkontrolle der Aufgaben zu üben und dabei nicht der Versuchung zu erliegen, die Lösungen einfach vom Kontrollblatt zu übernehmen. Es zeigte sich während der Arbeit mit dem Plan, daß sich die Schüler/innen durch diesen überschaubaren Wochenplan problemlos in die neue Arbeitsform einfanden und noch genügend Möglichkeiten hatten, sich den Wahlaufgaben zuzuwenden.

Wochenplan

für die Zeit vom 30.11. bis zum 7.12.93

Name:

Wochenthema: Kartenkunde "Deutschland"

In dieser Woche arbeiten wir zum ersten Mal mit einem Wochenplan. Bei der Wochenplanarbeit sollst Du über die **Reihenfolge**, in der Du die Aufgaben bearbeitest, selbst entscheiden. Wichtig ist, daß Du am Ende der festgelegten Zeit **alle Pflichtaufgaben** erledigt hast. Du kannst darüber entscheiden, ob Du **allein oder mit Partnern** arbeiten willst. Wenn wir am Wochenplan arbeiten, gibt es keine Hausaufgaben, Du kannst also **auch zuhause** am Plan arbeiten. Dies ist vor allem dann nötig, wenn Du merkst, daß Du nicht alles in der Schule schaffst. Erledige alle Aufgaben gründlich und sorgfältig. Kreuze die erledigten Aufgaben an. Bis zum kommenden **Dienstag (7.12.)** mußt Du **alle Aufgaben** dieses Planes bearbeitet haben.

Pflichtaufgaben

- ❑ Bearbeite das Arbeitsblatt "Die Länder der Bundesrepublik Deutschland" (P1). Kontrolliere mit Hilfe des Kontrollblattes, ob Du richtig gearbeitet hast oder laß die Aufgabe durch Deinen Nachbarn kontrollieren.
- ❑ Laß die stumme Karte auf Seite 29 in Deinem Erdkundebuch sprechen. Lege eine Tabelle an, in die Du Gebirge, Flüsse und Städte einträgst. Kontrolliere mit Hilfe des Kontrollblattes.

Wahlaufgaben

- ❑ Lege eine Liste an, in der Du alle Bundesländer und die dazugehörigen Hauptstädte nennst.
- ❑ Bearbeite zur Wiederholung die Hessen-Karte mit den Lückentexten (W1). Überprüfe mit dem Kontrollblatt.
- ❑ Bearbeite das Kartenblatt "Bundesrepublik Deutschland" (W2). Überprüfe mit dem Kontrollblatt.
- ❑ Löse die Aufgabe 3.4. auf Seite 28 im Erdkundebuch.
- ❑ Laß Dir am Computer in der Klasse 9d (Raum 125) eine Karte von Deutschland ausdrucken. Schüler aus der Klasse stehen Dir dafür jeweils in der 1. großen Pause zur Verfügung.

Der Mathematik-Wochenplan zur Körperberechnung ist ebenso wie die anderen Wochenpläne, in denen individuelle Arbeiten im Mittelpunkt stehen, in einen Wahl- und einen Pflichtbereich untergliedert. Der Pflichtbereich enthält ganz unterschiedliche Aufgaben. Es wurde versucht, die Aufgaben so zu strukturieren, daß jede Schülerin und jeder Schüler ihrer bzw. seiner Interessenlage und seinen Fähigkeiten entsprechend etwas geboten bekommt: Man kann einen geometrischen Körper bauen, ihn zeichnen, ein Blatt mit Knobelaufgaben bearbeiten, bei denen räumliches Vorstellungsvermögen gefordert wird, und Aufgaben zur Berechnung des Volumens und der Oberfläche von Quadern lösen. Bei diesem Wochenplan ist versucht worden, den Pflichtbereich besonders vielfältig und interessant für die Schüler/innen zu gestalten, so daß jeder darunter für sich etwas findet und mit Interesse und Engagement an die Arbeit gehen kann. So war bei diesem Wochenplan auch die Herangehensweise der Schüler/innen sehr unterschiedlich und gab einige Aufschlüsse über ihr individuelles Lernverhalten. Eine von der Sache vorgegebene Reihenfolge gab es bei den Aufgaben nicht, so daß die Schüler/innen frei auswählen konnten. Viele begaben sich als erstes daran, den Körper nach den Anweisungen auf dem Arbeitsblatt zu bauen, und zeichneten mit großem Interesse dann die unterschiedlichen Seiten ihres Körpers.

Eine echte Herausforderung war für andere das Blatt »Ein Fall für Geometriedetektive« (Praxis Schule 5–10, Heft 1/1994), aber es gab auch mehrere Schüler/innen, die sich mit demselben Interesse an die eher traditionelle zweite Pflichtaugabe heranmachten und die dort verlangten Berechnungen durchführten. Die Reaktionen der Schüler/innen auf diesen Wochenplan machten mir noch einmal besonders deutlich, daß es notwendig ist, die Aufgaben, wenn immer möglich, abwechslungsreich und attraktiv zu gestalten und darauf zu achten, daß sich viele Schüler/innen mit ihren Vorlieben dort wiederfinden. So ist gewährleistet, daß auch die Pflichtaufgaben nicht zu einer lästigen Pflicht werden. Die Wahlaufgaben knüpfen bei diesem Plan sehr eng an den Pflichtaufgaben an. Die Schüler/innen haben hier noch einmal die Gelegenheit, Dinge, die sie im Pflichtbereich bereits bearbeitet haben, weiterzuentwickeln und zu vertiefen, ihre Vorlieben und Fähigkeiten zu fördern.

Die beiden Wochenpläne zum Thema »Wir stellen ein Geschichtenbuch zusammen« und »Zukunft« eröffnen den Schülern/innen unterschiedliche Schreibanlässe, die die Fähigkeit, (freie) Texte zu schreiben, ausbilden sollen. Der erste Plan bietet ihnen im Pflichtbereich die Möglichkeit zum Verfassen von Texten zu zwei Schreibkarteien. Die Vorgaben und Einengungen durch die Aufgabenstellungen sind dabei minimal: Bei der ersten Pflichtaufgabe kann ein beliebiges Blatt aus der Kartei »Erzähl (und) mal!« ausgewählt werden. Man kann davon ausgehen, daß die einzelnen Karteiblätter einen Aufforderungscharakter für die Schüler/innen haben. Von 10 zur Verfügung gestellten Blätter der Kartei »Schreib los«[120] ist eines auszuwählen, zu dem eine Geschichte zu schreiben ist. Als Wahlaufgabe können weitere Blätter aus den beiden Karteien ausgewählt werden. Zusätzlich können Bilder zum Geschichtsthema »Stadt im Mittelalter« als Schreibanlässe ausgesucht oder eine Rechtschreibübung (ebenfalls mit Hilfe einer Kartei) durchgeführt werden.

120 Kasper, J.: Schreib los! Bild-Impulse für freie Schüler-Texte. Bremen o.J.

Wochenplan 9d

für die Woche vom 21.2. - 25.2.94

Name:

☑ *Mathematik* ☑

Diese Aufgaben mußt Du bearbeiten

☐ **P1** Baue und zeichne den Körper (1) nach den auf dem Blatt formulierten Arbeitsanweisungen. ____________

☐ **P2** Berechne Volumen und Oberfläche der Quader in Aufgabe 2 auf dem Aufgabenblatt (S. 76). Zeichne. ____________

☐ **P3** Sieh Dir das Blatt "Ein Fall für Geometriedetektive" genau an und bearbeite es schrittweise nach den Arbeitsanweisungen.

____

Diese Aufgaben kannst Du bearbeiten. Eine mußt Du Dir mindestens auswählen.

☐ **W1** Baue und zeichne einen weiteren Körper (2) nach den Arbeitsanweisungen. ____________

☐ **W2** Du kannst Aufgabe 3 auf dem Aufgabenblatt (S. 76) ausrechnen. ____________

☐ **W3** Übe dich im Zeichnen von Körpern. Zeichne dazu einige der Prismen vom Aufgabenblatt (S. 77) ab. ____________

☐ **W4** Berechne das Volumen der Prismen von Aufgabe 3 auf dem Aufgabenblatt. ____________

Wochenplan-Zeiten: Mo. 4. Std., Di. 5. Std. Mi. 5. Std., Fr. 4. Std.

Geometrische Körper bauen und zeichnen

Das Netz dieser Körper sollst Du zu einem geometrischen Körper zusammenbauen und anschließend in der Vorderansicht, in der Seitenansicht und in der Draufsicht zeichnen.

1. Schreibe zuerst an alle Begrenzungs- und Faltlinien des Netzes die Maße.
2. Schneide das Netz aus, und ritze alle Faltlinien vorsichtig mit einem Bastelmesser vor, damit Du sie besser knicken kannst.
3. Falte den Netzplan zu einem Körper, und klebe ihn an den Klebelaschen zusammen. Ein Tip: Alle Begrenzungs- und Faltlinien müssen zum Schluß noch sichtbar sein.

(1)

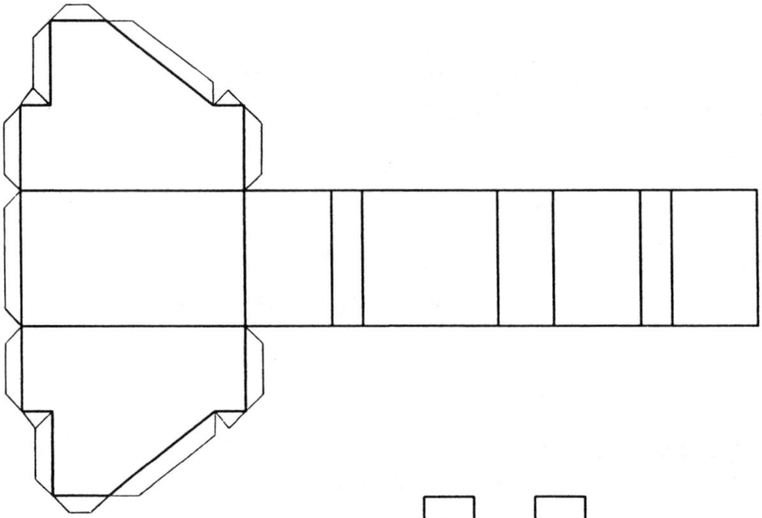

(2)

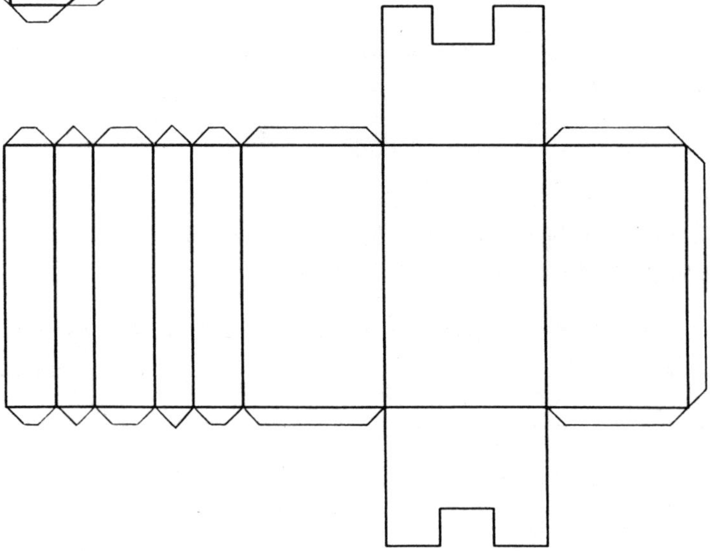

Anregungen aus: Praxis Schule 5–10, Heft 2/1994

Wochenplan 7e

für die Woche vom 19.10. bis zum 23.10.92

Name:

Wochenthema:

Wir stellen ein Geschichtenbuch zusammen

Das mußt Du tun (Pflichtaufgaben):

- ☐ Wähle Dir ein Blatt aus der Kartei ***ERZÄHL (UND) MAL*** aus. Ergänze das Bild, überlege Dir beim Malen eine spannende oder auch eine lustige Geschichte und schreib sie auf.
- ☐ An Euren Gruppentischen befinden sich jeweils 10 Blätter aus der Kartei ***SCHREIB LOS***. Wähle ein Blatt aus und schreibe eine Geschichte.

Das kannst Du tun (Wahlaufgaben):

- ☐ Wenn Du Lust hast, kannst Du weitere Blätter aus einer der beiden Karteien auswählen.
- ☐ Vielleicht möchtest Du Dir eines der Bilder zum Thema ***STADT IM MITTELALTER*** aus der Geschichtskartei aussuchen und dazu eine Geschichte schreiben.
- ☐ Wähle einen Text aus der Kartei ***SCHREIB MAL WIEDER ... RICHTIG*** aus und bearbeite ihn nach den Anweisungen.

Hinweise und Bemerkungen

Diese Woche kannst Du **in allen Deutsch-Stunden** am Wochenplan arbeiten. Bis zum Freitag sollst Du mindestens zwei Geschichten auf ein unliniertes DIN-A4-Blatt geschrieben haben. Dies soll eine Reinschrift nach vorheriger Korrektur sein. Du kannst die Schreibmaschine, den PC oder die Druckerei benutzen. Eure Geschichten sollen zu einem Geschichtenbuch zusammengestellt werden. Jede Geschichte muß mit einer Überschrift versehen werden, unter die Geschichte schreibst Du Deinen Namen. Es wäre schön, wenn Du Dein Blatt gestaltest und noch etwas, was zu Deiner Geschichte paßt, darauf zeichnest.

Das ist ein Steckbrief. Wer wird gesucht? Wie sieht die Person aus? Was ist geschehen? Wo hält sich die gesuchte Person auf? Wie geht die Geschichte weiter?

Zeichne und beschreibe genau!

- o Du siehst Dein Lieblingsprogramm. Zeichne ein typisches Bild und schreibe darüber!
- o Deine Eltern sind nicht zuhause. Heimlich schaltest Du den Fernseher oder das Videogerät ein. Beschreibe den Film und erzähle, wie es Dir geht! Träumst Du nachher davon?

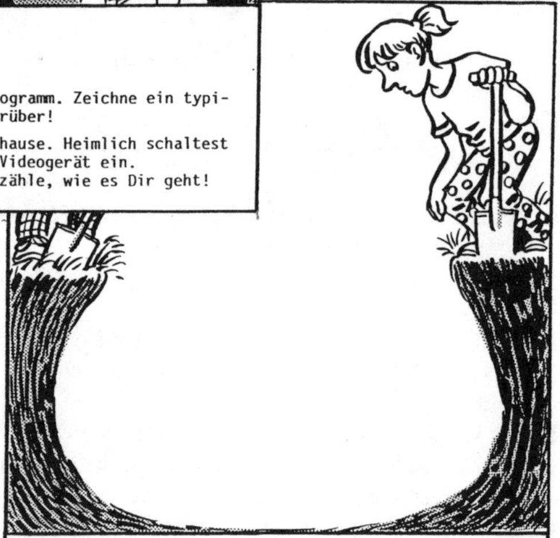

Ihr seid auf der Schatzsuche und glaubt, an der richtigen Stelle zu graben. Plötzlich macht Ihr eine unglaubliche Entdeckung.

Zeichne und schreibe darüber!

Arbeitsblätter aus der Kartei »Erzähl (und) mal!«. Die Schülerinnen und Schüler ergänzen das Bild und denken sich während des Malens Geschichten aus, die sie anschließend verschriftlichen.

Einige Blätter aus der Kartei »Schreib los!«, Schreibanlässe für die Schüler/innen während der Wochenplanarbeit

Kartei »Erzähl (und) mal!«[121]

Die Kartei ist von der ursprünglichen Konzeption her insbesondere für den Einsatz in der Grundschule gedacht. Schülerreaktionen zeigen jedoch, daß eine Verwendung im Deutschunterricht bis einschließlich Klasse 7 sinnvoll ist. Die Kartei fordert die Kinder durch unvollständige Bilder zum Weitermalen und -zeichnen auf. Währenddessen konkretisieren sich ihre Gedankengänge. Ganz persönliche Geschichten entstehen, Erlebnisse und Situationen werden erinnert, die Phantasie wird angeregt, und Ideen entwickeln sich. Kreativität wird gefördert. Unwillkürlich planen die Kinder eine Geschichte, indem sie zunächst nur ein einzelnes Bild ausgestalten. Sie werden aufgefordert, ihre Geschichte zu erzählen, die bisher gewonnenen Gedankengänge mündlich oder schriftlich zu versprachlichen und mitzuteilen. Ein Text entsteht.
Lehrerinnen und Lehrer, die diese Methode erprobt haben, konnten erleben, daß es keinen Mangel an eigenen Einfällen und der Kompetenz gibt, diese angemessen darzustellen.
Zur Aufbereitung für den Unterricht empfiehlt es sich, eine bestimmte Anzahl von Kopien der Vorlagen in Klarsichthüllen einzutüten und in dem Klassenraum zu deponieren. Man kann sie in einen Aktenordner heften oder in einen Karteikasten stellen, wenn man Pappe zur Verstärkung der Hülle mit einschiebt. Zusätzlich sollten ausreichend Schreibblätter bereitgelegt werden. Die Blätter der Kartei sind nicht numeriert oder thematisch geordnet, es bieten sich jedoch verschiedene Ordnungsgesichtspunkte an, z.B. Jahreszeiten, Abenteuer, Natur, Umwelt, Phantastisches, Magisches usw. Konkret lassen sich folgende Einsatzmöglichkeiten vorschlagen:

- *Die Sammlung steht für den Wochenplan und die Freie Arbeit zur Verfügung.*
- *Kinder erhalten Zusatzaufgaben aus der Sammlung.*
- *Zu thematischen Einheiten werden einzelne Blätter der Kartei zusammengestellt und bearbeitet.*
- *Ein bestimmtes Blatt wird von allen Kindern bearbeitet.*
- *Kinder wählen sich eigene (Haus-)Aufgaben aus.*
- *Einige Kinder arbeiten gemeinsam am gleichen Thema, regen sich gegenseitig an und helfen einander.*

In allen Fällen ist es wichtig, eigene Ideen zu fördern, Kinder in ihren persönlichen Fähigkeiten zu bestärken, ihnen Gelegenheit zu geben, das zu bearbeiten, was ihnen Freude macht. Zuviel Korrektur kann sie, besonders zu Anfang, leicht davon abhalten, ihre persönliche Ausdrucksfähigkeit nach eigenen Kräften zu entwickeln und an immer neuen Aufgaben mit Spaß zu erproben.
Wie man mit den entstanden Arbeitsergebnissen umgeht, sollte man aus der besonderen Situation heraus entscheiden, der Phantasie sind dabei keine Grenzen gesetzt. Folgende Vorgehensweisen wurden von mir erprobt:

- *Die Schülerinnen und Schüler stellen einander ihre Arbeitsergebnisse (Bilder und Geschichten) in kleinen Gruppen oder im Erzählkreis vor.*
- *Die Mitteilung der Ergebnisse erfolgt durch Aushang an einer Geschichtenwand (Pinnwand).*

121 Nüchter, W.: Erzähl (und) mal!. Band 1 und 2. Verlag die Schulpraxis: Mülheim 1987.

- *Aus den Schülertexten wird ein Geschichtenbuch zusammengestellt.*
- *Ein Erzähl- und Schreibwettbewerb wird organisiert (vielleicht klassenübergreifend).*

Durch die Veröffentlichung ihrer Geschichten und die Gespräche, die daraus entstehen, können die Schüler/innen auf natürliche Weise grundlegende Beurteilungskriterien für Texte erfahren.

Der Verwendungszusammenhang der Geschichten ist den Schülern/innen von Beginn an klar: Sie sollen dazu dienen, ein Geschichtenbuch zusammenzustellen. Damit dieses Geschichtenbuch auch zum Blättern, Betrachten und Schmökern herausfordert, werden sie dazu aufgefordert, das Blatt mit ihrer Geschichte noch zu gestalten, d.h., auf die Schrift Wert zu legen, es mit einer Überschrift zu versehen und etwas dazu zu zeichnen. Ein gemeinsames Handlungsprodukt – das Geschichtenbuch, in dem die Schülertexte veröffentlicht werden – ist also hier Kristallisationspunkt der Wochenplanarbeit.

Einen etwas engeren Rahmen zieht der Wochenplan zum Thema »Zukunft« in einer 9. Hauptschulklasse. Auch hier werden den Schülern/innen Schreibanlässe zur Auswahl angeboten, das Rahmenthema ist aber vorgegeben. Die Unterscheidung der zu produzierenden Schülertexte in Aufsätze und Geschichten ist darüber hinaus von Bedeutung. Dazu werden Definitionen, die im vorausgegangenen Unterricht erarbeitet worden sind, auf dem Wochenplan noch einmal in einem Kasten vermerkt. Außerdem werden Strukturierungsmerkmale als Hilfe bei der Bearbeitung der Wochenplanaufgaben in Form von zu beachtenden Arbeitsschritten vorgegeben. Eine Unterscheidung in einen Wahl- und Pflichtbereich gibt es nicht, d.h., die Differenzierung bzw. Individualisierung geschieht hier über die Art und den Umfang der Aufgabenbearbeitung durch die Schüler/innen selbst.

Auch bei diesem Wochenplan wurde anschließend eine Form der Veröffentlichung der Schülertexte gewählt, diese ist allerdings nicht auf dem Plan vermerkt. Zunächst wurden die Texte im Klassenplenum vorgetragen und besprochen. Dabei äußerte ein Schüler die Idee, Bilder zu den entstandenen Schülerarbeiten zu malen sowie Collagen anzufertigen. Diese Idee wurde aufgegriffen, und aus den entstandenen Arbeiten wurde eine kleine Ausstellung zusammengestellt, die an einer Pinnwand vor dem Klassenraum ausgehängt und so den anderen Schülern/innen zugänglich gemacht wurde.

Auf die Schülerprodukte dieses Wochenplanes möchte ich aufgrund der vielen interessanten Ergebnisse hier noch etwas ausführlicher eingehen. Da es sich um ein ganz persönliches Thema für die Schüler/innen handelte, erfuhr ich auf diese Weise in kurzer Zeit sehr viel über sie. So stellte z.B. Andreas ein schwarzes Blatt mit einem kleinen weißen Punkt in der Mitte her. Darüber schrieb er in großen Lettern: »Unsere Zukunft«. Andreas selbst kommentierte dazu: »Erst wollte ich das Blatt ganz schwarz lassen, aber ein bißchen Hoffnung habe ich ja doch noch.«

Überhaupt, so wurde mir deutlich, schien das »Prinzip Hoffnung« bei »meinen« Hauptschülern/innen wenig verbreitet zu sein. Viele der von ihnen verfaßten Texte waren »Grau in Grau« gehalten: Mirko hat Angst, »daß in der Zukunft nur noch Umweltkatastrophen stattfinden und auch sehr viele Kriege, wahrscheinlich Atomkriege.« Er fürchtet sich, in seinem späteren Leben Kinder »in die Welt zu setzen«, denn er hat Angst, daß seine Kinder »in der Zukunft noch größeren Gefahren entgegenlaufen.« Viele Schüler/innen sehen sich als

Deutsch-Wochenplan

Wir schreiben einen Aufsatz oder eine Geschichte zum Thema Zukunft

Im **Aufsatz** soll ein Gedankengang gegliedert dargestellt werden. Er behandelt oder erörtert unter einem bestimmten Leitgedanken Sachfragen in ihrem inneren Zusammenhang. Treten persönliche Wertungen hinzu, spricht man von einem Besinnungsaufsatz.

In einer **Geschichte** wird schrittweise und für den Hörer oder Leser nachvollziehbar ein Geschehensablauf erzählt. Eine Geschichte wird um einen Erzählkern herumgebaut. Sie kann spannend, lustig, ernst, ironisch ... sein

Themen - Themen - Themen - Themen - Themen

Ich träume von meiner Zukunft

Mein Traumberuf

Als ich eines morgens auf den Kalender sah, war Sonntag, der 16. Mai 1999 ...

Zukunft: Weniger Arbeit - mehr Geld

Vielleicht wird aus den Wünschen Wirklichkeit

Mit der Zeitmaschine in das nächste Jahrhundert

Ein optimistischer Blick in die Zukunft

Wenn ich die Schule erst geschafft habe...

Liebe, Freundschaft, Glück

Ich habe Angst vor der Zukunft

Beachte!

1. Wähle ein Thema aus!
2. Mache eine Stichwortsammlung!
3. Ordne und gliedere die Stichwortsammlung!
4. Schreibe den Text zunächst vor!
5. Korrigiere und überarbeite den Text!
6. Fertige eine Reinschrift an!

Spielball anderer, die selbst nur getrieben werden (sich auch treiben lassen?) und weder im Positiven noch im Negativen ihre Zukunft bestimmen können. So schreibt Ronald: »Ich lasse die Zukunft kommen, wie sie will. Man kann sie sowieso nicht groß ändern. Deshalb stelle ich mir groß nichts vor. Hellsehen kann ich auch nicht.«

Auch Dieter ist unsicher und orientierungslos, er hat keine klare Vorstellung davon, wie sich sein zukünftiges Leben entwickeln wird, dies läßt sich seinem Text, den er zu dem Wochenplan geschrieben hat, entnehmen:

»›Meine Zukunft und ich‹, das ist ein schwieriges Thema. Ich könnte jetzt sagen, daß ich eine Familie gründen will, doch es kommt vielleicht anders, weil ich meine Meinung ändere. Ich könnte mir auch vorstellen, daß ich in meinem erlernten Beruf einen Meisterbrief machen will, aber vielleicht werde ich vorher arbeitslos, und ich kann in diesem Beruf nicht weiterarbeiten. Es kommt immer auf meine Laune an, denn ich lebe mein eigenes Leben, und das auch nur einmal. Ich hatte mir zum Beispiel bis vor einem Jahr vorgenommen, daß ich noch weiter in die Schule gehe und den Realschulabschluß nachmache, damit ich in einem ›sauberen‹ Job arbeiten kann. Doch jetzt habe ich eine Ausbildungsstelle als Kfz-Mechaniker in Aussicht. Auf Schule habe ich keine Lust mehr. Es könnte aber auch sein, daß ich die Ausbildung abbreche, weil es mir doch keinen Spaß macht oder weil ich mich mit den Kollegen nicht verstehe. Ich kann meine Zukunft kurz beschreiben: Ich werde mein Leben so leben, wie es kommt oder geht.«

Aber nicht alle Texte strahlen ausschließlich Pessimismus und Hoffnungslosigkeit aus. Auch Hauptschüler/innen, dies wurde mir klar, haben noch Träume und Sehnsüchte. Es fiel mir auf, daß dies in »meiner« Klasse besonders die Mädchen zu betreffen schien, während die Jungen eher die auf sie zukommenden Bedrohungen sehen. So träumt Katja – wie auch einige andere – von Familie, eigenem Haus, großem Garten, einer intakten Umwelt, gesunden Kindern, Zeit und Geld für Hobbys. Aber auch sie sieht die Gefahren, die all das in Frage stellen könnten: Umweltzerstörung und Kriege bedrohen die Idylle, auf die sie hofft. Regina bringt ihre Hoffnungen in einem Gedicht zum Ausdruck:

NUR EIN TRAUM?
Ich träumte von Frieden auf der ganzen Welt,
Von einer Natur, in der alles noch in Ordnung ist,
Von blühenden und gesunden Bäumen,
Von freien Tieren,
Von blauem Himmel,
Von sauberen Meeren,
Von Ländern ohne Grenzen,
Von einem Leben ohne Geld,
Vom Atmen ohne Gasmasken,
Vom Singen der Vögel,
Vom Leben ohne Haß, Feindschaft und Gewalt,
Vom Leben ohne Krankheiten und Seuchen.
Und als ich aufwachte,
hoffte ich um so mehr,
daß dieser Traum in Erfüllung geht.

Die im Wochenplan formulierten Schreibanlässe haben also dazu geführt, ein für die Schüler/innen wichtiges Thema auf ihre ganz individuelle Weise zu bearbeiten. Ängste und

Deutsch-Wochenplan
H 8d

für die Woche vom 19.10. -23.10.92

Name:

Thema:

Rechtschreibung und Zeichensetzung

Das mußt Du tun (Pflichtaufgaben)

☐ **Wir erstellen ein Dosen- oder Schachteldiktat**. Besorge Dir eine nicht zu kleine Schachtel oder Dose mit Deckel. Beschrifte sie mit der Nummer Deines Diktates und schneide einen Schlitz in den Deckel. Schreibe den Text Deines Diktates aus der Kartei zweimal fehlerfrei, sauber und übersichtlich ab: einmal auf ein Din-A5-Blatt und einmal auf eine Karteikarte. Zerschneide den Text auf der Karteikarte nach den Anweisungen, die Du mündlich bekommst. Verstaue nun das Diktat-Blatt und die zerschnittene Karteikarte in der Dose/Schachtel - fertig! Nun können wir die Diktate für Rechtschreibübungen benutzen.

☐ Lies Dir das **Info-Blatt "Kommaregeln/Satzarten"** gründlich durch. Besprich mit Deinem Nachbarn die Regeln und stelle ihm Fragen zu den Regeln. Präge Dir die Regeln gut ein.

☐ Setze die **Kommas** in dem **Text "Murphy hat mal wieder zugeschlagen"** ein. Unterstreiche in den Sätzen (5) bis (10) alle Hauptsätze blau und alle Nebensätze rot und kreise die Konjunktionen ein!

Das kannst Du tun (Wahlaufgaben):

☐ Setze die Arbeit mit der **Diktatkartei**, so wie wir sie begonnen haben, fort. Trage die erledigten Arbeiten in die aushängende Liste ein.

☐ Schreibe den Text im Kästchen auf Seite 86 im Sprachbuch ab und setze die fehlenden **Satzzeichen** ein.

☐ Wähle eine der **Ideen aus der "Schreibkiste"** aus und bearbeite die Aufgabenstellung.

☐ Schreibe eine **Geschichte zum Thema "Rauchen - Alkohol - Drogen"** (Dieses Thema werden wir in der nächsten Woche im Deutschunterricht bearbeiten).

Hinweise und Bemerkungen

Für die Wochenplanarbeit stehen Dir **alle 4 Deutsch-Stunden** in dieser Woche zur Verfügung. Was Du nicht in der Schule schaffst, mußt Du bis zum nächsten Montag **zuhause** erledigt haben.

Kontrolle am: Unterschrift:

Sehnsüchte konnten thematisieren werden und dadurch einen Ausgangspunkt für weitere Gespräche bilden. Mir als Lehrer hat es neue Zugänge zu »meinen« Schülerinnen und Schülern eröffnet und dazu geführt, einen Teil ihrer Gedanken und ihrer Lebenswelt besser kennenzulernen, woran ich im folgenden Unterricht (und natürlich auch in den Wochenplänen) anknüpfen konnte.

Auf einer inhaltlich ganz anderen Ebene liegen die Aufgaben des nächsten hier vorgestellten Wochenplanes. Den Schülern/innen der Klasse 8 werden zum Thema »Rechtschreibung und Zeichensetzung« unterschiedliche Übungsmöglichkeiten angeboten:

- Sie sollen im Pflichtbereich in einen vorgebenen Text auf einem Arbeitsblatt die Satzzeichen einsetzen,
- sie haben die Möglichkeit, als Wahlaufgabe mit einer Diktatkartei zu arbeiten, und
- sie können im Sprachbuch einen Text abschreiben und dabei die fehlenden Satzzeichen einsetzen.

Alle diese Aufgaben lassen sich mit Hilfe von Kontrollkarten eigenständig oder in Partnerarbeit überprüfen. Darüber hinaus geht es bei Arbeit an diesem Plan darum, den Bereich der Regelbildung zu vertiefen. Ein Informationsblatt faßt die zuvor im Klassenunterricht erarbeiteten Kommaregleln zusammen, die sich die Schüler/innen einprägen, mit Fragen erschließen und in Partnerarbeit überprüfen sollen.

Neben diesen Aufgaben können die Schüler/innen im Rahmen des Wochenplanes handelnd tätig werden: Sie sollen ein Dosen- oder Schachteldiktat nach den formulierten Arbeitsanweisungen herstellen. Dieses hat wiederum – wie schon an anderen Beispielen aufgezeigt – eine vorbereitende Funktion für die sich an die Wochenplanarbeit anschließende Arbeitsphase. Mit Hilfe der mehr als 20 entstandenen unterschiedliche Dosendiktate ist es möglich, differenzierte Übungsphasen anzuschließen, die den Schülern/innen, auf eine für sie interessante und abwechslungsreiche Weise, Gelegenheit bieten, ihre individuellen Rechtschreibleistungen zu trainieren und die Erfolge selbständig zu kontrollieren. Die entstandenen Dosen- bzw. Schachteldiktate stehen als Bestandteile der Lernwerkstatt nun dauerhaft für Übungsphasen zur Verfügung und können beliebig erweitert bzw. ergänzt werden.

Die letzten beiden fachbezogenen Wochenpläne dieses Kapitels sind dem Fach Arbeitslehre (mit Berührungspunkten zur Sozialkunde und zum Deutschunterricht) entnommen und stehen in engem Zusammenhang mit der Durchführung eines Betriebspraktikums. Der erste Plan zum Thema »Berufe« ist in der Vorbereitungsphase des Praktikums anzusiedeln, der zweite dient der Auswertung der gesammelten Erfahrungen. Der Plan zum Thema »Berufe« ist insgesamt auf Kooperation bei der Erstellung der Arbeitsergebnisse angelegt. Ausgewählt werden kann von den Schülern/innen der Beruf, mit dem man sich auseinandersetzen möchte, und mit wem man zusammenarbeiten möchte. Klar festgelegt ist für alle, was inhaltlich zu den einzelnen Berufen bearbeitet werden soll (Informieren über Tätigkeiten in dem Beruf, über die Ausbildung, über angenehme und unangenehme Seiten des Berufes). Wie die Aufgaben bearbeitet werden, dazu bietet der Wochenplan Möglichkeiten bzw. Vorschläge an, unter denen die Schüler/innen auswählen können. Wichtig ist dabei, daß die Ergebnisse im Klassenplenum am Ende der Arbeitswoche den anderen vermittelt werden müssen.

Es entstanden auf diese Weise über alle von den Schülern/innen ausgewählten Berufe Wandzeitungen, die im Klassenraum ausgehängt und jeweils vorgestellt wurden. Besonders interessant und ausführlich waren die Berichte jener Gruppen, die die Schule verlassen hatten und sich in einer Gärtnerei bzw. einer Bäckerei über »ihren« Beruf vor Ort informierten. Dabei

Wochenplan 8d

für die Woche vom 8.2. bis zum 13.2.93

Name:

Thema:
BERUFE

Diese Aufgaben sollt Ihr in Gruppen bearbeiten:

- Sucht Euch eine Beruf aus und informiert Euch genau darüber.
- Welche Tätigkeiten müssen in diesem Beruf ausgeübt werden?
- Wie sehen die Ausbildungsmöglichkeiten aus? Wie lange dauert die Ausbildung?
- Welche angenehmen, welche unangenehmen Seiten hat der Beruf?

Das könnt Ihr tun:

- ☐ Ihr könnt Informationen über den gewählten Beruf aus "Beruf aktuell" herausschreiben. Besorgt euch Bücher aus der Bücherei, Informationsschriften des Arbeitsamtes und schlagt im Lexikon nach.
- ☐ In Zeitschriften und in den im Klassenraum zur Verfügung stehenden Informationsheften findet Ihr sicher auch Bilder zu "Eurem" Beruf.
- ☐ Informiert Euch auch außerhalb der Schule über den Beruf. Vielleicht kennt Ihr jemanden der diesen Beruf ausübt oder Ihr könnt einen Besuch in einem Betrieb ausmachen, z.B. in einer Gärtnerei, einer Bäckerei, in der Waffelfabrik...Ihr könnt Interviews durchführen und dazu den Kassettenrecorder oder die Videokamera benutzen.
- ☐ Zeichnet auf oder schreibt auf, welche Tätigkeiten ausgeübt werden und mit welchen Materialien in dem ausgewählten Beruf gearbeitet wird.
- ☐ Gestaltet zum Schluß eines oder mehrere Wandzeitungen über "Euren" Beruf. Diese Wandzeitung sollt Ihr am Freitag den anderen Gruppen vorstellen.

Diesen Beruf habe ich ausgewählt:

Ich arbeite zusammen mit:

Wochenplan-Zeiten: Montag 5./6. Stunde, Mittwoch 1.-5. Stunde

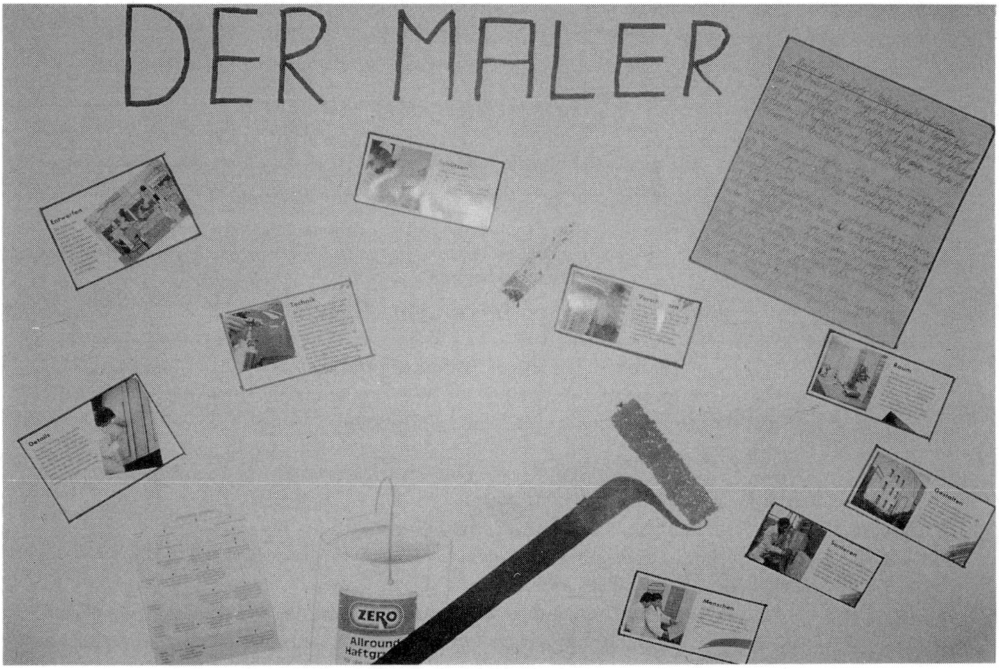

Zwei Teilergebnisse der Schüler/innen zum Thema »Berufe«. Auf Wandzeitungen, die der Unterstützung ihres Vortrages dienen, stellen sie den Beruf des Malers und der Floristin kurz vor.

Wochenplan 8d

für die Woche vom 1.3. bis zum 5.3.93

Name:

Wochenthema:

Auswertung des Betriebspraktikums

Das mußt Du tun (Pflichtaufgaben):

☐ Stelle Dein Praktikumsheft fertig, so daß Du es am kommenden Montag abgeben kannst.

☐ Arbeite einen Vortrag aus, in dem Du der Klasse Deinen Praktikumsplatz ausführlich vorstellst:
- Beschreibe Deinen Betrieb/Deine Arbeitsstätte,
- Erzähle etwas über die Mitarbeiter und ihren Umgang mit Dir,
- Beschreibe genau, welche Tätigkeiten Du ausgeführt hast,
- Berichte über Dinge, die Dir gefallen haben/nicht gefallen haben,
- Erzähle, welche Ausbildungsberufe man dort erlernen kann und wie die Ausbildung verläuft,
- Bringe Dinge mit, die Du im Praktikum hergestellt hast und beschreibe den Herstellungsprozeß.

Du kannst Deinen Vortrag entweder Wort für Wort ausarbeiten oder Dir einen Stichwortzettel anlegen. Der Vortrag wird benotet.

Das kannst Du tun (Wahlaufgaben):

☐ Schreibe einen Aufsatz zum Thema "Was hat mir mein Praktikum eigentlich gebracht?" Berichte darin über Deine Erwartungen, Deine im Betrieb gemachten Erfahrungen und was sie für Dich bedeuten. Du kannst auch über Deine Berufswünsche schreiben und überlegen, was Dir im Hinblick auf Deine Berufswünsche das Praktikum bedeutet hat. Bearbeite diese Aufgabe besonders gründlich. Wir werden die Aufsätze besprechen, überarbeiten und darüber eine Klassenarbeit schreiben.

☐ Du kannst ein Plakat gestalten, in dem Du Deinen Praktikumsplatz vorstellst. Dieses Plakat kannst Du zur Unterstützung Deines Vortrages benutzen. Du kannst auch eine Folie gestalten, die Du bei Deinem Vortrag benutzt.

Wochenplan-Zeiten: Mo. 5. Std./ Di. 4. Std./ Mi. 4./5. Std.

hatte die Bäcker-Gruppe ihre Erkundung mit der Videokamera durchgeführt und konnte am Ende der Woche ihren Einblick in die Backstube und den Verkaufsraum einer örtlichen Bäckerei in bewegten Bildern vorführen.

Der zweite Plan stellt individuelle Arbeiten der Schüler/innen in den Mittelpunkt. Zwei Pflichtaufgaben sind zu erledigen: Das Praktikumsheft ist fertigzustellen, und es soll ein Vortrag über das Praktikum vorbereitet werden. Damit werden die Schüler/innen nicht allein gelassen, sondern im Wochenplan werden ihnen Hilfestellungen zur inhaltlichen Gliederung ihres Vortrages angeboten. Dieser Teil des Wochenplanes ist eng mit dem Deutschunterricht verbunden, in dem das Thema »Vortrag/Referat« im Mittelpunkt stand. Auch die beiden Wahlaufgaben knüpfen direkt an das Praktikum an und bieten den Schülern/innen Gelegenheit, zu einzelnen Aspekten (»Was hat mir das Praktikum gebracht?«) vertiefend zu arbeiten oder eine andere Darstellungsform (ein Plakat zur Unterstützung des Vortrages) zu wählen.

6.3 Fächerübergreifende und projektbezogene Wochenpläne

Überall dort, wo man in einer Lerngruppe mehr als ein Fach unterrichtet oder wo gute Kooperationsmöglichkeiten mit anderen Kollegen/innen bestehen, bietet es sich an, zumindest von Zeit mit Wochenplänen zu arbeiten, die die engen Grenzen eines einzelnen Faches sprengen. Für den projektorientierten Unterricht ist es in einigen Phasen sinnvoll, Wochenpläne als Strukturierungshilfen zu nutzen. Der Wochenplan kann im projektorientierten Unterricht im Sinne einer »Programmvorschau« eingesetzt werden. Durch diese Offenlegung werden den Schülern/innen Entscheidungsspielräume ermöglicht, die sie sich aneignen können. Auch im Projektunterricht, in dem Schülerorientierung ein zentrales Prinzip ist,[122] ist die Planung und Organisation von Lernprozessen notwendig. John Dewey, der als der »Vater« des Projektgedankens angesehen wird, fordert für Projektunterricht nicht nur Planung im Lernprozeß gemeinsam mit den Schülerinnen und Schülern, sondern auch vorausgehende Planung durch die Lehrerin und den Lehrer. Diese haben, so schreibt Dewey, »die Pflicht einer viel intelligenteren, konsequenteren und schwierigeren Planungsarbeit … die Planung muß geschmeidig genug sein, um noch freies Spiel der Individualität zu ermöglichen, und doch fest genug sein, um die Richtung auf fortgesetzte Entwicklung der Kräfte zu geben.«[123] Bei dieser Planungsarbeit können Wochenpläne, wie die folgende beispielhafte Beschreibung zeigt, ein wichtiges Hilfsmittel sein.

Der Tagesplan zum Thema »Amazonas-Regenwald« ist als eine solche Strukturierungshilfe beim Einstieg in ein Unterrichtsprojekt zu verstehen. Die Entscheidung über das Projektthema ging dem vorliegenden Plan voraus: Man wollte am Wettbewerb der Bundeszentrale für politische Bildung teilnehmen. Nun ging es darum, Informationen zu dem Wettbewerbsthema zusammenzutragen und erste Ideen für die Umsetzung zu sammeln. Eine Unterrichteinheit zu dieser Thematik wurde bereits in Klasse 6 durchgeführt, so daß die Schüler/innen vorinformiert waren. Die im Plan verzeichneten Aufgaben sollten einen anregenden Charakter haben. Der Tagesplan zeigt auf, daß im Rahmen dieses Unterrichtsprojektes zunächst ein Teil der vorausschauenden Planung durch mich als Lehrer geleistet wurde, diese aber im Sinne

122 Zu den Merkmalen des Projektunterrichts siehe ausf.: Bastian, J./ Gudjons, H.: Über die Projektwoche hinaus … In: Pädagogik, Heft 7–8/1989, S. 8–13.

123 Dewey, J.: Erfahrung und Erziehung. In: Dewey, J./ Handling, O./ Corell, W.: Reform des Erziehungssystems. Weinheim 1963, S. 27 und 99.

Tagesplan

für den 12.11.93

Name:

Thema: Amazonas Regenwald

Was geht er uns an?

Heute werden wir einige vorbereitende Arbeiten für die Teilnahme am Wettbewerb der Bundeszentrale für politische Bildung beginnen. Ihr habt Euch das oben genannte Thema ausgewählt. Als Ergebnis sollen wir eine Wandzeitung erstellen, in der mit Hilfe von vier bis sechs Bildern, zu denen Ihr entsprechende Texte formuliert, Ursachen für die Vernichtung des Regenwaldes und die daraus entstehenden Auswirkungen und Folgen aufgezeigt werden sollen. Wir haben dafür bis zum Einsendeschluß am 1. Dezember Zeit. Die folgenden Aufgaben, die alle einen vorbereitenden Charakter haben, könnt Ihr allein, mit einem Partner oder in Eurer Tischgruppe bearbeiten.

Aufgaben

- ❑ Informiert Euch anhand der vorhandenen Materialien gründlich über Ursachen, Folgen und Auswirkungen der Zerstörung des tropischen Regenwaldes.

- ❑ Tragt die wichtigsten Informationen zunächst kurz, um einen Überblick zu gewinnen, zusammen. Ihr könnt dazu auch eine Tabelle anlegen oder eine Übersichtsskizze als Wandzeitung erstellen.

- ❑ Unterhaltet Euch über den Begriff "Lunge der Welt" und erklärt ihn im Zusammenhang mit dem Amazonas-Regenwald.

- ❑ Besprecht Eure Informationen am Gruppentisch und teilt auf, womit Ihr Euch intensiver auseinandersetzen wollt. Schreibt zu den ausgewählten Teilthemen Texte auf, zeichnet etwas und erläutert Eure Zeichnungen. Versucht dabei besonders den Zusammenhang zwischen uns und der Zerstörung des Regenwaldes herzustellen. Geht z. B. Fragen nach wie:
  - Was haben wir mit dem Tropenholz zu tun?
  - Was hat der Hamburger mit dem Tropenwald zu tun?

- ❑ Sammelt Ideen für unseren Wettbewerbsbeitrag, schreibt sie auf und diskutiert sie in Eurer Gruppe. Vielleicht könnt Ihr auch schon beginnen, die eine oder andere Idee umzusetzen oder eine Skizze o.ä. anzufertigen.

Zeit für die Arbeit am Tagesplan: Fr. 1.-5. Std.

Deweys »geschmeidig genug« war, um nun die Anregungen und Ideen der Schülerinnen und Schüler aufzunehmen und damit zu verbinden. Am Ende des Unterichtsvormittages wurden die Ergebnisse zusammengetragen. Einige Wandzeitungen waren entstanden, andere Schüler/innen hatten versucht, das Thema tabellarisch zu bearbeiten, Texte waren geschrieben und Zeichnungen bzw. Skizzen erstellt worden. Dabei zeigte sich, daß von den Schülern/innen viele Dinge angedacht worden waren, ohne sie konkret umzusetzen. Es galt nun, all das zu strukturieren. Dies konnte an dem ersten Projekttag natürlich nicht mehr vollständig geschehen. Die Ideen und Teilaspekte der Thematik, die den Schülern/innen von Bedeutung waren, wurden lediglich stichwortartig auf einem gemeinsam erstellten Plakat festgehalten. Es diente dann in der sich anschließenden Projektphase dazu, einen gemeinsamten Projekteplan aufzustellen und die Handlungsziele des Projektes zu vereinbaren. Es war über den Tagesplan gelungen, die sich oft sehr anstrengend und problematisch gestaltende Einstiegsphase in ein Unterrichtsprojekt, in der der Lehrer noch eine stärker lenkende Funktion hat, zu einem wesentlichen Teil in die Hände der Schüler/innen zu legen.

Der Plan zum Wochenthema »Ausländerfeindlichkeit« bezieht die Fächer Deutsch, Gesellschaftslehre und Arbeitslehre ein. Er ist im Rahmen einer Aktionswoche, die wir zu diesem Thema an unserer Schule durchführten, entstanden. Die Aktionswoche, auf Antrag der Schülervertretung zustande gekommen, mündete am letzten Tag der Woche in eine Schülerdemonstration. So haben auch eine ganze Reihe von Aufgaben, die im Wochenplan verzeichnet sind, einen vorbereitenden Charakter für diese Demonstration (insbesondere Flugblätter, Plakate und Spruchbänder entwerfen). Der Plan beginnt zunächst sehr traditionell. Der Bereich »Wir informieren uns« enthält eine Pflichtaufgabe und eine Wahlaufgabe. Die Pflichtaufgabe soll dazu dienen, bei den Schülerinnen und Schülern durch die Bearbeitung der beiden Informationsblätter zunächst eine gemeinsame Grundlage zu schaffen, die es ihnen erleichtert, die folgenden Aufgaben des Planes in einen Zusammenhang einzuordnen. Der Wochenplan des fächerübergreifenden Projektes dient also dazu, die Vorschläge aufzugreifen, die Handlungsmöglichkeiten für die Schüler/innen zu bündeln und in eine Übersicht zu bringen. Er verzeichnet den gemeinsam entwickelten inhaltlichen und organisatorischen Rahmen für die Aktionswoche.

Der Wochenplan »Goldige Bachideen« ist Bestandteil der Arbeit mit einer Klasse an dem Langzeitprojekt »Bachpatenschaft«. Kurz zum Entstehungszusammenhang des Projektes: Nach ersten Bacherkundungen (siehe dazu auch S. 42–44) an dem nahe der Schule gelegenen Goldbach und deren Auswertung entwickelte ich gemeinsam mit den Schülern/innen die Idee, daß es sinnvoll ist, sich längerfristig um das Fließgewässer zu kümmern und dies in die Unterrichtsarbeit einzubeziehen. Kontakte zur Stadtverwaltung wurden geknüpft, die schließlich darin mündeten, einen Vertrag als Bachpaten abzuschließen.

Zwei Schülerinnen beschreiben, was man unter einer Bachpatenschaft versteht und wie ihre Arbeit als Bachpaten aussah: »Eine Bachpatenschaft bedeutet, die Verantwortung über einen Bach zu übernehmen. Unter Verantwortung versteht man, sich um den Zustand des Baches Gedanken zu machen, dazu gehört auch, den anfallenden Müll zu beseitigen und sich um die Reinerhaltung des Baches zu kümmern. Die Verschmutzung des Wassers kann man an den Lebewesen im Wasser feststellen oder durch chemische Untersuchungen. Der Bach müßte eigentlich von den Stadtarbeitern gereinigt werden, denn das gehört zu den Aufgaben der Gemeinde. Da dies aber nicht alles zu schaffen ist, haben wir bei der Stadt einen Antrag auf Bachpatenschaft gestellt. Der Antrag wurde von der Stadtverwaltung unterstützt.

Zu einer Bachpatenschaft braucht man: einen gesunden Menschenverstand und Ausdauer. Außerdem Freude an der Natur. Man braucht verschiedene Geräte, um den Zustand des

Wochenplan 8d

für die Woche vom 30. 11. - 4.12.92

Name:

Unser Wochenthema:

"Ausländerfreundlichkeit"

1. WIR INFORMIEREN UNS

Pflichtaufgabe

Arbeitet die Texte auf den Informationsblättern zuerst gründlich durch und beantwortet die dort formulierten Aufgabenstellungen schriftlich.

Wahlaufgabe

Bearbeitet das Blatt "Meinungen von Jugendlichen ..."

2. WIR VERANSTALTEN EINE SPRÜCHEOLYMPIADE

Überlegt Euch **ausländerfreundliche Sprüche.** Schreibt sie auf ein DIN A 4-Blatt und gestaltet dieses Blatt mit großer Schrift. Ihr könnt sie auch in der Druckerei drucken. Die besten Sprüche werden von einer Jury prämiert. Es gibt für die besten drei Sprüche Sachpreise!! Also ran an die Arbeit. Im Sprüchemachen seid Ihr doch gut oder? Jeder kann so viele Sprüche einreichen, wie er will.

3. WIR ARBEITEN IN GRUPPEN AM THEMA

Sucht Euch eine oder mehrere der folgenden Aufgaben aus und bearbeitet sie in Gruppen. Ihr könnt Euch aussuchen, mit wem Ihr zusammenarbeiten wollt.

- ☐ Entwerft ein Flugblatt, das bei der Demonstration am Freitag verteilt werden kann. Ihr könnt dafür eine Matrize benutzen oder es setzen und drucken (wenn das bis zum Freitag noch zu schaffen ist).
- ☐ Entwerft Plakate und Spruchbänder für die Demonstration.
- ☐ Stellt Collagen zum Thema Ausländerfreundlichkeit her, die wir vor unserem Klassenraum aushängen können.
- ☐ Versucht herauszufinden, wie die Gudensberger Bürger über Ausländerfeindlichkeit und Gewalt gegen Ausländer denken. Dazu könnt Ihr Interviews durchführen (mit der Video-Kamera oder dem Kassettenrecorder). Überlegt Euch vorher genau, was ihr fragen wollt und wertet die Befragung zum Schluß aus.
- ☐ Interviewt ausländische Mitschüler und fragt, wie sie sich in Deutschland fühlen und sie über die ausländerfeindlichen Aktionen in den letzten Wochen denken.
- ☐ Schreibt Berichte, Geschichten, Aufsätze, Gedichte ... zum Thema "Ausländerfeindlichkeit - Ausländerfreundlichkeit".

Wochenplan-Zeiten: Di. 3.-5. Std./ Mi. 3.-5. Std./ Do. 2. Std./ Fr. 1./2. Std.

Wochenplan 7d

Projekt BACHPATENSCHAFT

Goldige Bach-Ideen

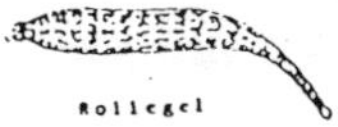

Rollegel

Tellerschnecken

Du bist eine kleine Grundwanze und lebst im sauberen Goldbach, bis eines Tages ein Bauer Gülle in den Bach kippt... Schreibe, was passiert.
Du kannst auch über Dein Leben vorher und nachher schreiben

Grundwanze, 0,8 cm
(*Aphelocheirus aestivalis*)

Zeichne auf ein großes Blatt, wie Du Dir einen idealen Bach vorstellst!

Stell Dir vor, Du bist der Goldbach. Wie fühlst Du Dich kurz nach der Quelle, wenn Du begradigt durch die Felder fließt, wie in Gudensberg, wie in Richtung Maden?

Du kannst auch Bildergeschichten zu den Schreibideen entwickeln

Kriebelmückenlarven

Ein alter Baum am Goldbach träumt von früher. Schreibe eine Phantasiegeschichte. Was hat es im Verlauf seines Lebens dort geschehen

Stell Dir vor, Du bist eine Cola-Dose und fällst an der Trift in den Goldbach. Beschreibe Deine spannende oder auch lustige Reise.

Wochenplan-Stunden: Di. 4. Std./ Mi. 5. Std./ Fr. 1./2. Std

Wassers festzustellen, man muß Informationen über Lebewesen im Wasser und über Pflanzen haben, um dieses Projekt durchführen zu können.

Wenn man die Lebewesen nicht kennt, kann man nicht herausfinden, ob sie mehr im sauberen oder dreckigen Wasser leben und wie das Wasser beschaffen ist. An Geräten braucht man: einen Kescher, um die Lebewesen aus dem Bach zu fischen; Gläser, um für weitere Untersuchungen die Tiere und das Wasser zu transportieren; ein Thermometer, um die Wassertemperatur festzustellen; Lupe und Mikroskop, um sich einiges genauer zu betrachten; einen Untersuchungskasten, um chemische Gewässeruntersuchungen durchführen zu können und vieles andere mehr.«[124]

Der hier abgedruckte Wochenplan greift die während der Projektarbeit gemachten praktischen Erfahrungen der Schüler auf. Er gibt Anregungen, eine andere Darstellungsform als die Beschreibung und Dokumentation zu wählen. Phantasiegeschichten sollen über den Goldbach geschrieben werden. Dies stellt keine geringen Ansprüche an die Jugendlichen und setzt eine genaue Kenntnis des Goldbaches voraus. Sie können ihre Erfahrungen, die sie im Rahmen des Projektes gemacht haben, verarbeiten, indem sie in unterschiedliche Rollen schlüpfen: in die Rolle einer Grundwanze (Zeigerorganismus), die einer Cola-Dose im Bach, eines alten Baumes am Goldbach oder die des Goldbaches selbst.

Der Wochenplan gibt ihnen Anregungen. Genaue Vorgaben darüber, wieviel sie zu arbeiten haben, werden ihnen nicht gegeben, sie können aus einem Angebot auswählen. Dabei war im vorhinein festgelegt worden, daß die Ergebnisse dieser Wochenplanarbeiten zur Ergänzung einer kleinen Goldbach-Ausstellung dienen sollten. Gerade das war ihnen eine besondere Motivation bei der Arbeit an den »goldigen Bach-Ideen«. Es zeigte sich aber auch, daß sie sich durch die Art der Aufgabenstellung angesprochen fühlten, daß es sich für sie um echte Schreibanlässe handelte, die ihre Phantasie anregten.

Eine weitere Möglichkeit, die sich im projektorientierten Unterricht anbietet, ist die Organisierung eines Arbeitsplanes in Form einer thematischen Landkarte. Die Idee zur Arbeit mit thematischen Landkarten fand ich bei Milly Hamacher, die den Begriff von Hilbert Meyer entlieh. Sie formuliert dazu: »Diese Form der Strukturierung eines Themas ist nicht nur ansprechender, sondern auch geeigneter, gegebene und vereinbarte Aspekte eines Themas, Erarbeitungs- und Darstellungsformen zu veranschaulichen.«[125]

Hamacher schreibt weiter: »Anders als bei Hilbert Meyer hat die thematische Landkarte in meiner Klasse aber nicht die Funktion, die Schüler über Unterrichtsinhalte und über den geplanten Unterrichtsverlauf zu informieren. Sie dient nicht nur als ›Speisekarte‹[126], sondern sie ist das Ergebnis eines vereinbarten Arbeitsplanes. Zu Beginn einer jeden Unterrichtseinheit findet in der Klassenversammlung eine sehr ausführliche Brainstorming-Phase statt. ... Der Anteil dessen, was Schülerinnen und Schüler an eigenen Ideen einbringen, unterscheidet sich je nach Thema natürlich erheblich. Alle Schüler- und Lehrervorschläge werden auf DIN-A5-Blätter geschrieben und an die Tafel geheftet. Diese Vorgehensweise hat den Vorteil, daß man bei der Strukturierung des Themas und der Arbeiten die Blätter variabel umhängen kann. In der Regel gibt es Pflichtaufgaben für jeden und/oder für Gruppen, besondere – freiwillige –

124 Ausführlich zu dem Bachprojekt siehe: Brietzke/ Vaupel, S. 14ff; s.a.: Vaupel, D.: »Ich gehe jetzt mit ganz anderen Augen durch die Gegend«. Erkundungen am Wasser. In: päd extra, Heft 7/8/1992, S. 41–44.

125 Hamacher, M.: Thematische Landkarten. In: Hecker, Bd. 1, S. 48.

126 Meyer, S. 138.

Arbeitsplan 10a

Spuren suchen - Denkmal: Die Gudensberger Synagoge

Was wollen wir untersuchen?

Welche äußere und innere Gestalt hat die Synagoge?

- **Form und Ausmaß**
- **Symbole**
- **Standort**
- **Materialien**
- **Stilelemente**
- **Zustand des Gebäudes**
- **Wirkung auf den Betrachter**

Wie und wann entstand die Synagoge?

- Wie sah die Synagoge ursprünglich aus?
- Wer war der Architekt?
- Warum wurde die Synagoge damals gebaut?
- Welche Interessen spielten eine Rolle?
- Welche Befürchtungen gab es?
- Wie wurde der Bau finanziert?
- Wie lebten die Juden zu dieser Zeit?
- War die Synagoge für ihre Zeit typisch oder ungewöhnlich?
- Welche Beachtung fand sie?

Wie sah die weitere Geschichte der Synagoge aus?

- Wie ging man mit der Synagoge um?
- Welche Feiern fanden dort statt?
- Wie liefen die jüdischen Feiertage dort ab? Wie die Gottesdienste?
- Wurde die Synagoge verändert, zerstört, vergessen, beschmiert, restauriert, kritisiert oder mit einem anderen Sinn versehen?

Was können wir über die ehemaligen "Benutzer" der Synagoge erfahren?

- **Seit wann lebten Juden in Gudensberg?**
- **Wie lebten sie bis 1933?**
- **Was erfahren wir über ihre Stellung im Ort?**
- **Welche Berufe übten sie aus?**
- **In welchen Häusern wohnten sie?**
- **Was können wir über den jüdischen Friedhof herausfinden?**
- **Was erfahren wir über die jüdische Schule?**
- **Wie verlief das Schicksal der Juden nach 1933?**
- **Was wurde aus ihnen?**
- **Erinnerte man sich nach 1945 öffentlich an die Gudensberger Juden?**
- **Gibt es heute Kontakte zu Überlebenden?**

Wie sieht die heutige Situation der Synagoge aus?

- Wie sieht das Gebäude heute aus?
- Welche Ziele werden mit der Restaurierung verfolgt?
- Welche Ausseinandersetzungen gibt es um die Erhaltung?
- Wie reagieren die Bürger?
- Gibt es ein Nutzungskonzept?

Arbeitsplan 10a

Spuren suchen - Denkmal: Die Gudensberger Synagoge

Wie können wir vorgehen?

Welche Spuren der jüdischen Gemeinde sind noch zu finden und können untersucht werden?

- Synagoge
- Schulgebäude
- jüdischer Friedhof in Obervorschütz
- ehemalige jüdische Wohn- und Geschäftshäuser in Gudensberg

Wo finden wir gedruckte bzw. veröffentlichte Materialien?

- private Bestände
- Stadtbibliothek
- GhK-Bibliothek Kassel
- Murhardtsche Landesbibl. Kassel

Welche Experten können wir befragen?

- Arbeitskreis Synagoge: Herrn Klein, Gudensberg
- Gesamthochschule Kassel: Herrn Prinz
- Stadtbauamt: Herrn Mikesch
- Denkmalpflege: Frau Thiersch, Marburg
- Jüdische Gemeinde Kassel: Frau Hass.

Welche Personen (Zeitzeugen) können von uns befragt werden?

- Anwohner der Synagoge
- alte Gudensberger Bürger, insbesondere ehemalige Nachbarn der Juden
- ehemalige jüdische Bürger Gudensbergs (Briefkontakte)
- Stellungnahmen von Gudensberger Bürgern (z.B. Was halten Sie von der Restaurierung der Synagoge?)

In welchen Archiven können wir Unterlagen finden? (z.T. anschreiben)

- Staatsarchiv Marburg
- Archiv der jüdischen Gemeinde Kassel
- Archiv der Gedenkstätte Breitenau
- Hauptstaatsacharchiv Wiesbaden
- Vad Vashem, Jerusalem
- Bundesarchiv Koblenz

Welche Museen können wir besuchen?

- Gedenkstätte Breitenau
- Kasseler Synagoge
- jüdisches Museum Hofgeismar

Das können wir tun:

BESCHREIBEN - BERICHTEN - AUSWERTEN - EXZERPIEREN - BEFRAGEN - DOKUMENTIEREN - FOTOGRAFIEREN - ZEICHNEN -STATISTISCH DARSTELLEN -KOPIEREN

Forschungsaufträge, Vorschläge für Gruppen und deren Produkte, und das Thema wird strukturiert.«[127]

An diesen Vorschlägen orientierte ich mich mit den Schülern/innen einer 10. Klasse bei der Vorgehensweise zum Thema »Gudensberger Synagoge«. Angeregt wurden die Schüler/innen zur Bearbeitung der Thematik durch die Ausschreibungen zum Schülerwettbewerb »Deutsche Geschichte« des Bundespräsidenten, der unter dem Schwerpunktthema »Denkmale« stand. Zunächst ging es für alle darum, ausführlich Informationen zu sammeln. In einer gemeinsamen Planungsphase wurde ein Arbeitsplan im Sinne einer thematischen Landkarte im Klassenplenum entwickelt. Für fünf Arbeitsthemen formulierten wir Schlüsselfragen:

- Welche äußere und innere Gestalt hat die Synagoge?
- Wie und wann entstand die Synagoge?
- Wie sah die weitere Geschichte der Synagoge aus?
- Was können wir über die »Benutzer« der Synagoge erfahren?
- Wie stellt sich die heutige Situation der Synagoge dar?

Die Arbeitsthemen untergliederten wir dann weiter in einzelne Teilbereiche, und darüber hinaus wurden Ideen gesammelt, wie man vorgehen könnte. Zur Erarbeitung der Teilthemen entschied man sich, in Gruppen zu arbeiten. Der so aufgestellte gemeinsame Plan bildete Ausgangspunkt und Orientierung zur anschließend einsetzenden Bearbeitung der Teilthemen, für die drei Wochen vereinbart worden waren. Auf der Grundlage des Planes definierte jede Teilgruppe die Ziele ihrer Arbeit. Der Arbeitsplan wurde in vergrößerter Form in der Klasse ausgehängt und in die weitere Vorgehensweise einbezogen. Zwischendurch schalteten wir kurze Reflexionsphasen ein, in denen die Gruppen über den Stand der bisherigen Arbeit berichteten und gleichzeitig Ideen an andere Gruppen weitergaben. Diese wurden in den aushängenden Plan als Ergänzungen aufgenommen.

Doch nicht nur für die Erarbeitungsphase, auch für die Auswertung, die Veröffentlichung der Arbeitsergebnisse bildete die thematische Landkarte einen Leitfaden, an dem sich die Schüler/innen orientieren konnten und durch die die Vorstellung der Ergebnisse strukturiert wurde.[128]

Die Arbeit mit thematischen Lankarten bietet sich nach meinen Erfahrungen besonders für umfangreichere Projekte an und für solche Lerngruppen, die das eigenständige Arbeiten bereits gewöhnt sind. Die Qualifikationen zu dieser komplexen Form der (Wochen-)Planarbeit können nach und nach durch die Arbeit mit überschaubarern Wochenplänen aufgebaut werden.

127 Hamacher, S. 48.

128 Eine ausführliche Darstellung der Inhalte des Projektes ist zu finden in: Vaupel, D.: Lichtblicke und moralische Tiefschläge. SchülerInnen dokumentieren Spuren einer Minderheit. In: Päd extra, Heft 10/1993, S. 40–43.

7. Der Wochenplan aus unterschiedlichen Blickwinkeln

7.1 Wochenplanarbeit in den Augen der Schülerinnen und Schüler

In allen Gruppen, in denen ich bisher mit Wochenplänen gearbeitet habe, führte ich von Zeit zu Zeit Befragungen durch. Diese dienten dazu, das Verständis der Wochenplanarbeit zu überprüfen, Beurteilungen von den Schülern/innen einzuholen und ihnen Möglichkeiten zu geben, ihre Ideen für die Weiterentwicklung der Wochenplanarbeit einzubringen.

Nach einem knappen halben Jahr Arbeit mit dem Wochenplan führte ich in einer 7. Hauptschulklasse eine erste schriftlich Befragung bei meinen Schülerinnen und Schülern durch. Auf die Frage »Wie findest Du die Arbeit mit dem Wochenplan?« gab es bis auf zwei Ausnahmen ausschließlich positive Antworten (von »toll«, »super« und »sehr gut« bis hin zu »gut« und »eigentlich ganz gut«). Doch es gab auch kritische Stimmen. Zwei Schüler traten dafür ein, den Wochenplan abzuschaffen, dies wurde damit begründet, daß man in diesen Stunden keinen »normalen« Unterricht mehr hätte und zuviel arbeiten müsse. Von mehreren Schülerinnen und Schülern, die den Wochenplan grundsätzlich befürworteten, wurde kritisiert, daß er oft zu viele Pflichtaufgaben enthalte. Dies sollte sich ändern, gleichzeitig sollten mehr Wahlaufgaben aufgenommen werden.

Einen Querschnitt durch die Begründungen der positiven Antworten möchte ich hier unkommentiert wiedergeben:

- »Man findet im Wochenplan verschiedene Fächer vor. Wenn man z.B. an einem Tag kein Mathe machen will, kann man Deutsch oder GL machen. Man kann das selbständig auswählen.«
- »Weil die Wochenplanstunden wie Freistunden sind.«
- »Weil beim Wochenplan auch die ganz Lauten mal leise sind.«
- »Weil man sein Lieblingsfach zuerst machen kann.«
- »Weil wir mit dem anfangen dürfen, wie wir es wollen.«
- »Weil man in Ruhe an einer Sache arbeiten kann und auch noch Wahlaufgaben dabei sind.«
- »Weil ich im Wochenplan meine Aufgaben schneller erledigen kann.«
- »Als wir keinen Wochenplan hatten, hatten wir immer viele Hausaufgaben auf, durch den Wochenplan kann man das meiste in der Schule erledigen.«
- »Es macht Spaß, und man kann sich die Zeit selbst einteilen.«
- »Wir können selbständig arbeiten und können bestimmen, was wir zuerst machen.«

Erfahrungen mit dem Wochenplan

Schülerbefragung in der Klasse G 10a

Was versteht man unter einem Wochenplan?

Eine Wochenplanarbeit befaßt sich mit einem bestimmten Unterrichtsthema. Einzelne Aufgaben, teils Pflicht, werden vom Schüler selbständig bearbeitet, so daß man schließlich ein umfassendes Wissen über das jeweilige Thema hat. Die Aufgaben müssen in einem bestimmten Zeitraum (während und nach dem Unterricht) erledigt werden.

Was kann man nach Deinen Erfahrungen durch die Wochenplanarbeit lernen?

Der absolute Vorteil dieser Wochenplanarbeit ist meiner Meinung nach das selbständige Arbeiten – eben keine Reproduktion dessen, was man vorher vom Lehrer gehört hat. Außerdem hat die abschließende Beurteilung (und somit Notengebung) des Lehrers den Vorteil, daß der oder die Schüler von selbst intensiver arbeiten. Gut finde ich auch, daß in dieser Zeit die Schul- und Hausarbeit vom normalen Unterricht wegfällt.

Wie beurteilst Du die Wochenplanarbeit?

Ich persönlich arbeite sehr gern mit Wochenplänen, denn

1.) dank der Grob-Einteilung von Aufgaben, kann jeder das bearbeiten, was ihm liegt.

2.) man lernt selbständig etwas zu erarbeiten (und Informationen zu sammeln)

3.) der „Druck" des normalen Unterrichts fällt weg, man arbeitet freiwillig viel engagierter.

Schade, daß man auf diese Art der Unterrichtsarbeit nur selten trifft.

Eine ausführlichere Befragung führte ich in einer 10. Gymnasialklasse durch, die zwei Jahre Wochenplan-Erfahrung gesammelt hatte. Was die Schüler/innen unter einem Wochenplan verstehen, machen ihre Antworten auf meine erste Frage deutlich:[129]

»Unter einem Wochenplan versteht man mehrere Aufgaben (oder auch eine größere), die man innerhalb einer Woche in selbstgewählter Reihenfolge erledigen sollte, entweder ganz während des Unterrichts oder auch noch zu Hause, wenn es nötig ist. Es gibt während dieser Woche keine anderen Hausaufgaben mehr. Ein Wochenplan setzt sich aus zwei Teilen zusammen: erstens den Pflichtaufgaben, die man auf jeden Fall erledigen muß, und zweitens die Wahlaufgaben, aus denen man sich eine oder mehrere aussuchen kann, wenn man nach Erledigung der Pflichtaufgaben noch Zeit (und Lust) haben sollte. Man kann die Aufgaben (je nachdem) allein, zu zweit oder in Gruppen erledigen. Am Ende der Woche werden die Ausarbeitungen der gesamten Klasse vorgetragen.«

»Man bekommt für einen bestimmten Zeitraum (meist eine Woche) ein bestimmtes Pflichtpensum an Aufgaben gestellt, die man weitgehend selbständig zu bearbeiten hat. Darüber hinaus gibt es noch die Wahlmöglichkeit zwischen einigen Zusatzaufgaben. Man kann die Vorgehensweise und die Reihenfolge der Aufgaben selbst bestimmen. Wichtig ist nur, daß nach Ablauf der Frist die Aufgaben vorhanden sind. Die Aufgaben können in Einzel-, Partner- oder Gruppenarbeit erledigt werden.«

Auf die Frage »Was kann man nach Deinen Erfahrungen durch die Wochenplanarbeit lernen?« wurden von den Schüler/innen insbesondere der Erwerb von Methodenkompetenz und sozialer Kompetenz (Schlüsselqualifikationen!) angesprochen: Selbständiges Arbeiten, Zeiteinteilung, Benutzung und Beschaffung von Nachschlagewerken und Fachliteratur, eigenständige Informationssammlung, Koordination der Arbeit mit anderen und die Fähigkeit zur Teamarbeit. Hier eine Auswahl der Schülerantworten:

- »Der absolute Vorteil der Wochenplanarbeit ist meiner Meinung nach selbständiges Arbeiten – eben keine Reproduktion dessen, was man vorher vom Lehrer gehört hat.«
- »Der Wochenplan bewegt bzw. ›zwingt‹ einen zum selbständigen Arbeiten, also Nachschlagen, Nachlesen, Durcharbeiten etc.«
- »Durch den Wochenplan habe ich gelernt, selbständiger und unabhängiger zu arbeiten.«
- »Man muß über die Art und Weise, in der man die Arbeit macht, selbst entscheiden und kann eigene Schwerpunkte setzen.«
- »Man lernt, die Zeit besser einzuteilen.«
- »Man kann ohne Zeitdruck arbeiten.«
- »Man hat Freude am Arbeiten, da man sich die Zeit einteilen kann.«
- »Man ist für eine Woche auf sich selbst gestellt und muß sich selbst die Zeit einteilen.«
- »Man lernt beim Wochenplan, sich die Zeit und die Arbeit gut einzuteilen und zu entscheiden, in welcher Reihenfolge man die Aufgaben erledigt.«
- »Als Schüler bekommt man mehr Interesse an den Aufgaben, da man die Zeit hat, sich ausführlicher mit dem Thema zu befassen.«
- »Man arbeitet intensiver an einem Thema als im übrigen Unterricht.«
- »Man lernt, mit Nachschlagewerken umzugehen.«

129 Die schriftliche Befragung wurde von mir im Juni 1993 durchgeführt, nachdem die Schülerinnen und Schüler seit zwei Jahren (9./10. Gymnasialklasse an einer Kooperativen Gesamtschule) Erfahrung mit der Wochenplanarbeit gesammelt hatten. Folgende Fragen wurden ihnen gestellt: 1. Was versteht man unter einem Wochenplan? 2. Was kann man nach Deinen Erfahrungen durch die Wochenplanarbeit lernen? 3. Wie beurteilst Du die Wochenplanarbeit?

Erfahrungen mit dem Wochenplan

Schülerbefragung in der Klasse G 10a

Was versteht man unter einem Wochenplan?

Unter einem Wochenplan verstehe ich, daß bestimmte Aufgaben über ein Thema innerhalb von einer Woche oder ein paar Tagen gelöst werden müssen. Der Wochenplan ist aufgeteilt in Pflicht-und Wahlaufgaben. Im Gegensatz zu den Pflicht-aufgaben kann man sich die Wahlaufgaben selbst auswählen. Außerdem ist keine Reihenfolge für die Aufgaben vorgeschrieben, das heißt, daß man sich selbst die Zeit für den Wochenplan einteilen kann!

Was kann man nach Deinen Erfahrungen durch die Wochenplanarbeit lernen?

Durch den Wochenplan habe ich gelernt, selbstständiger und unabhängiger zu arbeiten. Außerdem wird durch die Arbeit mit dem Wochenplan der sogenannte „Team-Geist" gefördert. In den zwei Jahren habe ich wieder Spaß und Freude am GL-Unterricht gefunden.

Wie beurteilst Du die Wochenplanarbeit?

Ich finde die Wochenplanarbeit einfach nur toll, und ich würde es sehr gut finden, wenn der Wochenplan auch in anderen Fächern eingeführt wird. Durch den Wochenplan lernt man die Themen intensiver. Da man die Aufgaben selbstständig löst, prägt sich das Gelernte viel besser ein und man bekommt einen großen Überblick über die Themen-stellung, denn verschiedene Leute arbeiten an unterschied Aufgaben, z.B. Wahlaufgaben.

- »Man lernt, Informationen zu sammeln.«
- »Durch den anderen Rahmen wurde ich dazu animiert, mich tiefgründiger mit dem jeweiligen Thema zu befassen und in anderen Werken nachzuschlagen.«
- »Man muß sich entscheiden, ob man die Aufgaben allein, zu zweit oder in einer Gruppe erledigt.«
- »Man lernt bei Gruppenarbeit und Partnerarbeit besser miteinander umzugehen.«
- »Man lernt, in Gemeinschaften zu arbeiten.«
- »Durch die Arbeit mit dem Wochenplan wird der Teamgeist gefördert.«
- »Man lernt, die Arbeit zu koordinieren und einzuteilen, wer welche Arbeiten erledigt, damit es kein Chaos gibt.«
- »Der Wochenplan fördert die Kooperationsbereitschaft. Bei Gruppenarbeiten gab es manchmal bei 4 Leuten 5 Meinungen. Die alle in eine Richtung zu lenken bedurfte viel Anstrengung.«
- »Man merkt, daß man mit Teamwork weiter kommt als mit permanenter Einzelarbeit.«
- »Man wird durch die Gruppenarbeit mit verschiedenen Meinungen konfrontiert und erhält durch die anderen Schüler Zusatzinformationen.«

Abschließend hatten die Schüler/innen Gelegenheit, ihr Urteil zur Wochenplanarbeit abzugeben. Sie wird von ihnen durchgängig positiv bewertet. Um zu zeigen, welche Aspekte der Wochenplanarbeit von ihnen besonders geschätzt werden, seien auch hier wieder exemplarisch einige Schülermeinungen vorgestellt:

- »Mir gefällt die Wochenplanarbeit sehr gut, weil man Entscheidungen selber treffen muß. Außerdem ist es eben eine ganz andere Form, den Unterrichtsstoff zu bearbeiten. In den meisten anderen Fächern hat man weniger Spielraum, die Arbeit ist festgelegt und viel eingrenzter (Abwechslung und Freiräume fehlen).«
- »Ich halte die Wochenplanarbeit für eine gute Sache, da jeder arbeiten kann, wie er es für richtig hält, aber trotzdem durch die Pflichtaufgaben alle Schüler auf dem gleichen Wissenslevel bleiben. Außerdem macht die Schule dadurch mehr Spaß, weil man selbst kreativer arbeiten kann. So kann man zum Beispiel verschiedene Tabellen in Schaubilder umsetzen oder Informationen einer Tabelle in einem zusammenhängenden Text wiedergeben. Auch Wandzeitungen und Collagen kann man während eines Wochenplanes erstellen. Durch diese Freiheiten hat mir die Wochenplanarbeit immer viel Spaß gemacht, und ich denke, man sollte diese Arbeitsweise noch mehr fördern.«
- »Dieses freiere Arbeiten sollte im Unterricht gefördert werden. Wir Schüler müssen dazu gebracht werden, aus eigenem Antrieb etwas zu tun, denn daraus zieht man selbst erfahrungsgemäß den größten Nutzen. Das Arbeiten mit den Wochenplänen hat wirklich was gebracht.«
- »Ich finde die Wochenplanarbeit einfach toll, und ich würde es sehr gut finden, wenn der Wochenplan auch in anderen Fächern eingeführt wird. Durch den Wochenplan lernt man die Themen intensiver. Da man die Aufgaben selbständig löst, prägt sich das Gelernte viel besser ein, und man bekommt einen großen Überblick über die Themenstellung, denn verschiedene Leute arbeiten an unterschiedlichen Aufgaben.«

Einige Schüler/innen wiesen bei ihrer Beurteilung darauf hin, daß es notwendig ist, den Wochenplan nicht isoliert und nicht als alleinige Unterrichtsform dastehen zu lassen. Eine Schülerin schreibt: »Allerdings ist der Wochenplan nicht für jede Woche unbedingt vorteilhaft, da der Lehrer der gesamten Klasse auch hin und wieder Richtlinien geben muß.« Eine andere

Allumfassend kann man gleich zu Anfang sagen, daß der
Wochenplan immer eine tolle Alternative zum all-
täglichen, oft auch trockenem Unterricht war. Denn es
wurden nicht nur „irgendwelche" Arbeiten aufgegeben, die
bis zu einem bestimmten Termin abgegeben werden mußten,
nein, das waren Fragestellungen und Arbeitsaufträge
(z.T. auch freiwillig), die unserem Thema präzise
angepaßt waren, die teilweise auch außerschulische
Aktionen beinhalteten. Dadurch daß man immer mit
Medien arbeiten konnte, d.h. Zeitungsausschnitte,
Reportagen, etc, hatte man ständig auch noch einen
Bezug zu den aktuellen Geschehnissen. So war man in
der Lage Verbindungen ohne Schwierigkeiten zwischen
damals und heute zu ziehen, was meiner Meinung nach
zum besseren Verständnis geholfen hat.
Verglichen mit Unterricht bietet der Wochenplan eigen-
ständiges Arbeiten eines jeden Schülers - nicht nur denen,
die auch sonst immer aktiv dabei sind. Natürlich ist
das Arbeiten durch den gegebenen Abgabetermin etwas
unter Druck gesetzt, aber nie als Streß zu bezeichnen.
Es gibt wenige Dinge, aus denen man nur Vorteile ziehen
kann, aber der Wochenplan ist mit Sicherheit eines von
diesen. Man lernt nämlich über den eigentlichen Stoff
hinaus noch mehr, wie z.B. das schon erwähnte selb-
ständige Arbeiten oder auch das eigene Einteilen und
Disponieren der Zeit, die für die Bearbeitung benötigt
wird. Und sollte es wirklich einmal passieren, daß die
gegebene Zeit nicht ausreichte, war man durchaus

Eine Schülerin der gymnasialen Oberstufe beschreibt rückblickend ihre Erfahrungen mit der Wochenplanarbeit in der Mittelstufe.

bereit, ein Wochenende oder ein paar Tage zusätzlich dranzuhängen. Von daher war es ein lockeres aber auch ernstzunehmendes Arbeiten, das nicht nur Schüler anregte. Es waren nach und nach auch einige andere Lehrer von der Wochenplanarbeit begeistert. „Wochenplan" war an unserer Schule bald der Renner und somit fest in jedem Unterricht zu finden. Es war wie ein Strom, der einfach jeden mitriß. Die Einführung des Wochenplans hat dem Schulleben plötzlich einen richtigen Schwung gegeben. Nun waren es nicht mehr nur Lehrer, die erzählt und schreiben lassen haben, sondern wir selber haben unseren eigenen Unterricht gestaltet. Am Ende haben wir dann alle, durch Vortragen unserer Ergebnisse, daran teilhaben lassen.

Daß der Wochenplan eine gelungene „Erfindung" war, haben wir immer wieder bestätigen können, indem wir die Frage nach einer Wochenplanarbeit jedes Mal einstimmig mit „ja" beantwortet haben.

Ich denke, daß der Wochenplan ein Projekt mit Zukunft ist, bezogen auf die heutige Zeit, wo selbständiges Arbeiten durch Fernseher oder Computer immer rarer wird. Leider haben noch nicht viele Lehrer davon erfahren, woran man als Schüler direkt „leiden" kann. Deshalb ist für folgende Generationen zu hoffen, daß er sich bewährt und zu einem großen Bestandteil der Schule wird und damit vieles im positiven Sinne für den Schüler verändert. Meine Meinung dazu ist, daß der Wochenplan ein wichtiger Fortschritt in Sachen „Leichteres Lernen" jedoch nicht undiszipliniert, war. Ich finde, das zu verbinden ist schon ein Patent!

formuliert: »Man bearbeitet nicht alle Teile des Themas im Wochenplan. So kann es vorkommen, daß nicht jeder die wichtigen Fragen in Angriff nimmt. Bei manchen Themen ist es wichtig, sie gemeinsam im Unterricht zu besprechen, da man sonst den Inhalt nicht versteht, und so fehlt einem vielleicht wichtiger Lehrstoff, den man bei der selbständigen Bearbeitung nicht kapieren würde.«

Diesen Forderungen kann ich mich nur anschließen: Es geht nicht um die »totale Wochenplanschule«, sondern darum, den Unterricht im Sinne »methodischer Vielfalt«, wann immer sich dies als sinnvoll erweist, durch Wochenplanarbeit zu bereichern.

7.2 Was sagen Eltern zur Wochenplanarbeit?

Ganz gleich, in welcher Schulform oder welcher Jahrgangsstufe man mit der Wochenplanarbeit beginnen will: Die Eltern sollten von Anfang an einbezogen werden, um diese neue Unterrichtsform mittragen zu können. Dazu sollten sie vorab darüber informiert werden, warum man mit der Wochenplanarbeit beginnt und welche Vorteile sie für die Schüler/innen bietet. Auseinandersetzungen, die es zunächst durchaus geben kann, sollten nicht daran hindern, mit der Wochenplanarbeit anzufangen. Unsicherheiten und Probleme in der Praxis müssen dabei genauso offen auf den Tisch wie die pädadagogischen Zielsetzungen, die hinter dem Konzept stehen. Dies bedeutet, daß Wochenplanarbeit regelmäßig zum Thema auf Elternabenden gemacht werden muß. »Hier können von seiten der Lehrerin als kompetenter Fachkraft pädagogische Hintergründe und Begründungen aufgezeigt und Ziele oder Thesen vorgestellt und diskutiert sowie Zweifel und Vorurteile ernst genommen und abgebaut werden.«[130]

Den herkömmlichen Unterricht können sich die meisten Eltern sehr gut vorstellen, da sie ihn in ihrer eigenen Schulzeit selbst erlebt haben. Alles, was davon abweicht, kann zunächst Verunsicherung hervorrufen oder zumindest zahlreiche Fragen aufwerfen, wie z.B.:

- Lernen die Schüler/innen bei der Wochenplanarbeit genug?
- Ist es nicht schwierig, die Leistungen der Kinder zu bewerten, wenn jedes Kind etwas anderes lernt?
- Wie können die erledigten Aufgaben überhaupt kontrolliert werden?
- Wird der Lehrplan eingehalten?
- Sind die Leistungen vergleichbar mit Klassen derselben Jahrgangsstufe, die nicht mit Wochenplänen arbeiten?
- Welche Probleme kann es beim Übergang in eine andere Klasse oder eine andere Schule geben?

Diesen Fragen der Eltern sollte man offen begegnen. Offenheit sollte dabei in jeder Situation oberstes Prinzip sein, auch wenn dies zunächst zu heftigsten Diskussionen führen kann. Langfristig wird es sich auszahlen. Offenheit ist notwendig[131]

130 Gervé, F.: Freiarbeit. Was ist das? Wie geht das? Wie fange ich an? Beispiele. Materialien. Hilfen. Adressen. Lichtenau: AOL-Verlag 1991 (AOL-Hosentaschenbuch Nummer 13).
131 Vgl. Gervé, S. 38.

– über die Ziele und die Methode selbst (Ablauf und Organisation),
– über die erzielten Erfolge, aber auch über Schwierigkeiten und Rückschläge,
– gegenüber den Fragen, die von Eltern aufgeworfen werden,
– bei der Entgegennahme von Kritik, die von den Eltern formuliert wird,
– bei der Aufnahme von Anregungen für die Veränderung und Weiterentwicklung des Wochenplankonzeptes,
– aber auch, bei wem in schulischer Erziehungs- und Bildungsarbeit die Kompetenzen liegen und warum dies so ist.

Es ist sinnvoll, die Eltern, dort wo es sich anbietet, in die Herstellung von Arbeitsmaterialien für den Unterricht einzubeziehen und ihnen dabei zu verdeutlichen, welche pädagogischen bzw. lernpsychologischen Hintergründe der Einsatz des jeweiligen Arbeitsmittels hat. Des weiteren ist es hilfreich, die Eltern in die Planung und Durchführung der Klassenraumgestaltung einzubeziehen. Dadurch kann nicht nur viel Geld und Arbeit gespart, sondern auf seiten der Eltern kann das Gefühl einer Mitverantwortlichkeit für das, was ihren Kindern in der Schule angeboten wird, entwickelt werden. Ein Stück sichtbarer Gemeinsamkeit zwischen Schule und Elternhaus wird so für die Kinder bzw. Jugendlichen hergestellt.

Als ich mit der Wochenplanarbeit begann, informierte ich auf einem Elternabend zu Beginn des Schuljahres die Eltern über die neue Arbeitsform. Überraschenderweise fand dies schon damals viel positive Resonanz. Vielleicht hatten viele bereits gemerkt, daß man neue Wege gehen muß, um ihre Kinder zum Lernen zu motivieren.

Nachdem wir einige Monate mit dem Wochenplan gearbeitet hatten, führte ich einen weiteren Elternabend durch, auf dem ich die Eltern bat, Stellung zur Wochenplanarbeit zu nehmen. Es gab ausschließlich positive Stimmen. Ihren Kindern gefiele die neue Arbeitsform, und sie als Eltern hätten einen sehr guten Überblick über das, was in der Schule gerade bearbeitet werde. Auch das leidige Hausaufgabenproblem sei geringer geworden, da viele Übungen nun in der Schule geleistet würden, andere durch den Wochenplan besser über die Woche zu verteilen seien. Einige Eltern hatten den Eindruck, daß ihre Kinder konzentrierter an einer Sache arbeiteten und auch mit mehr Spaß dabei wären, weil sie sich die Arbeitsschwerpunkte und die Zeit zur Bearbeitung selbst einteilen könnten.

Die individuelle Hilfe durch den Lehrer und die damit verbundene Kontrolle der bearbeiteten Aufgaben war den Eltern sehr wichtig. Sie traten dafür ein, die Wochenplanarbeit in der praktizierten Weise fortzuführen, und sahen in dieser Arbeitsform einen wichtigen Schritt in Richtung zu mehr Selbständigkeit ihrer Kinder. Als sehr hilfreich bei der Verankerung des Wochenplankonzeptes im Bewußtsein der Eltern hat es sich erwiesen, regelmäßige Elternrundbriefe zu schreiben, was in der Folgezeit von mir auch praktiziert wurde.

Doch nicht nur im Hauptschulbereich machte ich in bezug auf die Resonanz der Wochenplanarbeit bei den Eltern Erfahrungen, die mich in meinem Ansatz bestärkten. In Gesprächen mit Eltern, deren Kinder die unterschiedlichsten Schulformen besuchten, wurde mir klar, daß die meisten Eltern, unabhängig von der Schulformzugehörigkeit ihrer Kinder, sehr genau merken, daß nicht nur das Interesse am Unterricht und die Selbständigkeit der Schülerinnen und Schüler bei der Arbeit sich verbessert haben, sondern auch die Qualität der vorgelegten Ergebnisse. Oft konnten sie feststellen, daß ihrer Kinder das Lernen immer mehr zu ihrer eigenen Sache gemacht haben und eigene Qualitätsmaßstäbe entwickelten. Vor allem die sich dabei herausbildende Selbständigkeit, mit der Schülerinnen und Schüler zunehmend die Aufgaben bewältigen können, und die damit verbundene Entwicklung von Schlüsselqualifikationen wird von den Eltern sehr geschätzt.

Um dies zu verdeutlichen, möchte ich im folgenden Ausschnitte aus einem Interview bringen, das ich Ende 1993 mit zwei Müttern von Schülerinnen aus eine Gymnasialklasse geführt habe. Ihre Töchter hatten während der letzten beiden Jahre in dem von mir erteilten Unterricht im Lernbereich Gesellschaftslehre (Geschichte, Erdkunde, Sozialkunde) mit Wochenplänen gearbeitet.

Als sie gehört haben, daß in der Klasse ihrer Kinder mit einem Wochenplan gearbeitet werden soll, haben sie das begrüßt, oder waren sie eher skeptisch eingestellt?
Frau Wenderoth: Ich war begeistert, daß mit dieser neuen Arbeitsform gearbeitet werden sollte.
Hing das davon ab, daß ihre Töchter begeistert waren, oder ging das eher von Ihnen aus?
Frau Wenderoth: Das ging eher von mir aus, obwohl ich natürlich gemerkt habe, daß Iris sich durch den Wochenplan angesprochen fühlte.
Frau Döring: Ich dachte, das könnte etwas für meine Tochter sein, und habe gemerkt, wie sie sich da hineinkniete.
Können sie etwas Genaueres zur Reaktion ihrer Kinder auf den Wochenplan sagen?
Frau Wenderoth: Die haben das sehr positiv aufgenommen, sie fanden gleich den ersten Wochenplan toll. Iris war begeistert und hat sich richtig in die Arbeit hineingesteigert. Ich habe gemerkt, daß mehr rausgekommen ist als sonst im Unterricht.
Wie hat sich das weiterentwickelt? Hat sich die anfängliche Begeisterung gehalten?
Frau Wenderoth: Ich bin der Meinung, das hat sich sogar noch gesteigert. Da wurden Materialien gesammelt und Daten.
Frau Döring: Da wurde überlegt, wo etwas zu dem behandelten Thema zu finden ist, wo man schon etwas darüber gelesen hat, welche Bücher es zu dem Thema gibt. Die ganze Familie wurde oft in die Wochenplanarbeit einbezogen.
Frau Wenderoth: Selbst die Großeltern wurden befragt, gerade bei Themen wie »Weimarer Republik« oder »Nationalsozialismus«. Da wurden ältere Verwandte interviewt, um zu erfahren, wie es wirklich war und wie sie es erlebt haben. Man verließ sich nicht nur auf die Bücher.
Frau Döring: Mein Mann hat sonst nicht viel Zeit, sich mit den Hausaufgaben zu beschäftigen, aber zu den Wochenplanaufgaben in Geschichte wurde er von Melanie oft befragt. Selbst er wurde einbezogen, was sonst gar nicht die Regel ist. Und das fand ich auch für zu Hause, für die Familie interessant und wichtig.
Das heißt also, durch die Wochenplanarbeit hat man von dem, was im Unterricht gelaufen ist, auch zu Hause etwas mitbekommen. Ist das etwas besonderes für sie gewesen?
Frau Wenderoth: Ich war über alles bestens informiert. Sonst ist es doch meistens so: Man weiß meist nicht, was im Unterricht eigentlich getan wird. Da mußte z.B., wie beim vorigen Geschichtslehrer, vieles stupide auswendig gelernt werden. Das hat den Schülern keinen Spaß gemacht, deshalb haben sie sich auch nicht eingesetzt. Und dann kam dieser andere Unterricht auf die Schüler zu. Ich erinnere mich an das Thema »Frauen in der Weimarer Republik«. Dazu hat Iris eine Rede vorbereitet über Emanzipation. Das hat bei uns zu enormen Diskussionen geführt. Am Mittagstisch wurden alle einbezogen, der Bruder, der Vater und ich. Das war für uns sehr interessant, und man hat sich auch selbst mal Gedanken gemacht über das Thema. Manchmal war der Wochenplan sogar ein Wochenplan für die ganze Familie.
Frau Döring: Als Eltern sieht man dann natürlich auch viele Dinge anders, und das kann durchaus hilfreich sein.
Die Schüler bekommen ja in dem Wochenplan keine Ergebnisse geliefert. Sehe ich das richtig, daß dies dazu geführt hat, alle in der Familie in die Ergebnissuche einzubeziehen?
Frau Wenderoth: Ja, aber es steckt ja eigentlich auch noch mehr dahinter. Iris war von der Sache so gepackt, daß sie es zu ihrem eigenem Thema gemacht hat, es war nicht nur Schulstoff für sie. Dadurch wurde sie auch auf spätere Sachen neugierig gemacht. Es sind durch diese Arbeitsweise Interessen geweckt worden, die vielleicht sonst nicht geweckt worden wären.
Die Interessenlage ihrer Kinder hat sich also durch die Wochenplanarbeit geändert. Sie sind interessierter und engagierter an Dinge herangegangen.
Frau Wenderoth: Ja, das kann man so sagen.
Über den Wochenplan ist den Schülern immer zu Beginn der Woche bekannt gewesen, was im Verlaufe der Woche auf sie zukommt. Sie konnten ja auch zu Hause in die Wochenpläne Einblick nehmen. Haben sie das auch wahrgenommen?

Frau Wenderoth: Doch, das habe ich getan. Man wußte dann Bescheid. Ich habe gemerkt, daß sich die Kinder durch die Wochenpläne die Arbeit einteilen konnten. Sie mußten nicht von heute auf morgen eine Aufgabe erledigen. Dadurch war der Streß weg. Sie konnten sich die Aufgaben einteilen, z.B. konnte man samstags und sonntags etwas tun oder abends oder auch mal, wenn sie durch andere Fächer weniger belastet waren, sich einen ganzen Nachmittag Zeit nehmen.

Die Möglichkeit, sich die Zeit selbst einzuteilen, hat also nicht dazu geführt, daß man die Arbeit vor sich hergeschoben hat?

Frau Döring: Nein, sie haben die Zeit ausgenutzt, sich an die Arbeit drangesetzt, wenn sie Lust hatten, und dann auch wirklich intensiv gearbeitet.

Frau Wenderoth: Das Gute daran ist eben, daß die Aufgaben nicht von heute auf morgen gestellt werden, sondern sie eine Woche Zeit hatten, sich darauf einzulassen.

War denn dann die Belastung, vom zeitlichen Aufwand her, für die Schüler ihrer Meinung nach nicht zu groß, wenn sie nicht nur in der Schule, sondern auch noch zu Hause intensiv am Wochenplan gearbeitet haben?

Frau Döring: Also, Melanie hat schon mehr als vorher gearbeitet, vor allem sehr viel intensiver. Ich erinnere mich, daß sie einmal bis abends um zehn gearbeitet hat. Sie hat sich so darein vertieft, so daß ich sagen mußte: »Nun ist aber Schluß!« Das war in Erdkunde zum Thema »USA«. Da hat sie mehrere Karten ausgearbeitet. In ihrem Zimmer war alles ausgebreitet, Lexika, Bücher, Karten, und stundenlang hat sie daran gesessen.

Das war der erste Wochenplan, der von den Schülern vollständig selbst aufgestellt worden ist. Dieser Plan enthielt keine von mir vorgegebenen Pflicht- und Wahlaufgaben. Nur das gemeinsame Rahmenthema war vorgegeben, Aufgaben konnten die Schüler selbst formulieren. Dabei stellte ich fest, nachdem ich die Wochenplanaufgabenstellungen vorab eingesammelt hatte, daß sich viele Schüler in ihrer Begeisterung darüber, sich selbst Aufgaben formulieren zu können, zuviel zugemutet hatten.

Frau Döring: Ja, da erinnere ich mich noch dran, bei Melanie stand darunter: »Hast du dir nicht etwas zuviel zugemutet?«, und sie hat dann einige Aufgaben weggelassen.

Frau Wenderoth: Das stimmt, daran kann ich mich auch noch gut erinnern. Iris hat dann nicht nur die Pflichtaufgaben, sondern auch noch alle Wahlaufgaben bearbeitet.

Ich möchte jetzt gern in unserem Gespräch zu dem Bereich der Qualifikationen kommen, die Schülerinnen und Schüler bei der Wochenplanarbeit erwerben können. Was meinen sie denn, was ihre Kinder bei der Wochenplanarbeit gelernt haben?

Frau Wenderoth: Also zunächst einmal haben sie gelernt, selbständig zu arbeiten, sich eigenständig Hilfsmittel, Quellen zu suchen. Dann ist mir aufgefallen, daß das soziale Verhalten in der Klasse sich verändert hat. Sie haben gelernt, im Team zusammenzusarbeiten.

Frau Döring: Ja, und sie haben gelernt, wie wir das eben schon gesagt haben, sich ihre Zeit besser einzuteilen, ihre Arbeit zu organisieren. Sie haben gelernt einzuschätzen, wie lange sie für eine Arbeit brauchen. Das war zuerst gar nicht so einfach, weil sie erst einen Überblick über die Aufgaben gewinnen mußten.

Haben sie kein Problem darin gesehen, daß bei der Wochenplanarbeit jeder Schüler eigentlich etwas anderes lernt?

Frau Wenderoth: Nein. Ich denke, es hat jeder sich das ausgesucht, wofür er sich interessiert, oder er ist für neue Dinge interessiert worden. Jeder Mensch hat doch andere Interessen, die sind hier verstärkt worden. Man kann eben 25 Kindern nicht das gleiche beibringen. Da schalten immer einige ab, weil es sie gar nicht interessiert. Wenn man aber ihre Stärken fördert, dann befassen sie sich vielleicht später auch mal mit Dingen, die ihnen sonst uninteressant oder langweilig vorgekommen wären.

Frau Döring: Wichtig ist ja auch, daß sie in der Klasse zusammengearbeitet haben und hinterher darüber gesprochen haben. Da hat ja jeder noch neue Anregungen durch andere Schüler bekommen, wo man vielleicht selbst gar nicht dran gedacht hätte.

Bisher haben sie eigentlich nur positive Dinge über die Wochenplanarbeit gesagt. Wo würden sie denn Probleme bei der Wochenplanarbeit sehen?

Frau Döring: Wahrscheinlich würde sich der Wochenplan nicht für jedes Fach und für jede Aufgabenstellung eignen, z.B. wenn in Mathematik etwas neu eingeführt werden soll. Auch die Arbeitsbelastung könnte für die Kinder zu groß werden, wenn viele Fächer in den Wochenplan einbezogen werden und man nicht mehr damit klarkommt, sich die Zeit einzuteilen.

Frau Wenderoth: Ich würde darin kein Problem sehen. Sie könnten es ja lernen, sich die Zeit entsprechend für mehrere Fächer einzuteilen.

Frau Döring: Wenn ich bei Melanie sehe, wie sie sich an einem Thema festgebissen hat, so könnte es passieren, daß es durch ihr Interesse, das sie für das Thema entwickelt, zu Schwierigkeiten mit der Zeiteinteilung kommen könnte. Denn der Wochenplan fordert ja sehr viel von den Schülern, viel mehr, als sonst verlangt wird.
Sicherlich sollten sich die in einer Klasse unterrichtenden Lehrer aus diesem Grunde genau überlegen, in welchen Fächern sie mit einem Wochenplan arbeiten und welche Aufgaben sie formulieren. Die Schüler dürfen nicht überfordert werden.
Frau Wenderoth: Die Lehrer müßten sich zusammensetzen, um fächerübergreifende Wochenpläne zu erarbeiten. Das würde ich für sinnvoll halten. Wenn mehrere Fächer im Wochenplan sind, hätten die Schüler auch noch bessere Auswahlmöglichkeiten.
Sicher haben sie auch nach dem Ende der Schulzeit mit ihren Töchtern über Wochenplanarbeit gesprochen. Wie wird sie denn im nachhinein von ihnen beurteilt?
Frau Döring: Sie sind noch immer begeistert. Gestern habe ich gerade noch zur Vorbereitung auf dieses Gespräch mit Melanie gesprochen, und sie konnte mir eigentlich nur Positives sagen, das, was wir vorhin auch schon angesprochen haben. Kritik habe ich von ihr nicht gehört. Auch auf ihre Mitarbeit in der Gymnasialen Oberstufe hat sich das positiv ausgewirkt. Ihr Wissensbereich ist breiter geworden, und sie weiß vor allem, wie man sich etwas erarbeiten kann. Sie hat es gelernt, sich intensiver mit Sachen zu beschäftigen.
Frau Wenderoth: Sie haben dabei gelernt: Wie suche ich mir was zusammen, wie erarbeite ich etwas selbständig. Dadurch haben sie bestimmt einen Vorsprung vor anderen, die das nie gemacht haben. Das sind auch Arbeitsweisen, die in der Oberstufe eigentlich von ihnen erwartet werden.
Frau Döring: Melanie hat Sicherheit gewonnen. Sie hat das Gefühl, daß sie einigen voraus ist.
Frau Wenderoth: Iris vermißt den offenen Unterricht. Sie wird jetzt nur mit Frontalunterricht konfrontiert und vermißt es, selbst aktiv sein zu können, selbst etwas einzubringen, eigenständig zu denken und zu arbeiten.
Meinen sie, daß die Wochenplanarbeit überall verstärkt eingeführt werden sollte, oder sollte man sich auf eines oder wenige Fächer beschränken?
Frau Döring: Da gäbe es sicher noch viele Möglichkeiten, z.B. denke ich, daß sich Fächer wie Biologie oder Physik für das eigenständige Erarbeiten besonders anbieten würden.
Frau Wenderoth: Ich würde eine Ausweitung sehr begrüßen, weil ich denke, daß es an der Zeit ist, nachdem sich vieles in unserer Gesellschaft geändert hat, auch die Schule zu verändern. Wir müssen uns alle überlegen, wie wir die Kinder dazu bringen können, daß Aggressionen, die an vielen Schulen auftreten, abgebaut oder in andere Bahnen gelenkt werden können. Da sollte man sich an den Schulen überlegen, wie man im Unterricht darauf reagieren kann. Und Wochenplanarbeit wäre vielleicht ein Beitrag dazu.
Frau Döring: Das Selbstbewußtsein der Kinder kann durch eine solche Arbeit gestärkt werden, sie werden zu stabileren Menschen. Sie haben Methoden kennengelernt, wie man sich, von einem Begriff oder einer Frage ausgehend, etwas selbst erarbeiten kann.
Frau Wenderoth: Gerade durch die Teamarbeit werden schwächere Schüler auch in die Gruppe einbezogen, können eine Beitrag leisten und stehen nicht außen vor.
Frau Döring: Auch jemand, der zurückhaltender ist, kann sich in einer kleinen Gruppe besser einbringen, und genau dann wird er auch selbstbewußter. Er weiß: Ich habe auch da mitgearbeitet, ein Teil des Ergebnisses ist von mir, ich weiß jetzt darüber Bescheid. Auch das kann helfen, Aggressionen oder Ängste abzubauen.
Frau Wenderoth: Der Streß, der ja vielen zu schaffen macht, wenn Aufgaben von heute auf morgen zu erledigen sind, wird geringer. So habe ich doch eine gewisse Zeit und stehe nicht ständig unter Leistungsdruck. Ich kann auch bei anderen nachfragen: Was habt ihr schon gemacht? Und das kann helfen.
Haben sie zum Schluß im Zusammenhang mit dem hier besprochenen Thema noch einen Wunsch an die Schule?
Frau Wenderoth: Das haben wir ja eben schon ausgesprochen. Solche offenen Lernformen, in denen Kinder aktiv sein können, sollten eine größere Rolle spielen, gerade weil sich die Kinder auch in letzter Zeit sehr stark verändert haben.

7.3 Wochenplanarbeit aus Lehrersicht

Eine Wochenplanstunde

Ich betrete den Klassenraum der Klasse G 10a. An einem Gruppentisch findet noch eine rege Unterhaltung statt, die aber nun abebbt. Nach der Begrüßung frage ich, ob es irgend etwas zum Wochenplan gemeinsam zu besprechen gibt, doch die Schülerinnen und Schüler scheinen mich kaum wahrzunehmen. Die meisten haben ihre Mappen mit den Wochenplanarbeiten bereits herausgenommen und beginnen zu arbeiten. Es ist die dritte von vier Wochenplanstunden in dieser Woche. Alles scheint geklärt zu sein. Trotzdem wiederhole ich meine Frage. Wieder Schweigen. Ich habe es begriffen: In dieser Wochenplanstunde bin ich wohl überflüssig, alles ist am Laufen.

Die Schülerinnen und Schüler arbeiten interessiert an ganz unterschiedlichen Aufgabenstellungen zum Wochenplanthema »Krieg im ehemaligen Jugoslawien«. An dem Tisch direkt vor mir wird gemeinsam die geographische Grundkarte untersucht. Die Bodenschätze, Industriezweige und Industriestandorte der jugoslawischen Republiken werden aus der Karte entnommen und tabellarisch erfaßt. Evelyn zeigt mir, daß sie dazu etwas zu Hause gearbeitet hat. Ich sehe es mir an und lobe sie für ihre gründliche Arbeit.

Am zweiten Gruppentisch geht man anders vor. Drei Schülerinnen bearbeiten die Wahlaufgabe. Sie zeichnen die Nationalitätenkarte von Bosnien-Herzegowina und wollen anschließend erklären, warum gerade dort der Hauptkriegsschauplatz ist. Sandra und Carola sind bei einer Pflichtaufgabe, sie entnehmen aus einem Text Informationen über die historischen Hintergründe des Konfliktes. Stefanie rechnet mit dem Dreisatz die prozentualen Bevölkerungsanteile in Bosnien-Herzegowina für die Darstellung in einem Kreisdiagramm um.

Am dritten Tisch arbeiten zwei Schüler ebenfalls mit der Karte, zwei sind dabei, in einem Text die wichtigsten Informationen zu unterstreichen und herauszuschreiben. Nur Christian hat Probleme, mit der Arbeit zu beginnen. Ich setze mich auf den freien Stuhl neben ihn und lasse mir von ihm erklären, was er bisher gearbeitet hat. Die Pflichtaufgaben hat er fast fertig, nur die Informationen über Landwirtschaft und Bodennutzung muß er noch aus der Karte entnehmen. Ich bleibe einige Minuten neben ihm sitzen, ohne mich einzumischen. Christian hat wie alle anderen nun auch zu arbeiten begonnen.

Am vierten Gruppentisch herrscht mittlerweile Aufbruchstimmung. Martin bittet mich um den Schlüssel des Informatikraumes. Diese Gruppe hat die Konzeptarbeiten abgeschlossen, nun wollen sie ihre Ergebnisse im PC eingeben – arbeitsteilig, jeder hat eine Aufgabe übernommen.

Im Klassenraum sind wirklich alle Schülerinnen und Schüler am Arbeiten, jeder kommt zu einem Ergebnis. Obwohl es genau das ist, was ich mit der Einführung der Wochenplanarbeit erreichen wollte, werde ich innerlich unruhig. Manchmal, gerade in solchen Momenten, fällt es mir immer noch schwer, mich von meiner vormaligen Rolle als ständiger Initiator, Lenker und Antreiber von Lernprozessen zu lösen. Ich warte darauf, daß mich irgend jemand braucht, doch heute kommen keine Fragen. Alle haben sich für diese Stunde anscheinend abgesteckt, was sie schaffen wollen. Einige arbeiten allein, andere mit ihren Tischnachbarn oder in Gruppen.

»Gut«, denke ich, »ich habe meine Arbeit damit geleistet, über den Wochenplan den Rahmen für diese Form des Lernens zur Verfügung gestellt zu haben.« Solange meine Hilfe oder Beratung nicht gewünscht wird, kann ich die Zeit nutzen, um genau zu beobachten, wie die Schülerinnen und Schüler arbeiten.

Endlich meldet sich jemand. Sladjana zeigt mir die Nationalitätenkarte von Bosnien-Herzegowina und möchte wissen, ob ihre Arbeit so in Ordnung ist. Ich sehe sie mir kurz an und sage spontan: »Toll!« Ich erkläre ihr, daß ich finde, die Karte sei übersichtlich gestaltet. Ohne Probleme lassen sich durch die klare farbliche Struktur die wichtigsten Informationen aus ihr entnehmen. Wir sprechen kurz über die Probleme, die sich aus der Zusammenballung der unterschiedlichen Nationalitäten dort ergeben, dann beginnt sie, einen erläuternden Text zu der Karte zu schreiben.

Ich verlasse den Klassenraum kurz, um im Informatikraum, in dem sich fünf Schüler bei der Arbeit befinden, nach »dem Rechten« zu sehen. In lockerer Atmosphäre arbeiten sie an drei Computern. Erste Texte sind eingegeben worden. Ich erkundige mich danach, ob sie alles bis zur übernächsten Stunde schaffen. Nicht ohne Vorwurf sagt Matthias: »Bisher haben wir doch immer alle Wochenplanarbeiten pünktlich abgeliefert, oder?«

Ich begebe mich wieder in den Klassenraum. Die Schülerinnen und Schüler arbeiten auch ohne mich genauso intensiv wie vorher. Fast störe ich die Arbeitsruhe beim Betreten des Raumes. Katja möchte von mir eine Frage zum Text erklärt haben, und Iris zeigt mir einen Artikel aus dem »Stern« über den »Kriegsschauplatz Sarajevo«, den sie als Wahlaufgabe lesen möchte.

Den Rest der Stunde kann ich mich auf das Beobachten beschränken. Ich genieße es nun und freue mich darüber, was alles in Gang gesetzt werden kann, wenn man den Ratschlag beherzigt »Lehrer sei mal still!« und die Schülerinnen und Schüler so lernen läßt, wie sie es wollen. Schon jetzt warte ich gespannt auf die übernächste Stunde, in der die Wochenplanergebnisse in der Klasse vorgestellt werden.

Interview mit einem »Wochenplan-Lehrer«[132]

Wann hast du mit der Wochenplanarbeit begonnen?
Jürgen Linge: Bewußt begonnen mit der Wochenplanarbeit – auch von der Begrifflichkeit her – habe ich vor eineinhalb Jahren. Als Methode habe ich sie bereits früher praktiziert, ohne dabei den Begriff »Wochenplanarbeit« zu benutzen.
Gab es einen besonderen Anlaß für die zielgerichtete Arbeit mit Wochenplänen?
Jürgen Linge: Einen aktuellen Anlaß gab es direkt nicht, sondern es waren eher die Probleme, die aus dem Unterricht, zunächst insbesondere in Hauptschulklassen, resultierten. Ich nenne hier nur als Stichworte: unterschiedliches Arbeitstempo und das Problem, daß Anforderungen mit dem gleichen Schwierigkeitsgrad von allen Schülern zu bewältigen sind. Letztendlich werden die Planungen, die man normalerweise macht, nicht allen Schülern gerecht. Meine Zielsetzung war es, eine Methode zu finden, die dem einzelnen Schüler entgegenkommt und bei der der einzelne mehr Entfaltungsmöglichkeiten hat.
Hast du gleich mit einem kompletten Wochenplan begonnen, oder hast du ihn stufenweise eingeführt?
Jürgen Linge: Ich hab in den Klassen erklärt, um was es geht, und dann mit einem kompletten Wochenplan für eine ganze Klasse begonnen. Das ging in Gymnasial- und Realschulklassen relativ unproblematisch. Der Anfang in einer Hauptschulklasse war etwas schwieriger, d.h., da gab es gerade beim ersten Durchgang eine Fülle von Fragen, und man mußte den Schülern insgesamt mehr Hilfestellung geben …
Was hat sich aus den ersten Anfängen entwickelt? Welche Rolle spielt der Wochenplan heute in deinem Unterricht?

132 Das Interview wurde am 15.2.94 mit Jürgen Linge, Lehrer und Pädagogischer Leiter an der Gesamtschule Gudensberg, geführt.

Jürgen Linge: Der Wochenplan ist inzwischen zu einem festen methodischen Instrumentarium – neben anderen – geworden. Er hat die Bandbreite an Methoden vergrößert. Für die Schüler ist er auf alle Fälle ein Gewinn, weil dadurch eine größere Abwechslung im Unterricht gegeben ist. Die Rolle, die der Wochenplan inzwischen einnimmt, ist folgende: Die Unterrichtsequenzen, von denen ich meine, daß sie selbständig zu erarbeiten sind, in denen können die Schüler dann mit Wochenplänen arbeiten. ....
Welche Erfahrungen hast du im Laufe der Zeit mit Wochenplanarbeit gemacht, d.h., wo liegen die Möglichkeiten und wo die Grenzen?
Jürgen Linge: Grundsätzlich habe ich positive Erfahrungen gemacht. Die Möglichkeiten liegen darin, daß jeder Schüler individuell sein Lerntempo bestimmen kann, die Schüler lernen, ihren Unterricht zu planen. Sie lernen auch, sich für ihre Arbeit verantwortlich zu fühlen. Letztendlich kommt dabei unter dem Strich heraus: Sie lernen, selbständig zu arbeiten. Ein weiterer Aspekt ist wichtig: Sie lernen auch, anderen zu helfen. Die Grenzen der Arbeit mit dem Wochenplan sehe ich in den Inhalten des Unterrichts. Komplizierte Sachverhalte lassen sich kaum in Wochenpläne packen. Wo der Lehrer als Vermittler fungieren muß, ist der Wochenplan fehl am Platze. Z.B. bearbeite ich zur Zeit mit Schülern der 7. Klasse die politischen Verhältnisse in der römischen Republik bis zu Kaiserzeit. Das ist ein Thema, das sich nach meiner Auffassung eher für den fragend-entwickelnden Unterricht anbietet. Wo es etwas zu üben gilt oder wo man sich Fakten aneignen kann, bietet sich eher Wochenplanarbeit an. Um beim Thema Rom zu bleiben: Die Gliederung der römischen Gesellschaft und das Leben in Rom wären Themen, die sich für Wochenplanarbeit eignen. Eine weitere Grenze will ich noch erwähnen, die mir besonders in Hauptschulklassen aufgefallen ist: Viele Hauptschüler haben nicht nur in der schriftlichen, sondern auch in der mündlichen Kommunikation Schwierigkeiten. In diesen Gruppen habe ich einerseits mit der Wochenplanarbeit den positiven Effekt des individuellen Lernens, aber auf der anderen Seite geht das natürlich zu Lasten der Kommunikationsmöglichkeiten in der Gruppe. Da sind Grenzen gesetzt. Gerade in solchen Lerngruppen darf die Wochenplanarbeit nicht überstrapaziert werden, denn die Schüler müssen auch Möglichkeiten haben, miteinander zu kommunizieren und als Gruppe zusammenzufinden. Einen anderen Aspekt möchte ich noch ansprechen: Ich habe Lernkontrollen schreiben lassen, die sich ganz eng an der Wochenplanarbeit orientierten. Obwohl alle Schüler ohne die Vermittlung des Lehrers an sehr unterschiedlichen Dingen gearbeitet haben, sind die Ergebnisse in etwa so ausgefallen wie bei anderen Lernkontrollen auch, d.h., auch das, was die Schüler während der Wochenplanarbeit lernen, bleibt im Klassenmaßstab vergleichbar ....
Was hältst du von dem Argument, daß der Arbeitsaufwand durch den Wochenplan für den Unterrichtenden größer ist als im traditionellen Unterricht?
Jürgen Linge: Von diesem Argument halte ich überhaupt nichts. Hier taucht das grundlegende Problem von pädagogischen Innovationen auf: Viele Lehrer haben Angst, ihre »souveräne« Rolle als Methodiker aufzugeben. Darüber hinaus wird ganz einfach der Fehler gemacht, wie auch beim Projektunterricht, daß man mit zu hohen Ansprüchen an sich oder an die Methode, an den Wochenplan herangeht. Das soll und muß nicht sein, es geht schlicht und einfach darum, erst einmal Erfahrungen in der Unterrichtspraxis zu sammeln. Ich versuche, Kollegen von meinen positiven Erfahrungen mit dem Wochenplan zu berichten und zu überzeugen. Da erfahre ich wenig ablehnende Haltung. Das Problem ist, inwieweit die Kollegen bereit sind, das dann selbst umsetzen.
Einen anderen Aspekt möchte ich unter dem Stichwort »Belastung« ansprechen. Ich würde die Kollegen einfach mal fragen: Wieviel Belastung erlebt ihr in jeder Stunde bei »normalem« Unterricht? Das sollte sich jeder Kollege doch zunächst einmal überlegen. Meine Erfahrung ist, Wochenplanarbeit entlastet mich und macht mich frei für andere Dinge. Ich habe mehr Zeit für die einzelnen Schüler. Ich kann die Schüler ganz anders ansprechen, als das sonst im Unterricht möglich ist.
Was wird von dir als Lehrer denn konkret bei der Wochenplanarbeit und ihrer Vorbereitung gefordert?
Jürgen Linge: Also, ich muß von mir sagen, ich arbeite gern in Ruhe am Sonntagvormittag. Das ist die Zeit, in der ich die Wochenpläne entwickle. Vom zeitlichen Aufwand her sind dabei sind zwei Aspekte zu berücksichtigen: die didaktisch-methodische Durchdringung und das anschließende Schreiben des Wochenplanes. Dafür benötige ich bei meinen fachbezogenen Plänen im Durchschnitt etwa 40 Minuten, also ein überschaubarer Zeitaufwand. Wichtig ist, bei der Planung nach differenzierenden Materialien zu suchen. Das ist nicht nur wichtig für die Arbeit der einzelnen Schüler am Wochenplan, sondern auch im Hinblick auf die Auswertung. Die differenzierenden Materialien werden in der Regel von mir für die Wahl- oder Zusatzaufgaben eingesetzt.
Was forderst du von deinen Schülern bei der Wochenplanarbeit?
Jürgen Linge: Zunächst erwarte ich, daß sie lernen, den vorgegebenen Zeitrahmen einzuhalten. D.h.

also, wenn die Auswertung der Ergebnisse ansteht, daß dann alle ihre Aufgaben erledigt haben, und zwar vollständig. Ich erwarte auch, daß sie, ohne sich längere »Auszeiten« zu nehmen, ruhig und konzentriert am Wochenplan arbeiten und daß sie im Laufe der Zeit an Selbständigkeit gewinnen. Sie müssen sich die zur Verfügung stehenden Stunden für die Wochenplanarbeit so einteilen, daß sie das erwartete Pensum schaffen. Das ist eine wichtige Qualifikation, die sie erwerben.

Was können die Schüler durch die Wochenplanarbeit lernen?

Jürgen Linge: Die Schüler lernen, Verantwortung zu übernehmen, und sie lernen im Laufe der Zeit auch, selbständig zu arbeiten. Da lassen sich Erfolge bei den Schülern feststellen. Ich hatte zu Anfang die Hauptschulklasse genannt, die gerade in diesem Punkt nach der Arbeit an einigen Wochenplänen große Fortschritte gemacht hat. ...

Wie werden die Wochenplanarbeiten ausgewertet, und wie hältst du es mit der Kontrolle und Bewertung der im Wochenplanunterricht erbrachten Leistungen?

Jürgen Linge: Zunächst erfolgt die Kontrolle wie bei Hausaufgaben. Ich kontrolliere die Erledigung der Aufgaben. Die Ergebnisse der Wochenplanarbeit werden grundsätzlich in der Klasse, im Plenum, vorgestellt. Man sollte sich schon bei der Vorbereitung der Wochenpläne überlegen, welche visuellen Hilfen o.ä. möglich sind, um den Ergebnisvortrag interessant und abwechslungsreich zu gestalten, so daß möglichst viele Sinne einbezogen werden. Er wäre fatal, den Wert der Wochenplanergebnisse durch lange, trockene Frontalphasen bei der Auswertung zu mindern.

Wie haben die Eltern auf die Wochenplanarbeit reagiert?

Jürgen Linge: Die Eltern haben, sofern ich Reaktionen mitbekommen habe, positiv reagiert. Sie haben von Anfang an die Wochenplanarbeit unterstützt.

Zum Schluß: Welchen Rat könntest du Lehrerinnen und Lehrern geben, die mit der Wochenplanarbeit beginnen wollen?

Ich würde einfach sagen: Probier es doch mal aus. Sieh dir Wochenpläne von anderen Kollegen an, die damit gearbeitet haben. Erkundige dich bei anderen Kollegen. Gestalte dann deine eigenen Wochenpläne, und sammle Erfahrungen.

Literaturverzeichnis

Baillet, D.: Freinet – praktisch. Beispiele und Berichte aus Grundschule und Sekundarstufe. Weinheim: Beltz 1983.

Bastian, J./ Gudjons, H.: Über die Projektwoche hinaus ... In: Pädagogik, Heft 7–8/1989, S. 8–13.

Beck, H.: Schlüsselqualifikationen – Bildung im Wandel. Darmstadt 1993.

Beck, H.: Schlanke Produktion, Schlüsselqualifikationen und schulische Bildung. In: Pädagogik, Heft 6/1993, S. 14–16.

betrifft:erziehung (Hrsg.): Projektorientierter Unterricht. Lernen gegen die Schule? Weinheim/Basel: Beltz 1978.

Billich, V.: Wie soll das denn gehen – in 45 Minuten? Arbeiten mit einer themenbezogenen Kartei im Biologieunterricht. In: Praxis Schule 5–10, Heft 2/1994, S. 48–52.

Böddener, M.: Offene Lernsituationen – ein neuer Beginn. In: Claussen u.a., S. 23–30.

Bönsch, M.: Offener und kommunikativer Unterricht – Freiarbeit und Beziehungsdidaktik. Oldenburg 1991 (Oldenburger Vor-Drucke, Heft 150/91).

Borowsky, F.: Wochenplan: Buchführung in der Freiarbeitsmappe. In: Hecker, U. (Hrsg.): Praxismappe Freiarbeit. Band 2. Mülheim: Verlag an der Ruhr 1990, S. 30–32.

Brietzke, W./ Vaupel, D.: Bachpatenschaft und Fahrradwerkstatt. Unterricht in Hauptschulklassen, Bd. 7. Wiesbaden: Hessisches Institut für Bildungsplanung und Schulentwicklung 1990.

Burk, K./ Haarmann, D.: Wieviele Ecken hat unsere Schule? I. Frankfurt am Main: Arbeitskreis Grundschule e.V. 1979.

Claussen, C. u.a.: Wochenplan und Freiarbeit. Braunschweig: Westermann 1993 (Praxis Pädagogik).

Claussen, C.: Wochenplanunterricht in der Grundschule. In: Claussen u.a., S. 54–96.

Dewey, J.: Erfahrung und Erziehung. In: Dewey, J./ Handling, O./ Corell, W.: Reform des Erziehungssystems. Weinheim 1963.

Dörig, B.: Schenk dir ein Mandala. Heft 1. Bilder der Mitte. Eschbach 1993.

Erlberg, G.: Der große Gewinn: Wochenplanarbeit in der Sekundarstufe I. In: Westermann Praxis Schule 5–10, Heft 6/1991, S. 12–15.

Fasel, Chr.: Schule '93. Mangelhaft! In: Stern, Heft 35/1993, S. 20–27.

Fehrmann, S./ Unruh, T.: Das Lernen (wieder)lernen. In: Pädagogik, Heft 9/1999, S. 17–20.

Fenske, P.: Das kleine Buch vom Lernen. Lichtenau: AOL-Verlag 1993 (AOL-Hosentaschenbuch).

Flitner, W.: Die deutsche Reformpädagogik. Stuttgart: Klett Cotta 1982.

Freinet, C.: Pädagogische Texte. Reinbek: rororo TB 1980.

Fuxen, M./ Teipel, W.: Freiarbeit in der Hauptschule – auch das noch?! In: LehrerJournal, Heft 5/1986, S. 217–220.

Gervé, F.: Freiarbeit. Was ist das? Wie geht das? Wie fange ich an? Beispiele. Materialien. Hilfen. Adressen. Lichtenau: AOL-Verlag 1991 (AOL-Hosentaschenbuch Nummer 13).

Gesamtschule Ahlen: Wochenplan und Freiarbeit in der Sekundarstufe I. Das WuF-Band als fachunabhängige Differenzierungs- und Fördermöglichkeit. In: Deutsche Lehrerzeitung 11/1994, S. 4.

Grell, J. und M.: Unterrichtsrezepte. München, Wien, Baltimore: Urban & Schwarzenberg 1979.

Gudjons, H.: Die Welt im Wassertropfen. Exemplarisch lernen und entlastet lehren. In: Pädagogik, Heft 10/1993, S. 10–13.

Hagstedt, H.: Karteien wachsen lassen. Ein Plädoyer zur Öffnung von Arbeitskarteien. In: Die Grundschulzeitschrift, Sonderheft 1989, S. 37–38.
Hagstedt, H.: Schüler können machen, was ihre Lehrer wollen. Wochenplanerei: Zur späten Karriere eines betagten didaktischen Themas. In: päd extra, Heft 10/1987, S. 4–7.
Hagstedt, H.: Wo Schüler das Wort haben. In: Erziehung und Wissenschaft, Heft 6/1987.
Hamacher, M.: Thematische Landkarten. In: Hecker, U. (Hrsg.): Praxismappe Freiarbeit, Bd. 1. Mülheim: Verlag an der Ruhr 1989, S. 48–52.
Hauck, B.: Freiarbeit. In: Pädagogik, Heft 12/1992, S. 43.
Hecker, U. (Hrsg.): Praxismappe Freiarbeit, Bd. 1. Mülheim: Verlag an der Ruhr 1989.
Hecker, U. (Hrsg.): Praxismappe Freiarbeit Bd. 2. Mülheim: Verlag an der Ruhr 1990.
Hecker, U.: Wochenpläne in der Sekundarstufe I. In: Hecker, U. (Hrsg.): Praxismappe Freiarbeit, Bd. 1. Mülheim: Verlag an der Ruhr 1989.
Herzog, H.: Schöne heile WOPL-Welt? Wochenplanarbeit an weiterführenden Schulen. In: Claussen u.a., S. 31–40.
Huber, B.: Wochenplan in der Sekundarstufe I. FES Pfungstadt 1992 (unveröffentlichtes Manuskript).
Huschke, P./ Mangelsdorf, M.: Wochenplanunterricht. Weinheim: Beltz 1988 (Beltz Praxis).
Huschke, P.: Wochenplan-Unterricht. Konzept einer Unterrichtsorganisation, die Schülern selbständiges Lernen und Mitgestaltung des Unterrichts ermöglichen soll. Marburger Grundschulprojekt 1976.
Informationszeitung Berufsberatung, Heft 3/1993.
Jürgens, U.: Differenzierung durch freie Arbeit – Utopie oder Wirklichkeit? In: Claussen u.a., S. 46–53.
Kaiser, A.: Das Konzept »Freie Arbeit« im Spannungsfeld zwischen Materialdifferenzierung und Projektlernen. In: Die Deutsche Schule, Heft 1/1992, S. 42–49.
Kirchbaum, G.: Unterricht nach einem Wochenplan. In: Jenaplan-Forschungsstelle. Lehrerkreis. Arbeitskreis Peter Petersen, Heft 2/ März 1984 (Agentur Dieck).
Klafki, W./ Rang, A./ Röhr, H.: Integrierte Gesamtschule und Comprehensiv School. Braunschweig: Westermann 1972.
Kleinert, I.: Mein Weg zur Freiarbeit. In: Claussen u.a., S. 7–22.
Krüger, R.: Projekt Offener Unterricht. Schulleiter-Handbuch, Bd. 60. Braunschweig: Westermann 1991.
Krumrich, W.: Mit kleinen Schritten voran. Lernplanarbeit in der Sekundarstufe. In: Schule. Zwischen Routine und Reform. Friedrich Jahresheft XII, 1994, S. 42–44.
Längsfeld, V.: Offener Unterricht. Organisation und Inhalte. Mülheim: Verlag an der Ruhr 1989 (Freie Arbeit).
Lampe, U.: Ausbildungsziel: Schlüssenqualifikationen. In: Praxis Schule 5–10, Heft 3/1991, S. 12–14.
Mangelsdorf, M./ Claussen, C.: Wochenplanunterricht in der Grundschule. Praxis Grundschule, Heft 2/1989, S. 6–11 u. 34–39.
Meier-Schreiber, K.-U./ Vaupel, D.: Handeln und Lernen. Eine Einführung zum Mutmachen. Handlungsorientierter Unterricht in der Sekundarstufe, Heft 1. Wiesbaden: Hessisches Institut für Bildungsplanung und Schulentwicklung 1993.
Meis, R./ Sennlaub, G. (Hrsg.): Feuer und Flamme. 99 Vorschläge zu Arbeitsmitteln für Freiarbeit und Wochenplan. Heinsberg: Agentur Dieck 1984.
Meis, R./Sennlaub, G.: Mit Feuereifer dabei. Praxisberichte über Freie Arbeit und Wochenplan. Heinsberg: Agentur Dieck 1983.
Meyer, H.: UnterrichtsMethoden II. Praxisband. Scriptor: Frankfurt/Main 1987.
Meyer, R./ Mayer-Behrens, H.: Freie Arbeit – Wochenplan. In: Grundschulzeitschrift, Sonderheft 1989, S. 33–36.
Mini-Fundgrube für Lehr- und Lernmittel zum Selberbasteln 93/94. Alpen: Beenen-Lehrmittel 1993.
Mollenhauer, W.: Lernwerkstatt. Bermerkungen zu Schul-Räumen, in denen Schüler/innen lernen. Handlungsorientierter Unterricht in der Sekundarstufe I. Wiesbaden: Hessisches Institut für Bildungsplanung und Schulentwicklung 1993.

Nüchter, W./ Schutte, T.: Erzähl (und) mal! Band 1 und 2. Verlag die Schulpraxis: Mülheim an der Ruhr 1987.
Ortling, P.: Maria Montessori und die nach ihr benannten Schulen. In: Pädagogik, Heft 1/1992, S. 44–49.
Pädagogik, Heft 6/1991. Thema: Freie Arbeit. Erfahrungen in der Sekundarstufe.
Pädagogik, Heft 6/1993. Thema: Wirtschaft – Schule – Leistung. Was sollen Schüler können?
Peisker, M.: Auf dem Weg zur Freien Arbeit. Keine Angst vor Stolpersteinen. In: Neue Deutsche Schule, Jg. 1986.
Peisker, M.: Freie Arbeit – gleich morgen fange ich damit an. In: Neue Deutsche Schule, Jg. 1986.
Pitzschel, F.: Sie sollen wollen, was sie tun. Freie Arbeit in der Hauptschule. In: LehrerJournal, Heft 5/1986, S. 221–224.
Praxis Schule 5–10, Heft 6/1991. Thema: Wochenplan und Freiarbeit – (keine) Themen für die Sekundarstufe I?
Praxis Schule, Heft 1/1993. Thema: Leistung? Leistung! Leistungserziehung heute.
PSF. Der Pädagogische Schnäppchenführer. Lichtenau: Blaue Bücher Verlag BBV 1993.
Ranisch, A.: Freiarbeit – eine notwendige Ergänzung. In: Claussen u.a., S. 97–100.
Reinbacher, B.: Lernort Klassenzimmer. Von der Lernzelle zum Erfahrungsraum. Wiesbaden: Hessisches Institut für Bildungsplanung und Schulentwicklung 1990.
Reinsch, P.: Wochenplan und selbstgesteuertes Lernen. In: Jenaplan-Forschungsstelle. Lehrerkreis. Arbeitskreis Peter Petersen, Heft 2/ März 1984 (Agentur Dieck).
Rumpf, H.: Was ist frei an der Freien Arbeit? In: Pädagogik, Heft 6/1991, S. 6–9.
Schulze, H.: »... und morgen fangen wir an!« Bausteine für Freiarbeit und offenen Unterricht in der Sekundarstufe. Lichtenau: AOL-Verlag 1993.
Scholz, L.: Der Griff in die »Methodenkiste«. In: Praxis Schule 5–10, Heft 6/1992, S. 17–19.
Sehrbrock, P.: Freiarbeit in der Sekundarstufe. Frankfurt/Main: Cornelsen Verlag Scriptor 1993.
Sennlaub, G.: Grundlagen von Freiarbeit und Wochenplan. In: Erziehungswissenschaft – Erziehungspraxis, Heft 3/1985 (Agentur Dieck, Heinsberg).
Steenberg, U.: Kompromiß oder Wagnis? Freiarbeit von Klasse 5 bis zum Abitur. In: LehrerJournal, Heft 5/1986, S. 229–232.
Strothe, I.: Das Wochenplanbuch für die Grundschule. Heinsberg: Agentur Dieck 1985.
Süselbeck, G.: Abschreiben – eine elementare Arbeitstechnik. In: Praxis Schule 5–10, Heft 6/1993, S. 10–15.
Syme, Chr.: Kreativer schreiben. Mülheim: Verlag an der Ruhr 1986.
Vaupel, D.: Arbeit mit dem Wochenplan. Ein Schritt zum selbständigen Lernen (nicht nur) in Hauptschulklassen. In: Pädagogik, Heft 12/1992, S. 38–42.
Vaupel, D.: Arbeit mit dem Wochenplan. Handlungsorientierter Unterricht in der Sekundarstufe, Heft 5. Hessisches Institut für Bildungsplanung und Schulentwicklung: Wiesbaden 1993.
Vaupel, D.: Be-greifendes Lernen. In: päd extra & demokratische erziehung, Heft 1–2/1990, S. 40–44.
Vaupel, D.: »... Ein bißchen Hoffnung habe ich ja noch!« HauptschülerInnen heute. In: päd extra, Heft 7–8/1991, S. 48–49.
Vaupel, D.: Lichtblicke und moralische Tiefschläge. SchülerInnen dokumentieren Spuren einer Minderheit. In: päd extra, Heft 10/1993, S. 40–43.
Vaupel, D.: Lokale Spurensicherung zur NS-Geschichte. In: Geschichtsdidaktik, Heft 2/1987, S. 186–193.
Vaupel, D.: Wer auswählen gelernt hat, will dann auch mitbestimmen ... Wochenplan, Freie Arbeit und Projektunterricht integrieren. In: Pädagogik, Heft 10/1993, S. 20–24.
Von Lindeiner-Wildau, V./ Menges U.: Spielraum für Freiarbeit auch im Gymnasium? In: LehrerJournal, Heft 5/1986, S. 225–228.
Vossmann, N.: Frontalunterricht – vergessene Chance in der Sozialerziehung. In: Biermann, R. u.a. (Hrsg.): Soziale Erziehung. Heinsberg: Agentur Dieck 1986.
Walrabenstein, W.: Offene Schule – Offener Unterricht. Ratgeber für Eltern und Lehrer. Reinbek: Rowohlt 1992.

Wilkesmann, E.: Keine neue »Masche« und kein Allheilmittel ... Wochenplanarbeit – ein Lieblings-»Fach« meiner Schülerinnen und Schüler. In: Praxis Schule 5–10, Heft 3/1993, S. 12–13.
Witte-Löffler, E.-A.: Mit Freinet in der Hauptschule arbeiten. In: Pädagogik, Heft 2/1993, S. 17–22.
Witzenbacher, K.: Handlungsorientiertes Lernen in der Hauptschule. München 1985.
Wulfers, W.: Bau eines Karteikastens. In: Reinbacher, S. 33–36.

Verzeichnis der Fotos

Offener Unterricht

Irmintraut Hegele (Hrsg.)
Lernziel: Offener Unterricht
Unterrichtsbeispiele aus der Grundschule
157 Seiten. Broschiert.
ISBN 3-407-62184-1
Die Unterrichtsbeispiele geben Anregung und Hilfen, wie das Lernen in der Grundschule offener gestaltet werden kann, mit Projektlernen, Freiarbeit, Wochenplan, Stationenarbeit, und Gruppenunterricht.

Irmintraut Hegele (Hrsg.)
Lernziel: Stationenarbeit
Eine neue Form des offenen Unterrichts
173 Seiten. Broschiert.
ISBN 3-407-62322-4
Die Unterrichtsbeispiele geben Anregungen, wie die Lernzirkel- bzw. Stationenarbeit sowohl in den Unterricht als auch in die pädagogische Arbeit an außerschulischen Lernorten und in die Elternarbeit integriert werden kann.

Peter Huschke
Grundlagen des Wochenplanunterrichts
Von der Entdeckung der Langsamkeit
179 Seiten. Broschiert.
ISBN 3-407-25172-6
Mit Unterrichtsbeobachtungen, Schülerbefragungen und Interviews mit Lehrerinnen und Lehrern wird die Realität des Wochenplanunterrichts in Grundschulklassen unter die Lupe genommen.

Peter Huschke / Marei Mangelsdorf
Wochenplan-Unterricht
Praktische Ansätze zu innerer Differenzierung, zu selbständigem Lernen und zur Mitgestaltung des Unterrichts durch die Schüler.
112 Seiten. Broschiert.
ISBN 3-407-62119-1
Das Buch führt in die Arbeit mit dem Wochenplan ein, gibt praktische Beispiele, geht auf Fragen und Bedenken ein und bietet Argumentationshilfen für Kollegen und Eltern. Das Wochenplan-Konzept wurde in der Grundschule entwickelt, ist jedoch so flexibel, daß es auf andere Schulstufen übertragbar ist.

Barbara Scheel
Offener Grundschulunterricht
Schülerzentrierter Unterricht mit Freier Arbeit und Wochenplan
136 Seiten. Broschiert.
ISBN 3-407-62020-9
Anschaulich und engagiert berichtet eine Grundschullehrerin, wie sie den Alltag in der immer noch reformbedürftigen Grundschule in Richtung auf mehr Offenheit verändert. Neben Unterrichtsbeschreibungen und Protokollen enthält das Buch Arbeits- und Organisationsbeispiele aus der Praxis. Damit wendet es sich an Lehrerstudenten und Grundschullehrer/-innen, die sich über neue Unterrichtsformen informieren möchten und Anregungen für die eigene Praxis suchen.